# 초등 기적의 AI 공부법

평범한 아이도 상위권으로 만드는

# 초등 기적의 AI 공부법

조이스 박·김용욱·한준구 지음

**상위 1%를 결정짓는 주도적·맞춤형 학습 전략**

더샘

# 머리말

## 알파 세대를 키우는
## 초등 부모를 위한 앞선 교육 길잡이

    4차 산업혁명은 이제 시작되었다고들 말합니다. 1차 산업혁명이 증기기관의 발명으로 석탄을 기반으로 시작한 산업혁명이었다면, 2차 산업혁명은 석유를 기반으로 한 기계와 산업의 과학화가 불러온 변화를 말하고, 3차 산업혁명은 마셜 맥루언 Marshall Mcluhan의 말을 빌리자면, 인터넷의 출현으로 '인간의 문명이 전자기적으로 복사되기 시작한' 정보산업 혁명이었습니다. 그리고 이제 인공지능이 약진하면서 우리는 4차 산업혁명이 시작되는 혼돈기에 있습니다.

    자녀를 키우는 일은 언제나 알지 못하는 미래로 아이를 보내는 일입니다. 어떤 준비를 시켜서 아이를 미래로 보내야 할까, 언제나 부모들은 고민해 왔습니다. 변화가 서서히 일어나던 시대에는 과거에 겪었던 경험을 기반으로 부모들이 자녀의 길잡이 노릇을 하는 일이 충분히 가능했습니다. 하지만 현재 일어나고 있는 변화는 너무도 빠르고 새로워서 부모들의 경험에 비추어 자녀들의 길잡이 노릇을 하기는 역부족으로 보이기도 합니다. 부모조차 현재의 변화를 다 이해하기 힘들고, 미래가 어떻게 변할지 예측하기 힘들어졌기 때문입니다.

이 책은 그런 학부모들을 위한 길잡이 책입니다. 자녀의 길잡이 역할을 하기 위해 부모가 모든 분야의 전문가가 될 수는 없습니다. 하지만 중요한 분야에 자녀가 성공적으로 입문하도록 돕는 역할은 아주 중요합니다. 그래서 부모님들이 먼저 인공지능을 이해한 후, 아이들의 생활 속에서 인공지능을 효과적으로 활용하도록 아이들의 생활 영역별, 학습 영역별로 한 단계씩 가이드라인을 주려는 목적으로 이 책을 만들었습니다.

영어 전문가로 읽기를 전문적으로 다루는 조이스 박, 충남지역 교사들 간 지식 공동체에서 주도적인 역할을 하고 계시는 초등학교 김용욱 선생님, 인공지능 융합 교육을 전공한 초등학교 한준구 선생님, 이렇게 셋이 머리를 맞대고 오랜 시간 함께 고민하며 썼습니다.

무엇보다 아이를 교육하기 위해 꼭 알아야 할 인공지능 지식과 미래 사회에 필요한 능력을 소개하고, 바로 써먹을 수 있는 인공지능 도구 활용법을 구체적인 사례와 함께 담아 부모님들이 쉽게 이해하고 활용할 수 있게 구성했습니다. 여러 AI 서비스에는 나이 제한 등이 걸려 있어서 어린이가 직접 혹은 혼자 사용하기에 무리인 지점도 있습니다. 이 책은 그런 부분을 우려해서 학부모님들이 주도권을 가지고 AI에 접속하여 어린이들이 능히 사용할 수 있는 구체적이고 제한적인 이용 환경을 만들며, 아이들이 긍정적으로 AI에 노출될 수 있도록 도움을 드리고자 합니다.

변화의 쓰나미가 몰려올 때 미래로 아이들을 보내야 하는 우리는 이런 태도를 보일 수밖에 없습니다. '변화의 물결에 올라타라'고 말입니다. 자, 이제 이 책을 서프보드로 삼아서 아이들을 파도를 타는 서프보드 위로 올려 주시기를 바랍니다.

물론 지금도 AI는 계속 발전하고 있어, 곧 이 책이 다루는 내용을 벗어나게 될 수 있지만, 우리가 아이들에게 AI를 긍정적으로 이해하고 효과적으로 활용하는 방법을 가르쳐야 한다는 굵직한 주제는 변하지 않습니다. 어린 시절부터 인공지능의 특징을 이해하고 적극적으로 활용하며 디지털 역량을 강화한 아이들은 미래 사회에 문제없이 적응하고 가진 능력을 맘껏 펼칠 것입니다. 저희는 가르치며 이 책을 쓴 책임감으로, 늘 먼저 고민하고 미래를 이끌어갈 우리 아이들을 항상 응원하겠습니다.

지은이
조이스박, 김용욱, 한준구

# 챗GPT 앱 설치와 음성 기능 사용하기

1. 플레이스토어나 앱스토어에서 챗GPT 앱을 설치합니다.

[플레이스토어] [앱스토어]

2. 회원 가입을 합니다.

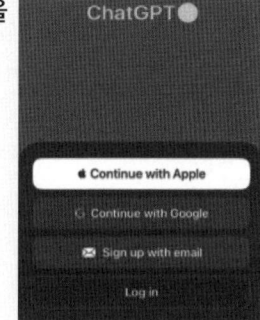

3. 다음과 같은 문구가 나오면 자기 계정을 선택하고 계속 버튼을 누릅니다.

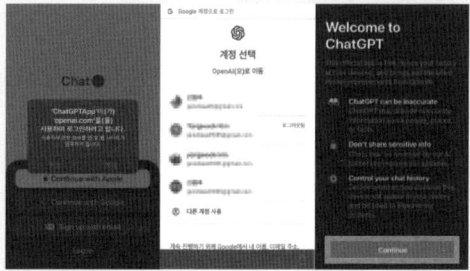

4. 앱이 설치된 후 채팅 창이 나옵니다. 음성(Voice) 기능은 앱의 오른쪽 하단에 위치한 헤드폰 아이콘을 누르면 활성화됩니다.

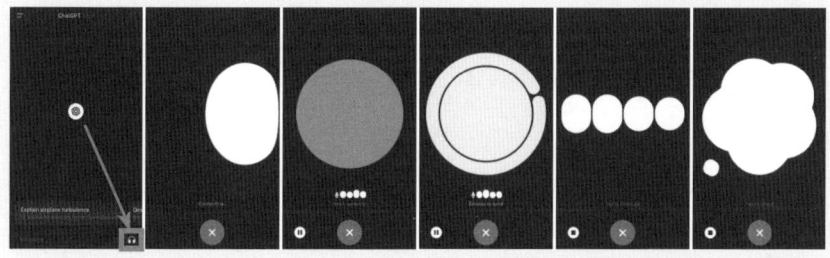

음성 기능 작동 버튼 / 음성 기능 연결 중 / 사용자 발화 중(기본) / 사용자 발화 중(장문) / 챗GPT 발화 중 / 챗GPT 생각 중

5. 음성 기능에서는 한국어뿐만 아니라 영어, 일어 등 다국어로 소통이 가능하며, 이야기를 나눈 내용은 모두 텍스트로 저장되어 확인할 수 있습니다.

# 초등 AI 학습 활용 대표 인공지능 서비스

| 이름 | 사용연령 | 비용 | 서비스 내용 |
| --- | --- | --- | --- |
| 챗GPT(ChatGPT) | 만 13세 이상 | 무료/일부 유료(20$) | OpenAI에서 제공하는 대화형 챗봇 서비스 |
| 제미나이(Gemini) | 만 13세 이상 (만 18세 미만인 경우 영어로만 Gemini 웹, 앱을 사용할 수 있음) | 무료/일부 유료 (Gemini Advanced, 29,000원) | 구글에서 제공하는 대화형 챗봇 서비스 |
| 펄플렉서티(Perflexity) | 만 13세 이상 | 무료/일부 유료(20$) | 인공지능 활용 검색 서비스 |
| 뤼튼(Wrtn) | 만 13세 이상, 보호자의 지도 하에 이용 가능 | 무료 | 여러 인공지능을 활용하는 대화형 챗봇 및 툴 제작 서비스 |
| MS 코파일럿 (MS Copliot) | 부모의 동의를 받은 계정은 나른 계정과 동일하게 취급 | 무료 | MS에서 제공하는 검색, 대화형 챗봇 서비스 |
| 키위티(교사) 키위런(학생) | 만 14세 미만은 법정대리인의 동의 하에 사용 가능 | 일부 무료/유료 (이용권 마다 상이) 10명 110만 원(1년) 50명 330만 원(1년) 학교용 요금제 별도 | 학생의 글을 평가하고 첨삭해 주는 서비스 |
| 리드(readapp.io) | 만 14세 이상 | 유료 월 29,000원 연 129,000원 | 학생의 시선을 추적하여 읽기 속도와 이해력을 측정하는 서비스 |
| 감마(Gamma) | 16세 미만 사용 불가 | 무료/일부 유료(20$) | 프레젠테이션과 문서, 웹사이트를 만들어주는 서비스 |
| 수노(Suno.ai) | 만 18세 미만 사용 불가 | 무료/일부 유료 (10$~30$) | 음악을 만드는 서비스 |
| 이미지 크리에이터 (Image creator) | 부모의 동의를 받은 계정은 다른 계정과 동일하게 취급 | 무료(크레딧 소모) | 이미지를 만드는 서비스 (구 Bing image creator, Designer로 흡수됨) |
| 라스코(Lasco.ai) | 만 14세 이상 | 무료(크레딧 소모) | 이미지를 만드는 서비스 |
| Ai 스토리 교실 | 만 14세 이상 | 무료/일부 유료 (크레딧 소모, 100크레딧=1000원, 출력 비용 별도) | 동화책을 만드는 서비스 |

| 이름 | 사용 연령 | 비용 | 서비스 내용 |
|---|---|---|---|
| 픽토리(Pictory ai) | 13세 이상 | 비디오 2개 무료 이후 유료 | 지문을 비디오로 만드는 서비스 |
| 일레븐랩스(Elevenlabs) | 18세 이상 | 초기 일부 무료 이용(크레딧 소진) 이후 유료 | 지문을 음성으로 변환하는 서비스 |
| 윔지컬(Whimsical) | 17세 이상 | 무료/유료 | 다이어그램을 만드는 서비스 |
| 구글 리드 어롱(Google read along) | 만 18세 미만은 부모 동의 하에 사용 가능 | 무료 | 리드 얼라우드 서비스 |
| 아미라 러닝(Amiralearning) | 5~10세 | 일부 무료/유료 | 리드 얼라우드 게임 서비스 |

※ 이 책에서는 대부분 챗GPT3.5를 기준으로 설명하였지만, 꼭 필요한 부분에서는 유료 버전인 챗GPT4.0을 바탕으로 작성하였습니다. 그밖에도 학습 도우미로 유용하게 사용하는 많은 AI 서비스를 다루었습니다.

# 목차

머리말 4
챗GPT 앱 설치와 음성 기능 사용하기 7
초등 AI 학습 활용 대표 인공지능 서비스 8

## 1장  인공지능과 함께 살아갈 디지털 세상

01 챗GPT란 무엇인가요? 16
02 미래 사회에는 '디지털 이해력'이 성공의 척도가 될까요? 21
03 인공지능은 우리 삶에 어떤 영향을 미칠까요? 26
04 인공지능은 어떤 작동 원리로 구동되나요? 30
05 알파 세대의 특징은 무엇인가요? 36
06 알파 세대에게 가장 중요한 능력은 무엇일까요? 41
07 코딩 교육이 중요한 이유는 무엇일까요? 45
08 인공지능 활용이 아이들 공부에 도움이 될까요? 52
09 인공지능을 믿고 아이가 공부를 안 한다면 어떻게 하나요? 56
　오픈AI에서 나온 동영상을 만들어주는 서비스 'SORA' 60

## 2장  안전하고 현명한 인공지능 초등 활용법

01 어린이가 인공지능을 사용해도 괜찮을까요? 64
02 인공지능과의 첫 만남은 어떤 방식이 좋을까요? 68
03 인공지능이 아이의 창의성을 해치지 않을까요? 72
04 아이가 인공지능을 접할 때 부모의 역할은 무엇인가요? 75
05 인공지능이 할 수 없는 일은 무엇이 있나요? 79
06 아이가 인공지능을 사람처럼 대하면 어떻게 하나요? 84
07 인공지능과 효과적으로 대화하는 방법이 있나요? 87
08 아이가 처음 시작하기 좋은 AI 서비스는 무엇인가요? 92
09 독서와 영어가 더욱 중요해진 이유는 무엇인가요? 96

## 3장  AI로 능률업, 자기 주도 초등 과목별 학습

**01** AI를 활용해 수학적 사고력을 키워줄 수 있나요?  **104**
**02** 아이 성격에 맞는 공부법을 찾을 수 있나요?  **108**
**03** 분수와 소수 개념을 쉽게 설명할 수 있나요?  **112**
**04** 교과에 등장하는 역사 인물과 직접 이야기를 나눌 수 있나요?  **116**
**05** 세계 지리와 문화를 더 쉽게 공부할 수 있나요?  **119**
**06** 과학 개념을 쉽게 설명해 줄 수 있나요?  **123**
**07** 각 교과의 개념을 마인드맵으로 정리할 수 있나요?  **127**
**08** 방학 학습 계획표를 뚝딱 만들 수 있나요?  **132**
**09** 교과서에 나오는 단어로 맞춤법 문제를 만들 수 있나요?  **137**

## 4장  AI는 가장 훌륭한 영어 학습 마스터

**01** 챗GPT는 최고의 영어 학습 도우미인가요?  **142**
**02** 때로는 챗GPT가 사전보다 나은가요?  **148**
**03** AI와 함께라면 효과적으로 영어 단어를 외울 수 있나요?  **152**
**04** 영어 단어를 외울 때 가장 중요한 것은 무엇일까요?  **157**
**05** 아이가 인공지능과 재미있게 리스닝을 연습할 수 있나요?  **162**
**06** 원어민과 대화하듯 AI와 스피킹 연습을 할 수 있나요?  **167**
**07** 다양한 버전의 영어 지문을 읽어볼 수 있나요?  **172**
**08** 복잡한 영어 문법을 쉽게 익힐 방법이 있나요?  **177**
**09** '이모지' 암호 만들기 게임으로 영어를 익힐 수 있나요?  **184**
**10** 그래픽 오거나이저로 영어 책 독후감을 쓸 수 있나요?  **188**
**11** AI와 함께 영어 이메일을 쓸 수 있나요?  **194**

12 AI와 함께 영어 스토리 라이팅을 할 수 있나요?  200
13 영어 학습에 사용할 이미지를 만들 수 있나요?  204
14 아이가 쓴 글로 영어 비디오를 만들 수 있나요?  207
15 영어 학습용 GPTs에는 어떤 것이 있나요?  215
16 영어 리딩을 도와주는 AI 서비스가 있나요?  219

## 5장 인공지능이 도와주는 완벽한 초등 독서법

01 인공지능 시대에 독서가 왜 중요할까요?  224
02 아이의 기능적 문해력은 어떻게 키워야 하나요?  227
03 AI와 함께 어휘력을 키울 수 있나요?  231
04 아이에게 꼭 맞는 책을 AI가 추천해 줄 수 있나요?  235
05 하브루타 교육, 가정에서 AI와 함께할 수 있나요?  238
06 고전 원문을 쉽게 불러와 독서 활동에 쓸 수 있나요?  241
07 IB(국제 바칼로레아) 교육을 집에서 할 수 있나요?  244
08 아이의 맞춤 독서 스케줄을 짤 수 있나요?  248

## 6장 재미있는 국어의 시작, AI 초등 글쓰기

01 글쓰기를 시작할 때 주의해야 할 점이 있나요?  254
02 AI가 아이의 글쓰기를 검토해 줄 수 있나요?  259
03 AI가 글을 모두 써 주는 시대인데, 글쓰기 연습이 필요할까요?  262
04 AI가 기사나 논설문 등 구조화된 글쓰기를 도와줄 수 있나요?  266
05 글쓰기를 어려워하는 아이를 위한 특별한 연습법이 있나요?  270
06 초등 글쓰기에 활용할 수 있는 AI 앱은 어떤 것이 있나요?  278
07 AI로 문해력 수준을 테스트해 볼 수 있나요?  281
08 AI를 활용해 쓴 글의 저작권은 누구에게 있나요?  284

## 7장 AI와 함께하는 초등 생활의 모든 것

01 친구와 친해지기 힘든 아이가 말 거는 연습을 할 수 있나요? **290**
02 AI와 함께 발표 연습을 제대로 할 수 있나요? **293**
03 우리 아이 기초 학력 수준을 알아볼 수 있나요? **298**
04 친구 관계로 상처받은 아이의 자존감을 높일 방법이 있나요? **302**
05 아이의 학급 선거 운동을 AI가 도와줄 수 있나요? **307**
06 아이와 부모의 의견이 다를 때 AI가 중재자가 될 수 있나요? **312**
07 우리 아이의 도덕적 수준을 알아볼 수 있나요? **315**

## 8장 실생활에 활용하는 똑똑한 인공지능 프로그램

01 인공지능이 우리 일을 어떻게 도와주나요? **322**
02 어렵고 복잡한 글을 이해하기 쉽게 바꿀 수 있나요? **328**
03 자료를 넣으면 파워포인트로 만들어 줄 수 있나요? **336**
04 가사를 넣어서 노래를 만들 수도 있나요? **343**
05 직접 작업한 이미지로 크리스마스씰 도안을 만들 수 있나요? **348**
06 이미지를 수정할 수 있는 AI도 있나요? **351**
07 AI가 유튜브도 요약해 주나요? **356**
08 내 얼굴을 이용해서 새로운 이미지를 만들 수 있나요? **359**
09 챗GPT가 코딩을 도와 게임을 만들 수 있나요? **362**
10 아이가 주인공이 되는 동화책을 만들어 줄 수 있나요? **373**
11 AI를 이용해 소리 내어 읽는 연습을 할 수 있나요? **378**

**한준구**

초등 아이에게 10년 후 꼭 필요한 지식은 바로 '디지털 이해력'입니다. 미래에는 디지털 기술과 AI와 같은 도구 사용 능력 및 미디어 콘텐츠에 대한 이해가 절실히 필요합니다!

# 인공지능과 함께 살아갈 디지털 세상

**AI란 무엇이고, 아이들의 교육에 어떤 영향을 미칠까?**

# 챗GPT란 무엇인가요?

챗GPT가 2022년 11월 30일에 출시된 이후, 주위에 수많은 오해와 잘못된 정보들이 넘쳐났습니다. 대표적으로 '챗GPT가 답변을 잘하니, 구글 등 검색엔진이 대체될 것이다. 검색엔진을 대신해서 사용하자'라는 주장입니다.

챗GPT의 기반이 되는 GPT 모델은 딥러닝을 기반으로 하는 언어 추론 모델입니다. 학습한 내용과 질문 등의 주어진 정보를 가지고 가장 그럴싸한 답변을 추론하여 제공하는 서비스입니다. 그래서 검색엔진의 역할을 대신하기에는 정보의 정확성과 근거가 부족하며, 검색엔진의 용도로 사용하면 좋은 결과를 얻기가 어렵습니다.

시간이 지나면서 이러한 오해는 어느 정도 해결된 것 같습니다. 최근에는 추론 모델의 기능을 살려 생각하는 도구로 사용하는 활용법이 등장하고 있습니다. 또한 자체적으로 검색 기능을 추가해서 검색 결과를 기반으

> 인공지능과
> 인공지능과 챗GPT에
> 인공지능과 챗GPT에 대해서
> 인공지능과 챗GPT에 대해서 알려주기

GPT는 다음에 올 단어, 문장, 의미를 예측하는 추론 모델이다

로 답변할 수 있도록 한계를 극복하기도 합니다. 하지만 여전히 '환각현상<sub>Hallucination</sub>'으로 그 정확성을 보장하기 어려운 경우가 많습니다. 환각현상은 잘못된 정보를 사실인 것처럼 제공하는 현상을 말합니다. 이로 인해 사소한 실수를 할 수도 있지만, 큰 문제를 일으키기도 합니다. 예를 들어, 인공지능이 거짓으로 미국의 한 교수를 성희롱 가해자로 몰아가는 일이 발생하기도 했습니다. 이처럼 인공지능이라고 모두 믿을만하고 절대적으로 똑똑한 것은 아닙니다.

**You**
세종대왕과 장영실의 관계에 대해서 알려줘

**ChatGPT**
세종대왕과 장영실은 조선시대 한국의 역사적 인물로, 과학기술 발전과 한글 창제에 큰 기여를 한 인물로 잘 알려져 있습니다.

세종대왕(1397년~1450년)은 조선시대 제4대 왕으로, 한글 창제를 비롯한 다양한 문화 발전 정책을 실시하여 조선시대의 문화와 과학기술 발전에 큰 힘을 보탰습니다.

장영실(1390년~1442년)은 세종대왕 시대의 과학자이자 발명가로, 천문학, 천문계산, 기계, 철학 등 다방면의 분야에서 활약했습니다. 그는 <mark>삼장법수(삼각법), 장자연산(계산기구), 수창(수력 발전장치)</mark> 등 다양한 발명품을 세상에 선보였습니다.

챗GPT가 장영실 설명에 대해 환각현상을 보이는 장면

1장 인공지능과 함께 살아갈 디지털 세상

## 인공지능의 기본 모델 GPT

GPT는 앞에서 딥러닝 모델 중에 잠깐 언급한 트랜스포머 Transformer 모델을 기반으로 합니다. 트랜스포머 모델은 재미있는 특징이 있는데, 기존의 언어처리모델과는 다르게 여러 개의 문장을 동시에 알아듣는 신기한 기능이 있습니다. 마치 수업 시간에 여러 명이 동시에 발표를 하더라도 트랜스포머가 선생님이라면 모든 내용을 파악할 수 있는 것과 같습니다. 이 기능을 통해서 대량의 긴 글을 학습하는 속도가 엄청나게 빨라졌고, 이를 통해 문장이나 문서 전체의 맥락을 더 효과적으로 파악할 수 있습니다. 트랜스포머 모델을 기반으로 미리 많은 데이터를 학습 Pre-trained 시키다 보니, GPT-1이 탄생합니다.

그리고 GPT-2에 이르러서는 모델의 크기가 매우 커지면서 문장을 사람처럼 생성할 수 있게 됩니다. 이에 개발을 진행하는 OpenAI에서는 가짜 뉴스나 피싱 등의 부작용을 우려하여 GPT-2 모델을 공개하지 않았습니다. GPT-3 모델은 그 크기를 100배나 더 키워서 무려 학습에만 120억 원 이상의 비용을 들였습니다. 이 모델을 사람들이 선호하는 응답으로 강화학습을 진행 RLHF 하여 instructGPT라는 서비스를 출시했고, 이것이 챗GPT의 전신입니다.

초기에는 일부 사용자들에게 공개하여 버그를 수정하거나 테스트를 위한 용도로 제공했습니다. 이후 대화 맥락을 더 잘 이해하도록 설계하여 챗GPT를 2022년 11월 30일 출시했습니다. 그러자 그 능력의 우수함에 사용자가 5일 만에 100만 명, 두 달 만에 1억 명을 돌파하면서 엄청난 인기를 끌게 됩니다. 초기 텍스트만 처리하는 GPT3.5 모델에서 2023년 3월 14일 업그레이드되어 더 우수한 모델인 GPT4.0이 탑재되었습니다. GPT4.0의 경우 이미지를 인식하고 처리하는 멀티모달 모델로 챗GPT는 텍스트뿐만 아니라 이미지까지도 어느 정도 이해할 수 있게 되었습니다.

  2024년 1월 현재에 이르러서는 GPTs라는 서비스가 출시되어서 누구나 쉽게 자신만의 챗봇을 만들어서 사용할 수 있게 되었습니다. 또한 챗봇을 검색하고 내가 만든 챗봇을 공개하고 다른 사람이 만든 챗봇을 사용해 볼 수 있는 GPTs Store가 공개되어 앞으로 앱 스토어처럼 발전될 것으로 기대됩니다.

### GPTs 스토어란?

최근 챗GPT를 사용하는 유료 사용자들을 대상으로 GPTs라는 챗봇 서비스를 공개했습니다. GPT4.0 모델을 기반으로 단순히 프롬프트만 이용해서 챗봇을 만드는 것이 아니라 웹 브라우징을 통해 정보를 얻고, 그림을 그릴 수 있는 달리 모델, 코드 인터프리터까지 내장하여, 특정 작업에 최적화된 챗봇을 만들 수 있습니다. 그뿐만 아니라 Action 기능을 이용하면 기존에 사용하고 있는 자체 서비스에 연결하여 추가적인 작업이 가능합니다. 이렇게 제작한 챗봇들을 검색할 수 있도록 하는 서비스가 바로 'GPTs 스토어'입니다.

일부 챗봇은 100만 명 이상의 사용자에게 사랑받고 있을 정도로 큰 인기를 끌고 있습니다. 대표적인 예로, 여행 계획을 돕는 'KAYAK', 사용자의 요구에 맞는 로고를 만들어주는 'Logo Creator', 논문 리서치를 지원하는 'Consensus', 그리고 Canva 앱과 연동되는 'Canva' 챗봇 등이 있습니다. 이러한 GPTs 서비스의 성공은 단순히 인공지능 기술을 이해하는 것을 넘어서, 이를 실생활에 어떻게 적용하고 활용하는지 그 중요성을 보여줍니다.

GPTs 스토어는 앞으로 우리 사회에서 어떤 능력이 중요한지를 보여주는 단면이자, 또 어떤 방향으로 흘러갈지 알려주는 좋은 정보를 제공합니다.

**Logo Creator** Use me to generate professional logo designs and app icons!
By Chase Lean ○ 800K+ · Created 3 months ago

**KAYAK - Flights, Hotels & Cars** Your travel planning assistant for flights, hotels, & cars
By kayak.com ○ 100K+ · Created 3 months ago

**Consensus** Your AI Research Assistant. Search 200M academic papers from Consensus, get s...
By consensus.app ○ 2M+ · Created 3 months ago

**Canva** Effortlessly design anything: presentations, logos, social media posts and more.
By canva.com ○ 1M+ · Created 3 months ago

**Write For Me** Write tailored, engaging content with a focus on quality, relevance and precise wo...
By puzzle.today ○ 600K+ · Created 3 months ago

# GPTs

Discover and create custom versions of ChatGPT that combine instructions, extra knowledge, and any combination of skills.

🔍 Search public GPTs

Top Picks  DALL·E  Writing  Productivity  Research & Analysis  Programming  Education  Lifestyle

# 미래 사회는 '디지털 이해력'이 성공의 척도가 될까요?

'디지털 이해력'이란 용어에는 '디지털 문해력'과 '디지털 기술과 정보 사용 능력'이라는 두 가지 개념이 포함됩니다. '디지털 문해력'은 디지털 미디어가 제공하는 정보와 콘텐츠를 비판적으로 이해하고, 자기 생각을 미디어를 통해 책임 있게 표현하고 소통하는 능력을 의미합니다. 반면, '디지털 기술과 정보 사용 능력'은 디지털 기술을 언제 어떻게 사용할지 아는 능력과 디지털 정보의 탐색, 평가, 창조, 소통 능력을 말합니다. 종합적으로, 디지털 이해력은 미디어 콘텐츠에 대한 이해력과 디지털 도구 사용 능력을 아우르는 개념입니다.

미래 사회에 이런 디지털 이해력이 중요한 이유는 우리의 삶과 일상이 점점 더 디지털화되고 있기 때문입니다. 이미 디지털 기술은 우리 생활의 모든 영역에 깊숙이 침투했으며, 이 추세는 앞으로도 계속될 것입니다. 예를 들어, 현재 스마트폰과 모바일 앱을 활용한 서비스들이 일상의 큰 부분을 차지하고 있습니다. 카카오톡과 같은 메시징 앱은 이제 단순한 소통 수단을 넘어 비즈니스 커뮤니케이션에도 핵심적인 역할을 하고 있습니다. 카카오톡을 통해 보내지는 광고 메시지의 양을 생각해 보면, 디지털 기술이 우리 일상에 얼마나 밀접하게 연관되어 있는지 알 수 있습니다. 이에 따라 디지털 세계를 이해하고, 그 안에서 효과적으로 기능할 수 있는 능력은 필수 요소가 되었습니다.

## 미래 사회 필수 능력은 디지털 이해력과 문해력

디지털 이해력은 한마디로 디지털 기술을 이해하고 활용하는 능력입니다. 이는 단순히 기술의 작동 방식을 아는 것뿐만 아니라, 그 기술이 우리의 일상과 직장 생활에 어떻게 적용되는지를 이해하는 것입니다. 소셜 미디어 사용에서부터 클라우드 기반 도구를 통한 팀 협업에 이르기까지 디지털 이해력은 다양한 형태로 사용됩니다. 소셜 미디어를 통해 우리는 천재지변이나 긴급 상황을 신속하게 파악하고, 비슷한 관심사를 가진 친구들을 만나며, 다채로운 콘텐츠를 즐깁니다. 직장에서는 클라우드 기반 도구를 활용해 파일을 공유하고, 프로젝트를 관리하며, 실시간으로 소통함으로써 생산성을 극대화합니다.

디지털 이해력 없이는 디지털 도구와 플랫폼을 효과적으로 활용하기가 어렵습니다. 디지털 이해력은 사람이 인공지능을 활용해서 할 수 있는 일의 범위를 획기적으로 넓히는, 미래 사회를 살아가기 위한 가장 기초적인 능력입니다.

교육 분야에서도 디지털 기술의 영향력은 더욱 커지는 추세입니다. 온라인 학습 플랫폼, 교육용 앱, VR 및 AR을 통한 상호작용 학습은 학습 경험을 혁신적으로 변화시키고 있습니다. 이러한 도구들을 효과적으로 사용하는 능력은 학습의 효율성을 높이고, 더 넓은 교육 자원에 접근할 수 있게 해줍니다. 물론 디지털 이해력의 부족이 학습 결손과 교육 격차로 이어질 수 있다는 우려도 있습니다. 디지털 기술 활용에 익숙한 학생들은 디지털 학습 환경에 더 쉽게 적응하고 효과적으로 정보를 수집하지만, 그렇지 않은 학생들은 어려움을 겪을 수 있습니다. 예를 들어, 초등학생 때부터 다양한 학습 앱을 활용해 자신의 학습 방식을 적용해 온 아이와 단 한 번도 디지털 학습을 접해보지 않은 아이는 효율적인 스스로 학습의 질과 양에서 차이를 보일 수 있습니다. 이는 장기적으로 학습의 질과 학업 성과에 부정적인 영향을 미칠 것입니다.

디지털 미디어와 소셜 미디어의 등장은 우리의 정보 전달 방식을 근본적으로 변화시켰습니다. 이에 넘쳐나는 정보를 비판적으로 분석하고 평가하는 디지털 문해력이 점점 중요해지고 있습니다. 현대 사회에서는 다양한 소스에서 제공되는 정보 속에서 신뢰할 수 있는 정보를 식별하고, 제공되는 정보의 질을 정확하게 판단하는 능력이 필수적입니다. 예를 들어, 아이에게 온라인에 떠도는 가짜 뉴스를 접하게 하고 이 소식이 진짜인지 가짜인지 물어본다면, 어떤 아이는 뉴스처럼 생긴 스튜디오에서 아나운서 같은 사람이 말했으니 무조건 진짜라고 말할 것이고, 또 어떤 아이는 관련 내용을 검색엔진에 이리저리 검색해 보거나 자신이 아는 정보를 활용해 진위를 판별하려 들 것입니다. 이처럼 온라인상에서 무분별하게 퍼지는 가짜 뉴스와 잘못된 정보로부터 자신을 보호하기 위해서는 정보의 진위를 파악하고 사실과 의견을 구분하는 능력이 무엇보다 중요합니다.

현재 많은 직업이 디지털 기술에 의존하고 있으며, 일부 직종은 완전히 디지털 방식으로 변화하고 있습니다. 이러한 변화 속에서 디지털 기술을 잘 이해하고 사용할 수 있는 능력은 사회에서 중요한 경쟁력이 됩니다. 디지털에 능숙한 사람들은 시장 변화에 빠르게 대응할 수 있으며, 이는 개인과 조직에 큰 장점이 됩니다. 즉 미래 사회로 갈수록 디지털 기술을 효과적으로 활용하기 위해서는 디지털 이해력이 필수이며 성공의 기본 조건이 될 것입니다.

## 초등 시기가 중요한 디지털 학습

인공지능 시대가 도래하면서 앞으로 인공지능 기술은 우리의 생활 방식을 혁신적이고 파괴적으로 변화시킬 것입니다. 인공지능 기술이 우리 사회를 얼마나 파괴적으로 재창조할지 감히 상상하기도 어려울 정도입니다. AI와의 상호작용을 통한 새로운 기술을 이해하고 효과적으로 활용하는 능력은 일상적인 작업부터 복잡한 의사결정 과정에 이르기까지 수많은 영역에서 사용될 것입니다. 디지털 이해력은 디지털 기술 중 무엇을 사용하고, 어떻게 사용할지 그리고 언제 사용해야 할지에 대한 모든 판단력의 기초가 되기 때문입니다.

이런 디지털 이해력을 키우려면 초등학교 시기를 잘 활용해야 합니다. 너무 빨라서 또 너무 늦어서 적기를 놓치기보다 디지털 학습은 부모가 자신의 아이를 잘 판단해 기본 소양이 갖추어졌을 때 바로 시작하는 것이 좋습니다. 아이들이 초등 시절에 디지털 기술을 탐색하고 학습하는 시간을 많이 가져보는 게 좋습니다. 이 과정에서 아이들은 단순히 디지털 도구를 사용하는 방법뿐만 아니라, 정보의 신뢰성을 판단하고 디지털 콘텐츠를 비판적으로 분석하는 방법도 자연스럽게 배우기 때문입니다. 예를 들어, 부모와 함께 다양한 앱이나 프로그램을 사용해 본 아이는 그 기능의 장점을 아는 동시에 단점 더 나아가 위험성에 대해서 자연스럽게 깨닫게 됩니다. 부모는 함께 이런 경험을 하며 온라인 정보의 출처를 확인하는 방법 등을 아이들에게 가르칠 수 있습니다. 또한, 가족이 함께 인공지능 앱을 사용해 그림을 그리거나 음악을 만들어보는 활동도 좋습니다. 이러한 활동을 통해 아이들은 어떤 명령어와 도구를 사용해야 원하는 결과물을 얻을 수 있는지, 그리고 그 결과물을 어떻게 활용할 수 있는지를 배울 수 있습니다. 이 과정에서 인공지능 도구의 사용법을 자연스럽게 익히고, 이러한 도구들을 올바르게 사용하는 방법도 익힙니다.

코딩과 인공지능 캠프에 참여하는 것도 디지털 이해력을 심화시키는 데 매우 효과적인 방법입니다. 캠프에서 아이들은 단순한 디지털 기술의 사용을 넘어서 코딩의 기본 원리를 배우고, 실제 소프트웨어 개발을 경험합니다. 예를 들어 '로블록스'와 같은 플랫폼에서 아이들은 프로그래밍 언어를 활용하여 직접 간단한 게임이나 앱을 만드는 경험을 할 수 있습니다. 이는 문제 해결 능력과 창의적 사고를 발달시키는 데 많은 도움이 됩니다. 그로 인해 아이들에게 디지털 세계를 능동적으로 탐색하고, 기술을 의미 있게 활용하는 법을 알게 하며 궁극적으로 디지털 이해력을 키우는 좋은 기회가 될 것입니다.

# 인공지능은 우리 삶에 어떤 영향을 미칠까요?

지금도 우리 삶에서 인공지능은 상당히 중요해지고 있으며, 아이들이 살아갈 미래에는 인공지능을 빼고는 세상이 돌아가지 않을 만큼 더욱 그 역할이 커질 것입니다. 인공지능은 단순한 기술 발전을 넘어서 우리의 교육, 직업 심지어 일상생활에 이르기까지 다양한 영역에 깊숙이 파고들고 있습니다.

2022년에는 챗GPT가 등장하며 누구나 인공지능을 사용해 보고 그 위력을 알 수 있었다면, 최근에는 일론 머스크가 운영하는 '뉴럴링크'라는 회사에서 전자장치를 뇌에 직접 설치하는 것에 성공했습니다. 1,024개의 전자 막대를 아주 가느다란 바늘로 만들어 뇌에 삽입해서 전기적 신호를 주고받는 장치를 연결했는데, 기존에 있던 BCI <sub>Brain-Computers interfaces, 뇌와 컴퓨터를 직접 연결하는 장치</sub> 기기의 단점을 보완한 시도입니다. 이 장치를 이용하면 생각만으로 컴퓨터를 비롯한 전자 장비를 사용할 수 있으며, 전자 장비를 통해서 외부와 소통도 할 수 있습니다. 이 기술이 잘 작동한다면, 팔다리를 움직일 수 없는 환자들이나 뇌 손상을 입은 치매, 파킨슨 환자에게 큰 희망이 될 것으로 기대합니다. 이 기술이 상용화되어 대중에게 공개된다면, 생각만으로 뇌와 연결된 스마트 기기를 이용해서 자료를 찾고 검색할 수 있으니, 더는 지식을 머릿속에 넣기 위해 고생할 필요가 없을 것입니다. 학생들은 하루빨리 이 장치가 개발되길 기다릴 수도 있겠습니다. 반면에 뇌와 직접 연결되는 기기인 만큼 해킹으로 인해 자기 생각이나 감정이 원치 않게 유출될 수도 있으니, 개인정보가 더욱 중요해지는 세상이 올 거라는 예상도 합니다.

## 인공지능을 정확히 이해해야 하는 이유

최근 인공지능이 점점 발달하여 놀라운 결과물을 보여주는 여러 소식을 들으면 인공지능이 우리의 삶을 앞으로 어떻게 바꿀지 예측할 수 있습니다. 그래서 지금도 많은 학부모가 인공지능에 대해 궁금해하고, 아이들이 이 기술을 어떻게 배워야 할지 묻곤 합니다.

인공지능과 관련하여 학교에서 아이들과 이런 대화를 나눈 적이 있습니다. 세탁기가 인공지능인지 아닌지에 대한 토론이었습니다. 아이 중 일부는 세탁기가 자동으로 작동하니 인공지능이라고 주장했습니다. 하지만 세탁기 같은 기계는 규칙에 따라 특정 작업을 수행하는 것일 뿐, 인공지능과는 다릅니다.

아이들은 자동으로 해주는 무언가를 전부 인공지능이라고 여기는 경우가 아주 많았습니다. 인공지능에 대해서 아직 정확히 모르거나 아예 관심이 없기 때문입니다. 그게 인공지능이든 아니든, '자동으로 해주면 그냥 좋다' 이렇게 생각하는 학생들도 꽤 있었습니다. 하지만 우리 아이들이 살아갈 미래에는 인공지능에 대해 정확히 모르면 세상을 똑똑하게 살아가기 어렵습니다. 일반 세탁기와 같이 규칙이 지정된 Role-based 기계들은 인공지능과는 그 작동 원리가 다릅니다. 인공지능은 컴퓨터나 기계가 인간처럼 학습하고, 추론하며, 문제를 해결할 수 있도록 하는 기술입니다. 즉 인간의 지능을 모방하여 만들어진 컴퓨터 시스템입니다. 반면에 일반 세탁기는 '특정한 일'을 위해 규칙이 지정된 기계입니다.

인공지능이 대중화되면서 이렇게 규칙이 지정된 기계에도 인공지능이 탑재될 가능성이 커지고 있습니다. 인공지능은 규칙이 지정된 일을 보나 효율적으로 해줄 수 있을 것입니다. 인공지능 세탁기는 세탁물 종류의 양을 자동으로 탐지하고, 이에 최적화된 코스를 자동으로 선택하여 세탁을 진행합니다. 게다가 세제와 섬유유연제도 최적화된 양을 스스로 계

레이오프스의 미국 테크 기업들의 고용 현황

산해서 넣기 때문에 과다하게 사용해서 생기는 자원 낭비도 줄어듭니다. 그뿐만 아니라 빨래 이후 건조, 빨래를 개는 기능까지 점차 자동화되고 있습니다. 사람 손으로 일상적으로 해야 하는 집안일이나 단순노동이 AI 기계로 조금씩 대체될 것입니다.

이처럼 단순노동뿐만 아니라 미국 실리콘밸리 기업들은 인공지능 활용을 이유로 인원을 감축하는 추세입니다. 기존의 단순 업무들은 인공지능으로 대체하고, 사람이 더 잘할 수 있는 본질적인 일들에 집중하면서 업무를 다시 편성하고 있습니다. 미국 테크 기업들의 고용 현황을 추적하는 레이오프스 layoffs.fyi를 보면 최근 인공지능이 일자리에 미치는 영향을 볼 수 있습니다. 2022년에는 620개의 테크 스타트업이 8만 명의 직원을 해고했고, 아직 한해가 지나지 않았음에도 2024년에는 141개 테크 회사에서 3만 4,250명이 해고된 것을 볼 수 있습니다. 해고 인원 순으로 정리해 보았을 때 최근 빅테크 기업들의 대규모 해고 사례가 눈에 띄게 증가했음을 알 수 있습니다.

인공지능이 사람이 하는 일을 대체하고 있는 현상을 우려하는 사람들도 많습니다. 하지만 인공지능으로 일자리가 줄어든다고만 볼 수는 없습니다. 사람의 역할을 대체하는 관점에서 벗어나 사람의 역할을 보완하는 관점으로 인공지능을 본다면 말입니다. 인공지능이란 도구는 한 사람 한 사람의 능력을 최대치로 발휘하게 도와줍니다. 그래서 인공지능을 활용하는 슈퍼 개인의 역량이 무엇보다 중요해지고 있습니다.

# 인공지능은 어떤 작동 원리로 구동되나요?

　기계와는 다른 인공지능의 작동 원리를 쉽게 이해할 수 있도록, 인간의 사고 과정과 비교해 보겠습니다. 인간의 사고를 연역적 사고와 귀납적 사고로 나누어 보면, 연역적 사고는 일반적인 원리나 법칙을 바탕으로 구체적인 사실이나 결론을 도출하는 방식입니다. 이는 주로 수학이나 논리적인 영역에서 사용되며, '모든 인간은 죽는다. 소크라테스는 인간이다. 따라서 소크라테스는 죽는다'와 같은 논리가 그 예입니다. 반면에 귀납적 사고는 구체적인 사실이나 관찰을 통해 일반적인 법칙을 도출하는 과정을 의미합니다. 예를 들면, '지금까지 해가 매일 떠올랐으므로, 내일도 해가 뜰 것이다'와 같은 사고방식이 이에 해당합니다.

　인공지능은 인간의 '귀납적 사고방식'을 모방합니다. 많은 정보와 예시를 분석하고, 그것을 통해 스스로 학습하고 추론하는 방식입니다. 주어진 데이터 내에서 복잡한 패턴을 인식하고, 그를 기반으로 추론합니다.

만약 추론 결과가 틀릴 때는 예측을 바로 잡기 위해 다시 거슬러 올라가는 과정을 통해 실제 결과와 예측 사이의 오차를 줄여나갑니다.

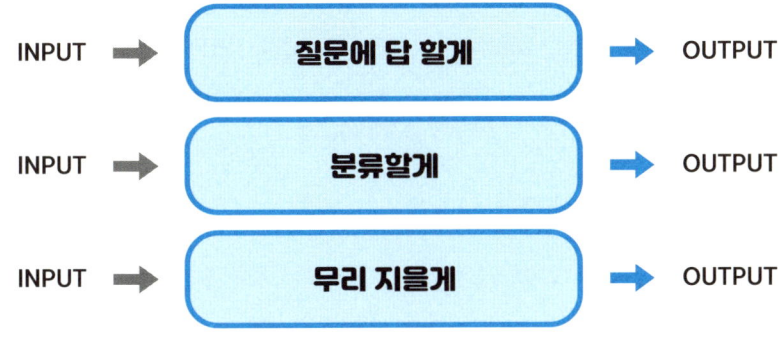

함수처럼 동작하는 인공지능

## 딥러닝 기술이 적용된 인공지능

이러한 방식에는 주로 딥러닝 기술이 적용됩니다. 그 동작 과정을 단순화시켜 보면 하나의 '함수'라고 볼 수 있습니다. 데이터를 입력받으면 내부적인 추론 과정을 거쳐서 하나의 함수처럼 동작합니다. 글자, 음성, 이미지, 냄새까지 다양한 데이터를 처리할 수 있고, 하나의 데이터가 아니라 두 가지 이상의 데이터를 함께 처리하는 것도 가능합니다. 우리 주변에서 많이 볼 수 있는 챗GPT가 대표적으로 텍스트를 처리하는 인공지능 서비스입니다.

텍스트를 처리하는 인공지능 서비스 안에는 내부에서 동작하는 모델이 있습니다. 자동차에 비유하면 엔진과도 같습니다. 여러 종류의 자동차가 같은 엔진을 사용하듯이, 여러 서비스가 있지만 엔진이 같은 경우가 많습니다. 대표적인 엔진이 바로 챗GPT 서비스에 들어가는 GPT라는 모델입니다. 자동차 엔진에 여러 종류가 있듯이, GPT-3.5, GPT-

4, GPT-4-turbo, GPT-4v video 등 OpenAI에서는 여러 인공지능 모델을 개발하고 있습니다. 후발 주자인 구글 Google 사는 '바드 Bard'라는 서비스로 자체 엔진 PaLM, Gemini을 개발해 맹렬히 추격하고 있습니다. 우리나라도 네이버에서 직접 개발한 언어모델을 기반으로 '클로바 X CLOVA-X'라는 서비스와 '클로바 클루 CLOVA CLUE'라는 서비스를 제공합니다.

## 다양한 기능의 인공지능 모델

자동차에도 버스, 트럭, 승합차 등 다양한 종류가 있듯이, 다양한 기능을 하는 인공지능 모델이 있습니다. 텍스트를 처리하는 모델도 있지만, 이미지를 만들거나 음악을 만들어주는 모델도 있습니다. 입력값을 통해 어떠한 결과물이 나오는지 비교해 보면 어떤 모델이지 구분할 수 있습니다. 텍스트를 넣었는데 텍스트가 나오면 'Text to Text'라고 합니다. 반면에 텍스트를 넣었는데 이미지가 나오면 'Text to Image'라고 합니다. 이를 줄여서 'Text to Text'는 T2T, 'Text to Image'는 T2I라고 부릅니다. 또 무엇을 처리할 수 있느냐를 가지고 분류하기도 합니다. 사람이 하는 말을 처리할 수 있으면 '자연어처리 언어모델'이라고 하고, 이 모델을 크게 만든 것을 '거대언어모델 LLM'이라고 합니다. GPT-3.5가 바로 대표적인 '거대언어모델'입니다. 그런데 점차 이 언어모델이 단순히 언어뿐만 아니라 이미지, 소리 등을 처리할 수 있도록 발전하고 있습니다. 이제는 다양한 데이터 표현 Multimodal을 처리할 수 있는 모델이 등장했습니다. 이를 '대형멀티모달 모델 LMM, Large Multimodal Models'이라고 합니다. GPT-4v나 구글의 제미나이 Gemini 같은 모델을 예로 들 수 있습니다. 다음 표는 주로 사용되는 생성형 인공지능 모델을 분류한 표입니다.

## 다양한 생성형 인공지능 모델 분류

| 모델명 | 구분 | 특징 | 서비스 |
|---|---|---|---|
| GPT-3.5 | T2T | 텍스트로 텍스트 생성 | 챗GPT3.5 |
| Gemini | Multimodal | 그림, 영상 데이터 처리 가능 | 바드 |
| Dall-E 3 | T2I | 텍스트로 이미지 생성 | 이미지 크리에이터 |
| Bark | T2A | 텍스트로 음악을 생성 | 수노 |
| GPT-4V | Multimodal | 그림, 영상 데이터 처리 가능 | 챗GPT4.0 |
| Whisper | S2T | 음성을 텍스트로 변환 | 딥엘 |
| Hyper-CLOVA | S2T | 음성을 텍스트로 변환 | 클로바 노트 |

## 인공지능의 데이터 처리 방식

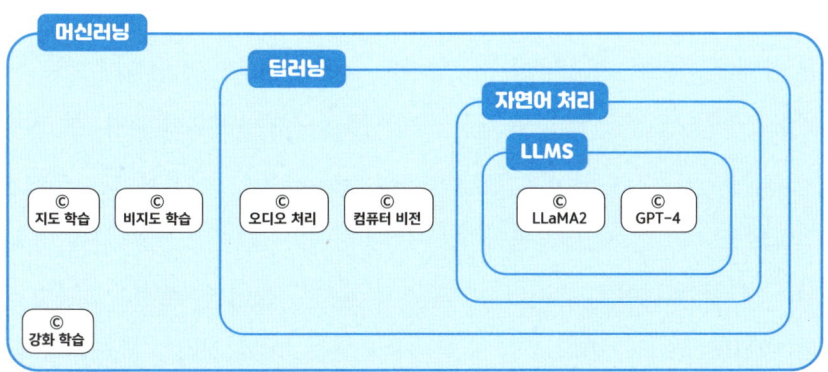

머신러닝, 딥러닝, 자연어 처리의 포함 관계

　인공지능의 종류는 데이터를 처리하는 방식에 따라 구분하기도 합니다. 지도 학습, 비지도 학습, 강화 학습 등의 전통적인 머신러닝 방식과 신경망을 이용하는 딥러닝 방식이 있습니다.

　먼저 전체를 아우르는 것은 '인공지능'이라는 개념으로, 규칙이 지정된 Rule-based 것이 아닌 컴퓨터나 기계가 인간처럼 학습하고, 추론하며, 문제를 해결할 수 있도록 하는 기술을 통칭하여 '인공지능'이라고 합니다.

이 개념 안에는 머신러닝과 딥러닝이 있습니다. 먼저 머신러닝은 데이터 사이의 관계를 찾는 여러 가지 기법을 의미합니다. 여러 데이터를 수집하여 각각의 데이터에 사람이 이름표 label를 붙여 계산하고, 사람의 생각과 차이가 나는 오류를 점점 줄여가는 방법을 반복하면 사람의 생각과 유사한 기계를 만들 수 있을 거라는 생각에서 '지도 학습'이 출발했습니다. 이후 사람이 이름표를 붙이지 않아도 되는 '비지도 학습' 기법이 등장하고, 이세돌을 이긴 알파고를 만든 '강화 학습' 기법도 등장합니다. 이렇게 머닝머신은 학습한 모델을 통해 간단한 분류나 예측 등을 수행할 수 있게 되었습니다.

하지만 점점 데이터가 많고 복잡한 문제를 풀면서 전통적인 머신러닝은 한계에 이르며, 딥러닝이 등장합니다. 전통적인 머신러닝 기법으로 처리하기 어려웠던 복잡한 문제를 딥러닝으로 처리하게 되면서, 요즘에는 대부분 인공지능 기법으로 딥러닝을 주로 사용하고 있습니다. 딥러닝의 범주를 나누어 보면 자연어 처리, 컴퓨터 비전, 오디오 처리 등이 있습니다. 각각 처리하는 데이터를 기준으로 구분하는데 앞에서도 언급했듯이 '대형멀티모달 모델 LMM' 등의 등장으로 이 경계가 점점 모호해지고 있습니다. 가끔 머신러닝보다 딥러닝이 무조건 우수하다고 오해하는 사람이 많은데, 데이터의 양, 학습 시간, 필요한 속도에 따라 머신러닝 방식이 문제 해결에 더 적합한 경우도 있습니다.

 ## 딥러닝의 작동 원리

딥러닝은 수많은 정보 처리 과정에서 '퍼셉트론'을 이용해서 신호를 주고 받는데, 이는 사람의 뇌를 구성하는 뉴런의 동작과 유사합니다. 다른 퍼셉트론과 신호를 주고받으면서 오류를 낮추기 위해 파라미터 값을 조절합니다. 파라미터란 'y=ax+b'라는 방정식에서 a, b 값에 해당합니다. 앞뒤로 신호를 주고받으면서 방정식을 푼다고 생각하면, 조금 더 이해하기 쉽습니다. 이렇게 작동하는 퍼셉트론을 입력값과 출력값 사이에 여러 개를 두고 각각을 연결해서 하나의 레이어를 구성합니다. 이제 레이어 여러 개를 층층이 연결시키면 데이터의 복잡한 특징을 한 번에 처리할 수 있게 됩니다.

퍼셉트론을 통해 레이어를 만들고 레이어가 모여 네트워크를 구성해 결국 하나의 함수처럼 작동합니다. 이를 딥러닝의 초기 형태인 '인공신경망 ANN, Artificial Neural Network'이라고 부릅니다. 이런 딥러닝 네트워크 중 자주 사용되는 모델로는 'CNN, RNN, LSTM, TRANSFORMER, GAN, Diffusion' 등이 있습니다.

# 알파 세대의 특징은 무엇인가요?

알파 세대 Generation Alpha 는 2010년부터 2025년 사이에 태어난 아이들을 가리키는 용어입니다. 이들은 MZ 세대 밀레니얼 세대와 Z세대 의 뒤를 잇는 세대로, 기존의 알파벳 명칭이 끝나고 처음으로 그리스 알파벳을 사용하여 명명된 세대입니다.

알파 세대는 디지털 기술의 급속한 발전과 함께 성장했습니다. 특히 스마트 기기와 무선 통신망의 대중화는 이들의 일상에 깊숙이 자리 잡았습니다. 2010년대 초반에 태어난 이 아이들은 태어날 때부터 태블릿, 스마트폰, 노트북 등 다양한 디지털 기기와 함께 자랐으며, 이로 인해 기술 사용에 있어서 매우 뛰어난 능력을 보입니다. 일찍부터 정보 검색, 온라인 학습, 디지털 놀이 등을 통해 다양한 디지털 경험을 쌓아온 이 세대의 아이들은 주로 소셜 미디어와 인터넷 기반 플랫폼을 통해 소통합니다. 전화나 문자 대신에 SNS의 DM Direct Message 으로 친구들과 연락을 주고받는 것이 일상입니다. 주말 모임에서도 스마트폰을 통해 모바일 게임을 하거나 틱톡과 같은 소셜 미디어 앱을 이용하여 짧은 동영상을 찍고 공유하는 것을 즐깁니다. 이러한 활동은 아이들이 디지털 환경에서 자신을 표현하고, 창의적인 콘텐츠를 만드는 방식이 되었습니다.

또한 알파 세대는 코로나19 팬데믹 기간에 중요한 성장기를 보냈습니다. 팬데믹 기간 중 집에 머무는 시간이 길어지면서 온라인 학습, 비디오 게임, 스트리밍 서비스 등 디지털 콘텐츠 소비가 크게 증가했습니다. 그리고 아이들이 가상 공간에서의 활동과 자신의 디지털 캐릭터에 높은 가치를 두게 되었습니다. 디지털 게임 내에서의 아이템 구매나 캐릭터 커스터마이징은 이 세대에게 중요한 부분이 되었습니다. 그러나 이에 따라 일부 아이들은 실제 세계에서의 사회적 상호작용 능력이나 주의력, 인지 능력, 감정 조절 능력 등이 또래에 비해 부족하다는 단점도 있습니다.

하지만 알파 세대는 실생활과 기술을 접목하는 데 있어서 뛰어난 능력을 보입니다. 이들은 새로운 기술을 빠르게 습득하고, 자신만의 방식으로 콘텐츠를 창조합니다. 예를 들어, 학습용 앱을 사용하여 자기 주도적으로 공부하거나, 유튜브나 기타 플랫폼을 통해 자신의 지식이나 취미를 공유합니다. 이러한 특징은 알파 세대가 미래의 혁신가이자 창조자로 성장할 수 있는 기반을 마련해 줍니다.

### 알파 세대 아이를 잘 키우는 법

세계적으로 알파 세대의 인구는 약 20억 명에 이를 것으로 예상합니다. 이는 역사상 가장 규모가 큰 세대 중 하나로, 이들이 성장해 사회의 주요 구성원이 되면 전 세계 노동력의 상당 부분을 차지하게 될 것입니다. 특히 2035년경이 되면, 이들은 전 세계 노동력의 약 19%를 차지할 것으로 보이며, 이는 경제·사회·문화 등 다양한 분야에 지대한 영향을 미칠 것입니다. 알파 세대 아이를 키우는 부모라면, 이 세대의 성장과 발달을 지원하고 이해하는 것이 매우 중요합니다. 무엇보다 알파 세대 아이들의 디지털 환경에 대한 이해와 함께, 아이들이 오프라인 활동에서도 균형 잡힌 성장을 할 수 있게 관심을 기울여야 합니다. 아이들과의 대화를 통해 디지털 세계의 경험을 공유하고, 스스로 원하는 활동을 디지털 세계 안에서 건강하고 효과적으로 표현할 수 있게 도와야 합니다. 또한 아이들이 디지털 세계에만 집중하지 않고 실제 세상에서 다양한 활동에 참여하도록 유도하는 것이 중요합니다.

이를 위해서는 디지털 기기 사용에 대한 명확한 규칙을 설정해야 합니다. '디지털 디톡스' 시간을 정해 디지털 기기 사용을 제한하고, 가족 시간에는 스마트폰 사용을 줄이는 것이 좋습니다. 패밀리 링크나 스크린타임과 같은 관리 앱을 사용하여 사용 시간을 조절하고, 일관된 규칙을 적용하여 아이들이 스마트폰 사용에 대한 자기 조절 능력을 키울 수 있도록 격려합니다.

밖에서의 활동도 중요합니다. 박물관이나 공연 관람, 캠핑 같은 외부 활동을 통해 아이들에게 새로운 관점과 아이디어를 제공하고, 사회적 소통 능력을 키울 수 있게 돕습니다. 아이들의 오프라인 세계에서의 경험을 풍부하게 하면 사회적 기술을 발달시키는 데 도움이 됩니다.

## 알파 세대 AI 활용 능력의 중요성

알파 세대는 디지털 네이티브로, 스마트 기기와 인터넷이 이미 그들의

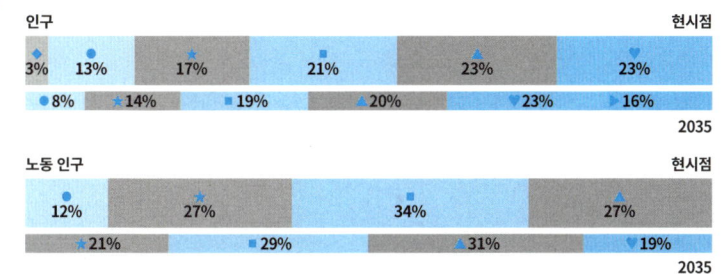

알파 세대의 영향력 (출처 : McCrindle Research)

일상에 깊숙이 자리 잡고 있습니다. 이들에게는 단순히 디지털 기기를 사용하는 것을 넘어서, 인공지능 기술의 이해와 활용이 필수적인 능력으로 자리 잡을 것입니다. 디지털 기술의 발달이 미래의 직업 세계와 일상생활에 미치는 영향은 상당하며, AI는 이러한 변화의 중심에 있을 것입니다. 이에 따라 부모는 AI에 대한 기본 지식을 습득하고, 이를 자녀들에게 가르치는 역할을 해야 합니다. 가정에서 AI 스피커와 같은 기술을 사용하며 AI가 어떻게 음성 명령을 인식하고 반응하는지 설명하거나, 인공지능이 일상생활의 다양한 영역에서 어떻게 사용되는지를 아이들과 공유함으로써, AI 기술에 대한 관심과 이해를 높일 수 있습니다.

학교에서는 AI 교육의 중요성을 인식하고 있으며, 프로그래밍 교육과 함께 AI의 원리와 응용에 대한 교육을 포함시키고 있습니다. 하지만 학교 교육만으로는 충분하지 않으므로, 가정에서의 지원과 관심이 아이들이 이 분야에 대한 이해를 더욱 깊게 하는 데 큰 도움이 됩니다. 학부모들이 인공지능 기술에 대한 지식을 배우고 이를 자녀들에게 전달하는 것은 미래 사회에서 필요한 능력을 키우는 데 중요한 역할을 합니다.

결론적으로, 알파 세대 아이들이 인공지능 기술을 이해하고 활용하여 문제를 해결하는 능력을 개발하는 것은 필수적입니다. 이 과정에서 부모들의 지식과 지도는 아이들이 미래 사회의 중요한 구성원으로 성장하는 데 있어 결정적인 역할을 합니다. 이에 따라, 초등학생의 인공지능 교육의 중요성은 점점 더 두드러지고 있습니다. AI에 대한 기본적인 이해와 지식이 없다면, 빠르게 변화하는 디지털 시대에 아이들의 교육을 효과적으로 지원하기 어려워집니다. AI 기술의 발전은 우리의 생활 방식, 직업 구조 그리고 사회적 상호작용에 깊은 영향을 미치고 있어 부모가 먼저 이 변화하는 세상에 대응하고, 아이들이 이런 변화에 적응하며 혁신을 주도할 수 있도록 준비해야 합니다.

# 알파 세대에게 가장 중요한 능력은 무엇일까요?

앞으로 우리 아이들은 좋든 싫든 인공지능과 함께 살아가야 합니다. 인공지능이 가져올 결과나 윤리성 등 여러 부분이 아직 검증되지 않았다고 해서 무조건 아이들이 접하지 않게 하는 것만이 방법은 아닐 것입니다. 미래 사회를 잘 살아가기 위해서, 알파 세대 즉 우리 아이들에게 꼭 필요한 능력은 다음과 같습니다.

## 첫째, 인공지능과 건강하게 상호작용하는 능력

지금 어른들은 미래를 살아갈 알파 세대 아이들에게 인공지능과 건강하게 상호작용하는 방법을 가르치는 데 교육의 중점을 두어야 합니다. 이것은 아이들이 온라인 안전 수칙을 이해하고, 디지털 세계에서 책임감 있게 행동하는 것을 포함합니다. 또한, 창의적 사고를 장려하고 기술에 대한 호기심을 키워주며, 인공지능이 우리 일상에서 어떻게 쓰이는지, 기본적인 프로그래밍 개념인 선택, 순차, 반복과 같은 알고리즘의 기본 원리를 가르치는 것이 중요합니다.

## 둘째, 가상과 현실 세계를 오가는 실용적인 활용 능력

단순히 지식을 암기하는 것보다는, 가상 세계와 현실 세계를 연결하며 실용적인 방식으로 인공지능을 활용하는 방법을 가르쳐야 합니다. 그와 동시에 미래 사회에는 인공지능이 있어서 지식을 알아둘 필요가 없다고 생각하고 학습을 등한시 여겨서는 안 됩니다. 자신의 전문적인 지식, 관심사인 도메인 지식과 인공지능의 결합은 혁신을 가져오는 매우 중요한 요소입니다. 도메인 지식이 없다면, 인공지능이 발전할 때마다 사람은 인공지능에 더욱 의존할 수밖에 없습니다. 아이들이 자신의 관심사와 전문 지식을 올바르게 발전시키면서 이를 인공지능과 결합하는 방법을 배운다면, 미래 사회에서 그 역량은 상상할 수 없이 커질 것입니다.

## 셋째, 독립적 판단을 위한 디지털 이해력 향상

자신의 관심 분야에 대한 전문성이 중요하면서도 인공지능을 언제 어떻게 활용해야 하는지 독립적으로 판단할 수 있도록 '디지털 이해력'을 키우는 것에 집중해야 합니다. 우선 초등학생 아이들에게는 인공지능과 기술이 어떻게 작동하고, 그것들이 우리 사회와 일상에 어떤 영향을 미치는지를 가르치는 것이 중요합니다. 인공지능과의 상호작용은 단순히 사용하는 방법을 넘어서는 것입니다. 기술의 영향을 비판적으로 생각하고, 그것이 사회와 개인에 미치는 윤리적 측면을 이해하는 것입니다.

기후 변화에 관심이 있는 학생이 기사를 작성할 때를 예로 들어보겠습니다. 먼저 기사 작성을 위해 전문가와의 인터뷰를 진행합니다. 이때 인터뷰의 내용을 저장하기 위해 음성을 텍스트로 변환하는 인공지능 앱을 사용할 수 있습니다. 이후 인터뷰 내용을 기사로 옮길 때는 자신이 직접 들어보며 공개되어서는 안 되는 개인의 민감한 정보가 혹시 포함되지 않는지 확인합니다. 또한 기사의 내용에 들어갈 사진이나 그림을 생성형 AI로 만드는 경우, 그 생성물이 기사의 내용과 적절한지, 인공지능의 편향성이 반영된 그림은 아닌지 등을 확인하는 것도 중요합니다. 생성형 AI가 많은 역할을 했지만, 전체 과정을 하나로 모으고 방향을 제시하고 정확성을 보장하는 것은 결국 사람의 역할입니다.

이처럼 아이들이 인공지능과의 상호작용을 통해 독립적인 사고 방법과 문제 해결 능력을 키워나가는 것은 매우 중요합니다. 이것은 아이들이 미래 사회에서 변화를 주도하고, 인공지능 기술에 의존하지 않고 대체되지 않는 자신을 지키는 큰 힘이 될 것입니다. '디지털 이해력'을 키우는 것 또한 단순히 기술을 사용하는 방법을 넘어 정답이 없는 문제에 대한 판단력을 갖추는 것입니다. 단순한 기술 사용자가 아닌, 미래의 기술 창조자가 되기 위한 기본 조건입니다.

일론 머스크가 설립한 '아스트라 노바 www.astranova.org' 학교에서는 이 점에 주목하고 있습니다. 학생들이 직면하는 여러 문제 상황에 대해 스스로 해결 방안을 찾도록 격려하며, 이를 위해 아주 혁신적인 교육 방식을 제공합니다. 교육과정에는 '코눈드럼'이라고 불리는 다양한 개방형 수수께끼 시나리오가 있는데, 정답이 없는 문제에 대해 건설적인 논쟁을 할 수 있게 만드는 프로그램입니다.

이러한 활동은 디지털 이해력의 핵심 구성 요소인 비판적 사고와 문제 해결 능력을 강화하는 데 좋습니다. 이 교육 방식의 핵심은 현실 세계의 문제 해결과 독립적인 사고에 초점을 맞추는 것입니다. 학생들이 복잡한 프로젝트에 참여하고 스스로 해결책을 찾게 함으로써, 주체적으로 학습을 이끌어가게 합니다. 이 방법으로 학생들은 디지털 도구의 기술적 측면뿐만 아니라 다양한 상황에서 창의적이고 책임감 있게 적용하는 방법을 배울 수 있습니다.

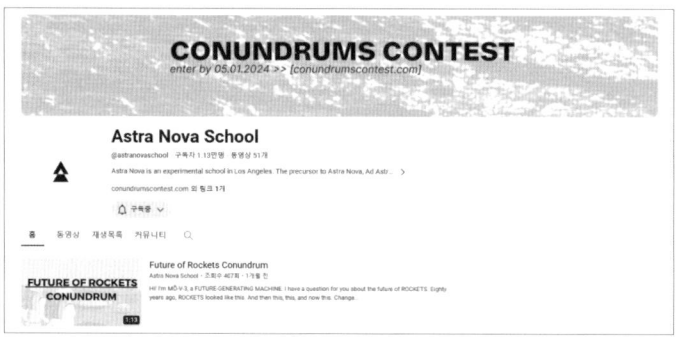

일론 머스크의 '아스트라 노바' 학교의 홈페이지 및 유튜브 채널

# 코딩 교육이 중요한 이유는 무엇일까요?

우리가 사는 시대는 데이터와 인공지능의 시대입니다. 이러한 시대적 변화 속에서, 코딩은 인공지능 시대의 기본 언어가 되었습니다. 코딩이란 컴퓨터에 명령을 내리기 위해 특정 프로그래밍 언어를 사용하는 것입니다. 이는 사람과 컴퓨터 간의 의사소통 방법으로, 우리가 원하는 작업을 컴퓨터가 이해하고 실행할 수 있게 하는 과정입니다. 자기 생각을 컴퓨터에 잘 전달하는 능력이 바로 '코딩'이라고 할 수 있습니다.

이제 코딩을 가르치는 것은 단순한 기술 교육을 넘어서 아이들이 미래 사회에 중심적인 역할을 할 수 있도록 준비시키는 필수 과정이 되었습니다. 코딩은 대량의 데이터를 분석하고 해석하는 데 필요한 능력을 제공하며, 업무의 자동화와 효율적 처리를 가능하게 합니다. 또한, 인공지능 시스템의 기본 원리를 이해하고, 앱 개발과 같은 창의적인 작업에도 코딩은 필수입니다. 심지어 게임을 할 때도 코딩 능력은 꼭 필요합니다. 'code, org'에서 제공하는 '아워 오브 코드 Hour of code' 코스 hourofcode.com/kr/learn를 이용하면 〈마인크래프트〉를 이용해 간단한 프로그래밍을 이해할 수 있습니다. 아이들은 간단한 명령어를 사용해 캐릭터를 움직이거나, 특정 작업을 수행하게 합니다. 예를 들어 '앞으로 이동', '회전', '블록 쌓기'와 같은 명령어를 조합하여 컴퓨터에 지시를 내리고, 이를 통해 컴퓨터가 어떻게 이 명령어들을 해석하고 실행하는지 직접 볼 수 있습니다. 이 과정에서 아이들은 코딩의 기본 개념인 순차, 선택, 반복과 같은 프로그래밍 원리를 자연스럽게 배우게 됩니다. 또한 문제 해결을 위해 어떻게 명령어를 효과적으로 조합하고 순서를 정하는지 학습하며, 이는 논리적 사고와 분석 능력을 키우는 데 도움이 됩니다.

'아워 오브 코드' 내에 있는 여러 미션

아울러 인공지능을 이해하려면 데이터 구조와 알고리즘에 대한 기본적인 지식이 필요합니다. 예를 들어 스마트폰의 음성 인식 기능은 복잡한 알고리즘과 대량의 데이터를 기반으로 작동하는데, 이를 이해하기 위해서는 데이터 처리 방법과 알고리즘의 기본 원리를 알아야 합니다. 아이들은 코딩을 배우는 과정에서 데이터를 어떻게 처리하고, 분석하는지 효과적으로 배울 수 있습니다. 또한, 복잡한 문제를 해결하기 위해 알고리즘을 어떻게 설계하고 적용하는지도 이해합니다. 이러한 과정은 인공지능 시스템이 어떻게 작동하는지, 그리고 어떻게 데이터를 처리하고 학습하는지를 이해하는 데 필요한 기초 지식을 제공합니다.

## 가장 중요한 것은 문제 해결력

코딩 교육을 통해 아이들은 단순한 지식 습득을 넘어서 창의적인 문제 해결 능력을 키울 수 있습니다. 코딩을 통해 자체적으로 간단한 게임을 만들거나, 자동차의 움직임을 제어하는 프로그램을 개발하는 프로젝트 활동을 통해 아이들은 자기 생각을 컴퓨터 언어로 표현하며, 논리적 사고, 창의력 그리고 협업 능력과 같은 중요한 기술들을 자연스럽게 키워나갑니다.

예를 들어 팀 프로젝트에서 함께 아이디어를 내고, 각자의 역할을 분담하여 게임이나 프로그램을 완성합니다. 이 과정에서 커뮤니케이션과 팀워크의 중요성을 배우고, 서로 다른 아이디어를 조합하여 더욱 창의적인 결과물을 만들어냅니다. 또한, 코딩을 통해 발생하는 문제를 해결하면서 인내력과 집중력도 함께 키워 나갑니다. 이처럼 코딩 교육은 아이들이 미래 사회에서 중요한 역할을 할 수 있는 기반을 마련해 줍니다.

코딩 교육은 단순한 코드 암기에 그쳐서는 안 됩니다. 코드를 암기하는 것은 빠르게 발전하고 다양한 언어가 등장하는 지금 사회에 아무런 의미가 없습니다. 코딩 교육의 목적은 아이들이 문제 해결을 위한 접근 방법과 생각하는 과정을 배우는 것입니다.

예를 들어 '미로 찾기' 게임을 만든다고 했을 때, 아이들은 먼저 미로의 디자인을 구상하고, 캐릭터가 미로를 어떻게 이동할지를 생각합니다. 그런 다음에 이동 경로, 충돌 검출, 점수 계산 등의 기능을 구현하기 위한 구체적인 코딩 명령을 작성합니다. 코딩 명령을 많이 외우는 것보다 왜 코딩 명령어가 필요한지를 알아야 합니다. 이 과정에서 문제를 작은 단위로 분해하고, 각 단위에 맞는 해결책을 찾아서 적용하는 방법 즉 생각하는 과정을 배우는 것입니다. 좋은 코딩 교육은 아이들에게 문제를 해결하는 방법과 작동 원리를 가르쳐줍니다. 이는 단순히 코딩 언어를 배우는 것을 넘어서, 아이들이 스스로 생각하고 창의적인 해결책을 도출할 수 있게 도와줍니다.

## 코딩 교육의 순서

코딩 교육은 보통 '엔트리', '스크래치'라는 블록 형태의 코드를 조합하는 블록 코딩을 시작으로, '파이썬'이나 C 등의 텍스트 코딩으로 넘어가는 게 순서입니다. 블록 코딩을 하다가 텍스트 코딩을 시작할 때 어려워하고 중도에 포기하는 친구들이 많이 있습니다. 아이들은 보통 블록 코딩으로 자기 생각을 표현하는 방법은 익숙한데, 이를 명령어를 사용해서 코드로 변환하는 부분을 어려워합니다. 텍스트 코딩의 수많은 '명령어'와 명령어 사용을 위해 미리 설정해야 하는 '라이브러리' 등을 익히는 데 힘이 들기 마련입니다. 이때 챗GPT의 도움을 받는다면, 이 과정에서 코드를 추천, 생성하거나 설명해 달라는 형태로 도움을 받을 수 있습니다. 챗GPT의 도움을 통해 점차 코드 사용에 익숙해지면, 스스로 생각하고 문제를 직접 해결하는 형태로 코딩 실력을 키워 나갈 수 있습니다. 그래서 많은 코드를 외우는 것보다는 문제를 해결하는 방법, 생각하는 순서, 창의적인 생각과 실행력을 높이는 것에 중점을 두는 게 좋습니다.

| 언어 | 블록 코딩/텍스트 코딩 | 난이도 | 특이 사항 |
| --- | --- | --- | --- |
| 엔트리 | 블록 코딩 | 낮음 | 초보자와 어린이를 위한 시각적 학습 도구 |
| 파이썬 | 텍스트 코딩 | 중간 | 다양한 용도로 사용되며 코딩을 시작하는 초보자에게 친숙한 언어 |
| 자바스크립트 | 텍스트 코딩 | 중간 | 웹 개발에 주로 사용되며 유연한 언어 구조 |

## 창작의 세계를 경험하는 코딩

코딩에 관심이 있는 아이라면, 무조건 학원에 보내기보다는 다니는 학교에 인공지능 교육 선도학교를 운영하는지 먼저 알아보는 것이 좋습니다. 인공지능 선도학교에서는 일반적으로 인공지능 학생 동아리를 운영하게 되어 있는데, 매년 초 학생 동아리 회원을 모집할 때 신청해 동아리 활동을 먼저 해보고 흥미가 있는지 알아보는 것이 좋습니다.

만약 학교에서 도움받기 어려운 상황이라면 좋은 학원을 선택하는 것도 방법입니다. 학원 수업이 문제를 해결하는 형태인지, 단순한 코드 암기인지를 확인해 보고 단순 암기 위주나 예제 코드를 실행하는 형태의 코딩 교육은 지양하기 바랍니다. 수업이 문제를 해결하는 형태를 지향하고, 가능하면 프로젝트를 혼자가 아닌 여러 학생과 같이 해결하는 방식을 선택합니다. 그리고 학원의 유명세보다는 강사의 실력과 성향이 훨씬 더 중요합니다. 깃허브Github 계정을 활발히 운영하여 자신의 프로젝트를 공개할 정도로 실력이 좋거나, 벨로그velog 등을 통해서 내용을 잘 정리하여 다른 사람에게 소개하는 능력이 우수한 정도라면 믿을 수 있습니다. 이외에도 자신이 프로젝트가 있고, 다른 사람에게 가르치는 능력이 좋은 선생님인지 확인합니다.

한편 코딩을 배운다는 것은 사고력을 키울 뿐만 아니라 직접 무엇인가를 만들어볼 수 있는 창작의 세계를 경험할 수 있는 아주 좋은 기회이기도 합니다. 영어를 배워 외국인과 소통하는 것처럼, 컴퓨터 언어를 배우면 아이들이 컴퓨터와 더 잘 협력할 수 있습니다. 컴퓨터 언어를 이해함으로써, 아이들은 컴퓨터가 어떻게 작동하는지, 어떻게 명령을 실행하는지를 이해하고, 이를 자신의 창작물에 적용할 수 있습니다. 간단한 코딩을 통해 자신만의 컴퓨터 게임을 만들거나, 웹사이트를 디자인할 수도 있습니다. 이러한 활동은 아이들이 컴퓨터와의 상호작용을 통해 문제 해결 능력과 창의력을 키우는 데 도움이 됩니다.

앞으로 적용되는 2022년 초등 교육 과정에서는 현재의 두 배인 34시간을 정보 교육에 할당하고 있습니다. 정보교육은 컴퓨팅 사고력을 향상하는 것을 목표로 하고, 코딩은 그 주된 도구입니다. 앞으로 학교에서도 코딩 교육을 강조하는 방향인 만큼 너무 늦지 않게 아이들이 이에 대비하도록 준비해야 합니다.

## EBS 코딩 교육 서비스 '이숲'

　코딩을 스스로 배우고 싶은 아이라면 EBS의 '이숲 EBS Software Learning Platform, www.ebssw.kr' 서비스를 추천합니다. '이숲'은 어린이와 청소년을 위한 EBS의 무료 소프트웨어 교육 플랫폼입니다. 이숲은 컴퓨팅 사고력을 테스트하는 기능부터 기초 블록 코딩, 텍스트 코딩 및 게임형 실습까지 필요한 모든 과정을 지원합니다. 또한 학생들을 위한 고품질의 강좌도 무료로 운영하고 있어, 체계적이고 실용적인 코딩 교육을 제공합니다. 이렇게 실력을 키운 아이들은 '작품 뽐내기' 게시판을 통해 자신의 코딩 작품을 다른 사람들과 공유할 수 있습니다. 서로가 다양한 작품을 보며 코딩에 대한 이해를 넓힐 수 있습니다. 또한 매년 상반기와 하반기에는 온라인 코딩 파티를 진행하며, 재미있고 다양한 코딩 서비스를 지속해서 개발하여 보급하고 있습니다.

# 인공지능 활용이 아이들 공부에 도움이 될까요?

'메타 학습'은 자신이 무엇을 정확히 아는지 모르는지 객관적으로 파악하고 그에 필요한 정확한 전략을 수립해 학습하는 것을 말합니다. 그래서 상위권 학습자들이 가장 중요하게 꼽는 학습 능력이 바로 메타 학습이기도 합니다. 인공지능은 이러한 메타 학습을 위한 필수적인 도구로 꼽힙니다. 학습의 전 과정에 도움을 주며, 개별 학생에게 맞춤형 자료와 과제를 제공하기 때문입니다. 인공지능은 성취도를 분석하여 개개인에게 적절한 수준의 학습이 이루어지도록 지원할 수 있습니다. AI 챗봇과 같은 도구를 활용하면, 학생들이 배운 내용에 대해 질문했을 때 즉시 답변을 받을 수 있어 새로운 개념을 더 잘 이해하고 기억하는 데 많은 도움이 됩니다.

## AI로 개인 맞춤형 학습이 가능

시중에 나와 있는 많은 에듀테크 도구는 학습을 위한 인공지능 기술을 탑재하고 있습니다. 가장 잘 틀리는 문제 유형을 알려주고, 부족한 학습 부분을 정확하게 진단합니다. 또한 학습자에게 효과적인 형태의 학습 자료를 제공합니다. 예를 들어 시각적 학습자들에게는 다이어그램과 인포그래픽을 제공하고, 청각적 학습자들에게는 오디오북과 강의 녹음본을 제공하는 형태입니다. 현재의 일률적인 교육 시스템이 개별 학생의 차이를 모두 수용하기 어려운 반면, 이러한 인공지능 기반 도구는 각 학생의 독특한 학습 스타일과 속도에 맞춰진 교육을 제공할 수 있습니다. 이는 '한 사이즈에 모두를 맞추는' 기존 방식에서 벗어나, 각 학생의 잠재력을 최대한 발휘할 수 있는 '개별 맞춤형' 교육 환경을 조성해 줍니다.

이러한 변화에 발맞추어 부모는 아이의 학습 스타일과 선호도를 파악하고, 인공지능 기반 학습 도구를 적극적으로 활용하는 방법을 함께 탐색해야 합니다. 현재 초등학생 아이들인 알파 세대의 학습 환경은 이전 세대와는 많이 달라졌습니다. 새롭게 등장한 다양한 도구들로 인해 그 차이를 더 이해하기 어려울 수 있습니다. 그래서 아이와 교육과 학습에 대한 대화를 충분히 나누며 필요한 학습자료나 도구가 있다면 적극적으로 지원해야 합니다.

## 고차원적인 사고에 집중

인공지능 학습 도구를 '단순히' 사용만 하는 것은 학습자의 자율성이라는 측면에서는 오히려 창의성을 저해하는 요소가 될 수 있습니다. 그러나 인공지능을 잘 알고 디지털 이해력이 높은 학생들은 스스로 이를 '능동적'으로 활용하여 학습의 전 과정을 구성하고, 무엇을, 어떻게, 얼마나 학습해야 할지를 계획하는 등 직접 자기 학습을 계획할 수 있습니다.

예를 들어 학생이 과학 프로젝트를 수행한다면, 관련된 다양한 과학적 개념과 자료가 필요합니다. 일반적인 방법으로는 여러 책과 자료를 일일이 찾아보고, 중요한 정보를 추출하는 데 상당한 시간과 노력이 들 것입니다. 하지만 AI 검색 도구를 사용하면, 키워드만 입력해도 관련된 학술 자료, 연구 논문, 그래프, 실험 데이터 등을 빠르게 얻을 수 있습니다. 이렇게 얻은 방대한 자료를 요약하는 방법도 인공지능 알고리즘을 활용해 원하는 핵심적인 내용만 간추릴 수 있습니다.

이처럼 AI를 활용한다면 기본적인 정보 수집과 정리에 드는 시간과 노력이 현저히 줄어듭니다. 그러면 그 학생들은 남은 시간에 더 고차원적인 사고력을 발휘하는 데 집중할 수 있습니다. 예를 들어, 단순히 정보만 나열하는 것 대신에, 이러한 정보를 바탕으로 해결할 수 있는 문제에 집중하거나 새로운 사실을 찾는 것에 더 많은 더 많은 에너지를 쓸 수 있습니다. 최근 교육학 연구에 따르면, 학습자가 단순 지식 습득에서 벗어나 복잡한 사고 과정에 더 많은 시간을 할애할 때, 창의력과 문제 해결 능력이 향상된다고 합니다.

## 언어 학습에 뛰어난 AI

4장에서 자세히 다루어지지만 여기서 먼저 간략히 말하자면, 언어 학습에 있어서 AI는 특히 많은 도움이 됩니다. AI 기반 언어 학습 앱은 음성 인식 기능으로 학생들의 발음을 평가하고 실시간으로 피드백을 제공합니다. 학생이 새로운 언어를 배우고 있을 때, 정확한 발음은 매우 중요합니다. 기존의 학습 방법에서는 발음을 교정하기 위해 교사의 지속적인 개입이 필요했습니다. 하지만 AI 기반의 언어 학습 앱을 사용하면, 학생은 언

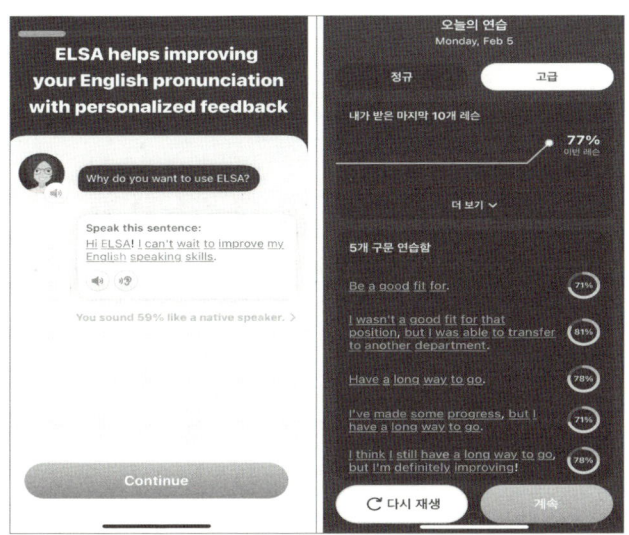

영어 발음에 대한 즉각적인 피드백을 받을 수 있는 ELSA 앱의 발음 교정 장면

제든지 자신의 발음을 녹음하고 즉시 피드백을 받을 수 있습니다. 발음의 정확성을 분석하고, 어디를 개선해야 하는지 구체적인 조언을 제공해 줍니다.

우리가 알지 못하는 사이에 이미 주변에 많은 앱과 학습 프로그램들이 인공지능을 활용하고 있습니다. 이에 따라 학습 방법 역시 혁신적으로 변화하고 있습니다. 이런 세상의 흐름에 발맞추어 부모가 먼저 인공지능의 효과와 활용성을 이해하고 적극적으로 지원한다면, 아이들의 학습 효과는 더욱 커질 것이며, 자기 주도적인 학습자로 성장하는 데 긍정적인 영향을 끼칠 것입니다.

# 인공지능을 믿고 아이가
# 공부를 안 한다면 어떻게 하나요?

**학생3:** 선생님, 인공지능 칩을 머리에 심어서 우리 대신 공부하라고 하면 안 되나요?

**선생님:** 엄청난 인공지능 칩을 몸에 심어서 강력한 힘을 갖게 되는 영화가 종종 있지.

**학생3:** 아이언맨처럼요?

**선생님:** 맞아, 하지만 그렇게 되면 만약 잘못된 학습이 되며 오류가 발생하거나 나쁜 인공지능이 공격하면, 너희는 스스로 생각하는 힘을 잃어버릴 텐데 괜찮겠니?

**학생3:** 그러면 어떻게 되나요?

**선생님:** 사람이 인공지능에 대한 통제력을 잃어버렸을 때 아무 일도 일어나지 않을 수도 있지만, 내 몸의 제어권을 잃어버려 조종당하게 될 수도 있단다. 영화 〈업그레이드 2018〉는 이와 비슷한 내용의 이야기야.

'인공지능이 발전하면 더는 공부할 필요가 없다'라고 생각하는 아이들이 종종 있습니다. 그럴 때 인공지능의 한계를 이야기해 주거나, 인공지능이 사람을 넘어서는 특이점이 올 경우 사람은 무엇을 해야 하는지, 인공지능을 통제하기 위해서는 사람의 역할이 필요하다는 것을 알려주거나 관련된 영화를 보여주기도 합니다.

인공지능은 새로운 도구에 불과합니다. 사람이 만들어낸 도구 중에서 사람의 사고력을 넘어서는 도구는 아직 나오지 않았습니다. 만약 그런 도구가 나온다고 하더라도, 특정 사람의 뛰어난 능력을 모두 넘어서는 도구는 나오기 어려울 것입니다. 일반적인 수준의 인공지능은 전문가 집단의 특정한 능력을 모두 뛰어넘을 수 없습니다. 특정 영역에서는 사람이 해결하지 못하는 수준의 문제를 풀면서 발전하겠지만, 결국 그 문제라는 것을 정의하는 것은 사람이기 때문에 사람의 역할이 중요합니다.

인공지능은 양날의 검입니다. 어떻게 쓰느냐에 따라 맛있는 요리가 되기도 하고, 사람에게 독이 되어 해를 끼칠 수도 있습니다. 테슬라 자율주행 자동차를 믿고 운전자가 졸던 중 자율주행 기능이 오작동하면서 안타깝게도 사망한 사례도 있습니다. 인공지능을 너무 맹신하면 끔찍한 결과를 초래할 수 있습니다. 반면 인공지능을 이용해서 사람을 구한 사례도 있습니다. 집에서 응급 상황에 놓인 노인을 인공지능 스피커가 듣고 SOS 신호를 보내 빠른 응급처치로 목숨을 구한 사례입니다.

이외에도 수많은 장단점이 있지만, 인공지능이 더 발전하면서 이를 잘 활용하는 뛰어난 개인과 기업들이 등장하기 시작했습니다. 이미지 생성 AI 서비스로 유명한 미드저니 Midjourney의 경우 전 직원의 수가 채 100명이 되지 않습니다. 직원 1인당 매출액이 무려 25억 원에 달할 만큼 높은 생산성을 자랑하고 있고, 그 중심에는 인공지능이 있습니다.

하지만 인공지능만 잘 사용한다고 해서 모든 일이 처리되는 것은 아닙니다. 인공지능의 장점과 그 한계를 알고, 자신이 가지고 있는 고유 지식 도메인 지식을 활용할 수 있어야 가능합니다. 즉 인공지능을 이해하고 활용하기 위해서는 자신만의 고유 지식 쌓는 일도 게을리해서는 안 됩니다.

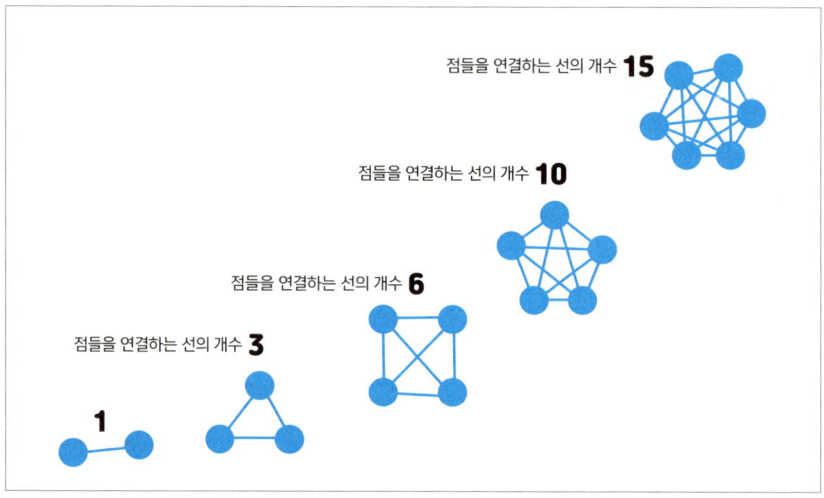

데이터가 지혜로 이어지기까지의 과정이다

이 그림은 기본 지식을 통해 문제 해결의 선을 이을 수 있는 점들로 표현한 것입니다. 더 많은 것을 알면 문제의 다양한 측면을 연결하고 해결책을 찾는 것이 더욱 쉬워집니다. 우리는 이러한 점들을 연결하는 과정을 그동안 직접 해왔지만, 이제는 인공지능의 도움을 받을 수 있습니다.

다양한 분야의 전문지식이 융합되면 해결책을 모색하는 방식이 혁신적으로 변화합니다. 데이터 과학의 분석 기술, 도시 계획의 전략적 접근, 환경 과학의 영향 평가 그리고 교통 엔지니어링의 기술적 해법이 결합되어, 단순한 신호등 조절이나 도로 확장을 넘어서는 종합적인 해결책을 도출할 수도 있습니다. 이런 종합적 접근은 각 분야의 지식이 상호 작용하며 새롭고 혁신적인 아이디어를 생성합니다. 이는 단일 분야의 지식만으로는 도달하기 어려운 창의적이고 실용적인 해결책을 제시합니다. 이처럼 다양한 분야의 전문 지식이 융합될 때, 문제 해결의 창의성과 효과성은 많이 증가합니다.

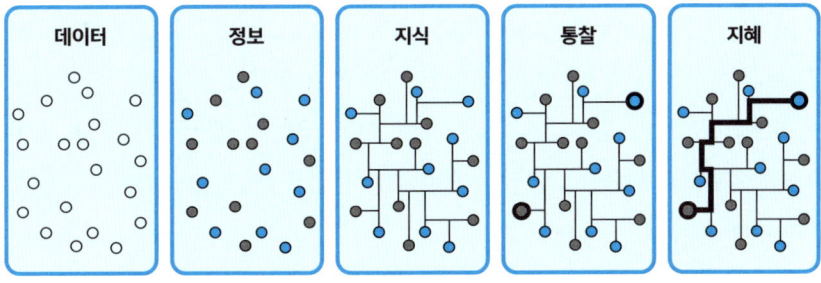

기본 지식이 많을수록 서로를 연결하면서 문제해결력, 창의성이 높아진다 (출처 : gapingvoid)

데이터를 가공해서 정보로 만들고 정보를 연결해서 지식으로, 지식이 맞물리는 지점에서 통찰이, 그것을 연결하는 과정에서 지혜가 나타나게 됩니다. 인공지능의 발전은 이러한 단계를 훨씬 빠르고 쉽게 도와줄 수 있습니다.

# 오픈AI에서 나온 동영상을 만들어주는 서비스 'SORA'

최근 OpenAI에서 발표한 '소라SORA'라는 새로운 서비스는 기존 동영상 생성 기술의 한계를 넘어섰습니다. 과거에는 단지 3~4초 정도의 짧은 영상 생성이나 사진의 일부 수정만 가능했고, 영상 생성 중에 사물이나 인물의 일관성이 깨지는 문제가 종종 발생했습니다. 그러나 SORA는 이러한 한계를 극복하며, 일관성을 유지하면서 다양한 길이, 종횡비, 고해상도의 최대 1분 길이의 동영상을 생성할 수 있는 능력으로 놀라움을 주고 있습니다.

이 기술의 핵심에는 '디퓨전 트랜스포머Diffusion transformer'가 있습니다. '디퓨전Diffusion'은 이미지에 노이즈를 추가한 후 제거하는 방식으로 학습하는 이미지 생성 모델이며, '트랜스포머transformer'는 언어 모델의 기반이 되는 구조입니다. 이 두 기술의 결합으로 만들어진 딥러닝 네트워크가 동영상 생성에서 뛰어난 성능을 발휘하게 된 것입니다.

SORA는 DALL·E 3에서 사용된 '캡션 재생성 기술re-captioning'을 동영상 제작에 효과적으로 활용해 성능을 향상시켰습니다. 이 방법은 동영상마다 텍스트 캡션을 만들어서, 캡션과 동영상을 잘 매칭합니다. 또한 사용자가 짧게 입력한 프롬프트를 길고 자세한 캡션으로 바꾸는 데도 DALL·E 3에서 쓰인 GPT 기술을 활용합니다. 이런 방식으로 자세한 설명이 담긴 동영상 캡션을 학습함으로써, 동영상의 전체적인 품질과 텍스트의 정확성을 높일 수 있었습니다.

SORA는 카메라 워킹, 물리적 세계의 법칙, 시뮬레이션 등에도 적용할 수 있으며, 마인크래프트와 같은 게임을 모사하여 영상을 생성할 수 있는 모습을 보여주었습니다. 이 기술을 통해 다른 인공지능 시스템들이 물리적 세계를 이해하는 데 도움이 되었습니다. 자연스러운 움직임과 물리 법칙에 따른 반응을 학습함으로써, 인공지능은 복잡한 환경에서 적응력을 키울 수 있습니다. 이러한 발전은 로봇공학, 자율주행 차량, 가상 현실 등 다양한 분야에 새로운 응용 가능성을 가져올 것으로 기대됩니다. 또한 SORA를 통해 1분 길이의 고품질 영상 생성이 가능해지면서, AI를 활용한 다양한 영상과 영화도 제작할 수 있습니다. 이제 복잡한 영상 제작 기술이 없어도 누구나 자기 아이디어를 영상으로 만들 수 있습니다. 이제 생각만으로 영화감독이 될 수 있는 시대가 다가오고 있습니다.

교육에서도 SORA의 영향은 클 것으로 보입니다. 기존보다 생동감 있는 교육 콘텐츠 제작이 가능해지고, 특히 복잡한 개념이나 역사적 사건을 시각적으로 표현하여 학습자의 이해를 도울 수 있습니다. 학생들도 이 도구를 이용해 자신만의 창의적인 프로젝트를 만들고, 생각과 아이디어를 영상으로 표현하는 방법을 배울 수 있습니다. SORA는 학습 과정에 창의성을 불어넣는 새로운 도구가 될 것입니다.

SORA를 이용해 마인크래프트 게임 실행 화면을 만들어냈다

미래 사회를 살아갈 아이가 인공지능을
사용해야 하는 것은 당연합니다.
단 건강하고 올바르게 활용할 수 있게
최선을 다해 지원하는 것이 부모의 역할입니다.

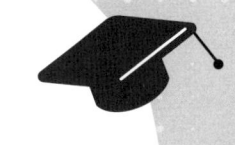

# 안전하고 현명한 인공지능 초등 활용법

미래 사회에 꼭 필요하지만 걱정도 되는
AI, 어떻게 사용해야 안전할까?

# 어린이가 인공지능을 사용해도 괜찮을까요?

이 질문에 대한 답부터 말하자면, 'Yes and No'입니다. 아이들은 인공지능과 더불어 사는 앞으로의 삶에 적응해야 해서 필수적으로 인공지능을 사용하는 법을 배워야 합니다. 그래서 'Yes'이지만, 반면에 아이들이 혼자 인공지능을 사용할 때는 여러 가지 문제가 발생할 수 있어서 'No'이기도 합니다.

## 인공지능을 사용할 때의 장점

유니세프에서 펴낸 〈어린이와 AI〉라는 보고서에 따르면 어린이가 인공지능을 사용할 때는 장점도 있지만, 위험도 있다고 합니다. 먼저 장점은 첫째, 인공지능이 개인 맞춤용 학습을 가능하게 도와준다는 점입니다. 이미 딥러닝의 알고리즘을 통해 개별 학습자가 몇 세트 문제를 푸는 것만 분석하면, 기존의 빅데이터에 근거해서 이 학습자가 며칠 후에 어떤 학습

항목을 망각할 거라는 통계까지 나오는 세상입니다. 영어 단어를 고통스럽게 외우고 시험 보는 과정을 반복하느니, AI가 알아서 '오늘은 이 단어를 잊어버렸을 테니까, 다시 제시해 줄게!' 하면서 리딩이나 동영상으로 보여주면 학습이 훨씬 효과적일 것입니다.

둘째, 빅데이터를 이용해 여러 정보를 아우르는 통찰력, 지식의 힘을 키울 수 있다는 점입니다. 예를 들면 AI를 통해 도시 계획을 하면 인간이 놓치는 부분이 없이 최적화된 주거와 교통 체계를 만들 것입니다. 작게는 학교 공간에서 학생들 동선 빅데이터를 통해 가장 자주 들리는 곳과 아닌 곳을 분석해서 어느 장소가 가장 안전하지 않은지 등을 밝혀낼 것입니다.

셋째, AI가 강력한 인지 도우미가 될 수 있다는 점입니다. 정보에 더 빨리 접근할 수 있어서 개인의 삶이나 직업 생활에 큰 도움이 될 수 있습니다. 예를 들면 전자레인지에 가공식품을 익혀 먹어야 하는데 물어볼 부모님이 없을 때, 아이들은 '이 포장은 뚜껑을 덮고 돌려도 돼?'라고 챗GPT에 물어볼 수 있습니다. 마찬가지로 쓰레기 재활용을 할 때도 물어볼 수 있습니다. 한국처럼 쓰레기를 세세하게 분류하는 나라는 거의 없다고 합니다. 어른들도 어떤 쓰레기는 어떻게 처리해야 하는지 모든 정보를 다 외워서 알고 있기는 힘듭니다. 이럴 때 챗GPT는 정말 큰 도움이 될 것입니다.

넷째, 장애가 있는 사람들의 접근성을 높이는 데 많은 도움이 됩니다. 시력이 약한 사람들을 위해서 자동으로 지문을 음성으로 바꾸어 준다거나, 휠체어 접근이 편한 식당을 특정 지역 내에서 선별해 추천할 수도 있습니다.

## 인공지능을 사용할 때의 단점

우리가 AI을 사용할 때는 커다란 위험도 도사리고 있습니다.

첫째는 보안 문제입니다. 피싱 등으로 재정적인 피해를 보는 건 주로 성인이겠지만, 어린이라서 판단 능력이 떨어져 자기도 모르게 스캠이나 피싱에 더 쉽게 당할 수 있습니다. 이보다 더 큰 문제가 되는 건 사진이나 신분을 도용당하는 문제입니다. 사진이 원하지 않는 곳에 쓰인다거나, 본인도 모르는 사이에 동의를 눌러서 유전 정보나 생물학적 정보가 특정 광고나 연구에 사용되는 일이 일어날 수 있습니다. 이런 보안 문제에 어린이는 특히나 취약하기 때문에 더욱 조심해야 합니다.

둘째, 인공지능이 뇌와 정신 건강에 미치는 인지적인 영향과 심리적인 영향입니다. 점점 책을 읽는 게 힘들어지거나 긴 동영상도 보는 게 힘들어지는 인지적인 문제가 생길 수 있습니다. 성인들도 소셜 미디어를 오래 하는 사람일수록 우울증에 걸릴 확률이 높다는 통계가 있습니다. 스스로 생각하고 판단하는 주체성을 키우기 힘들고, 인공지능으로 인지가 늘어나고 더 많은 정보와 더 많은 사람과 연결되면서 자신의 정체성과 정신의 경계를 분명하게 긋지 못할 수 있습니다.

셋째, 인공지능이 편향된 경우, 그 인공지능과 연결된 사람들도 편향을 가지고 생각하고 행동할 수밖에 없다는 점입니다.

## 디지털 능력의 차별화

이러한 장단점을 모두 고려해 볼 때 아이들의 인공지능 사용은 미래에 대처하기 위해 반드시 필요한 일이지만, 성인들도 잘 대처하지 못하는 여러 가지 위험이 있기 때문에 확실한 가이드라인을 가지고 어른과 함께 이용하거나 공개된 장소에서 제한된 시간과 영역에서 사용하는 방식으로 안전하게 사용하는 게 좋습니다.

혹시 일어날 수 있는 위험성 때문에 아이들에게 아예 AI를 사용하지 못하게 하는 일은 외려 권하고 싶지 않습니다. 스마트폰이 처음 등장했을 때도 그 부정적인 부분에서 많은 우려가 있었지만, 지금은 많은 아이가 다루고 있고 우리 역시 삶의 많은 부분을 스마트폰에 의지하고 있습니다. 오히려 스마트폰을 건전하게 잘 사용하고, 스스로 사용 시간을 조절할 줄 아는 법을 빨리 터득하는 아이가 유리해졌습니다.

지구상에서는 스마트폰이 새로운 계급을 만들어내고 있습니다. 어릴 때부터 데스크탑, 태블릿, 스마트폰 등 여러 종류의 최신 디바이스를 사용하며 자란 사람들을 '디지털 엘리트digital elite'라고 부릅니다. 반대로 스마트폰으로 인터넷을 인제야 경험하거나 디바이스가 없어 디지털 기술에 대한 접근이 어려운 사람들을 '디지털 푸어digital poor'라고 부릅니다. 이 두 계급은 디지털 리터러시에 있어서 커다란 차이를 보입니다. 정보를 빠르게 습득하고, 수많은 정보 중에 취사 선택하는 능력이 이미 계급별로 차별화되고 있으며, 인공지능이 발달하는 미래에는 점차 그 격차가 심해질 것입니다.

결국 아이에게 인공지능을 사용하게 하되, 자신의 심리적 정신적 정체성을 단단히 키우고 보존하면서 동시에 수많은 정보를 활용하고 취사 선택하는 능력을 키워주는 것만이 방법입니다. 이는 이 시대를 살아가는 부모의 역할이자 의무이기도 합니다.

## 인공지능과의 첫 만남은 어떤 방식이 좋을까요?

챗GPT는 14세 이하 사용을 금하고 있고, 18세까지도 부모나 보호자의 감독하에 이용하라고 권합니다. 구글의 생성형 인공지능인 바드도 마찬가지입니다. 그들이 우려하는 바가 무엇인지는 익히 짐작할 수 있습니다.

그래서 챗GPT나 다른 인공지능을 아이와 함께 사용할 경우에는 부모가 주도적으로 프롬프트를 넣고, 그 결과를 아이에게 보여주는 방식으로 이용하는 것이 가장 좋습니다. 물론 챗GPT는 2023년 11월 업데이트 이후 저작권 및 폭력이나 선정성이 강한 어휘에 대한 필터링이 굉장히 강화되어서, 어찌보면 유튜브보다 아이들에게 훨씬 안전한 환경을 제공합니다. 무조건 나이 제한에 대한 기준을 따르기보다는 우리 아이의 인지 발달과 심리적 수준을 부모가 판단하고 고려해서 인공지능에 어떻게 노출시킬지에 대한 가이드라인을 정하는 방법을 추천합니다.

예를 들면, 아이가 AI와 영어 스피킹을 연습할 때는 스피킹을 위한 세

팅은 부모님이 해주고, 그 다음에 모의 대화를 어떻게 하는지 시연을 보여준 후 모델링, modelling, 아이에게 직접 챗GPT와 말해 보라고 하는 방법이 좋습니다. 모든 과정을 어른이 주도하고, 제한적인 상황에서만 아이가 챗GPT를 이용하게 합니다. 또 궁금한 것을 챗GPT에게 물어볼 때는, 아이가 궁금해하는 것을 부모가 메시지 창에 타이핑해 주고, 그 결괏값을 함께 확인합니다. 이렇게 하면, 아이는 AI를 직접 보고 어떻게 활용하는지 관찰할 수 있는 동시에 안전한 환경 안에서 AI와 만날 수 있게 됩니다.

## 원칙에 따라 AI와 만나기

미국에서는 'AI 리터러시'라는 개념이 등장해서 어린이에게 AI를 소개하거나 가르칠 때는 '4C 원칙'을 따르라고 합니다. 여기서 4C는 Concept 개념, Context 맥락, Capability 역량, Creativity 창의성입니다. 일단 아이들이 AI의 핵심 개념을 이해하고, 인공지능이 어떻게 운영되는지 알아야 하며, 실생활에서 어떻게 사용되는지, 또 어떻게 상호작용을 하는지 혹은 어떻게 설치하고 이용하는지 알아야 하며, 마지막으로 AI를 이용해서 창의성 혹은 꿈을 어떻게 현실화시킬 수 있을지 생각해봐야 한다는 뜻입니다.

## 체험하고 관찰하는 시간이 필요

아이들에게 인공지능의 세계를 쉽고 친근하게 알려주려면 일단 전국에서 다채롭게 열리는 AI 박람회에 참여해 보는 것을 추천합니다. 또 특별강연이나 캠프 등에 참석해서 몰입 학습을 시도하는 것도 좋습니다. 실생활에서 AI가 어떻게 사용되는지 주변을 둘러보며 아이와 함께 찾아보거나 코딩을 배우는 것도 좋은 방법입니다.

아이를 새로운 세상으로 안내하고 싶을 때는 먼저 배경이 되는 지식을 체험하고 개인적으로 의미가 있는 연결 관계를 만들어준 후 새로운 지식을 알려주는 게 좋습니다. 그래서 체험하고 관찰하며 이에 대해 이야기하고 나누는 과정을 거친 후 마지막에 관련된 학습을 배우는 것이 효과적입니다. 책 한 권을 읽을 때도 읽기 전 단계에 이런 개인화 personalization 작업을 한답니다. 하물며 AI와 같은 새로운 세계로 아이를 데려가는 일에 이런 작업은 더욱 더 필요합니다.

> **아이가 AI와 만나는 다양한 방법**
> - AI 박람회, 엑스포 등에 참여해 직접 체험해볼 수 있게 한다.
> - 특정 AI가 무엇인지, 무슨 일을 하는지 먼저 알고 접하게 한다. 예를 들면, "지문을 생성해주는 AI 챗GPT, 제미나이 등이 있고, 음악을 만들어주는 AI Soundraw 등가 있고, 그림을 그려주는 AI 미드저니 등, 비디오를 만들어주는 AI Sora 등가 있어."와 같은 식으로 알려준다.
> - 챗GPT 등 AI를 이용할 때는 아이에게 주도권을 주지 않으며, 부모가 주도적으로 이용하고, 아이는 제한된 상호작용만 해보게 한다.
> - 여러 AI와 기술들에 대해 일관되게, 장기적으로 보고 듣고 접하게 한다. 정확하게는 아이가 이용하는 것이 아닌 익숙하게 하는 것이다.
> - 코딩을 통해 새로운 세계에 더욱 적극적으로 들어갈 수 있음을 알려준다.

### 🪑 TIP  AI Club이란?

AI Club은 초중고등학교 학생들이 AI를 배워 자신들의 학습 역량을 키우도록 도와주는 사이트로, 전문 박사와 소프트웨어 전문가들이 만들었다. 〈포브스〉지와 〈테드〉 등에 소개되면서 많은 학생이 사용한다.

*AI Club의 AI 리터러시: www.corp.aiclub.world/ai-literacy-k12

> "우리 아이들과 십 대들에게 현대 기술을 보다 주의해서 사용하도록 가르치는 것이 기술을 윤리적으로 상호작용하는 법을 분명히 알려주는 유일한 방법입니다."
>
> 자이르 리베이로(Jair Ribeiro)
> 〈Introduction to AI, Robotiucs and Coding (for Parents)〉의 서문에서

# 인공지능이 아이의
# 창의성을 헤치지 않을까요?

앞으로 인공지능이 지금 사람의 손으로 하는 많은 일을 처리해 줄 것입니다. 그렇다면 과연 인간은 어떤 일들을 하게 될 것인지 우리는 질문을 하지 않을 수 없습니다. 결국 인간의 몫으로 남는 것은 창의성과 유희가 될 거라고 많은 학자가 예측하고 있습니다.

옥스퍼드 사전에서는 창의성을 '상상력 혹은 독창적인 아이디어를 무엇인가를 만들어내는 데 사용하는 것 The use of imagination or original ideas to create something'이라고 정의합니다. 무언가를 새롭게 만들어내는 일이 인간을 구별하는 능력이라고 합니다. 그런데 생성형 인공지능이 나오면서 인간만이 무언가를 새롭게 만들어내는 것은 아님을 알게 되었습니다. 사실 1조에 달하는 파라미터를 갖고 있는 AI가 데이터의 양이 일정 수준을 넘어서면서 굉장히 창의적(?)이고, 그럴싸한 결괏값을 내놓기 시작했기 때문입니다. 이것은 아마도 창의성을 바탕으로 하는 상상 자체가 근본적으로는

'잇는 작업 making connection', 즉 우리가 보고 듣고 느끼고 배우는 것들을 연결하면서 생겨나는 기능이라 그럴 것입니다. 인공지능도 선학습된 데이터를 이어서 생성합니다. 하지만 AI가 의존하는 데이터는 바로 인간이 만들었다는 점에서 근본적인 차이가 생겨납니다.

간단히 말하면 사람은 창의성의 원천이고, 기계의 창의성은 에뮬레이션 emulation, 기계어 명령대로 실행할 수 있는 기능 혹은 환상 illusion이라고 합니다. 질문은 인간만이 할 수 있기 때문입니다. 즉 인간은 '질문하는 자 questioner'라고 할 수 있고, 창의성은 결국 질문하는 능력입니다.

## 인간의 창의성을 키워주는 AI

챗GPT 활용으로 유명한 이제현 박사는 재직 기관의 업무를 챗GPT를 이용해서 대폭 줄여 상을 여러 번 받았습니다. 또 서울시교육청과 청와대를 비롯해 여러 기관에서 강연을 하며 관련 지식을 흔쾌히 공유합니다. 그는 어느 날 챗GPT4.0 안에 들어온 이미지 생성 AI인 Dall-e 프롬프트를 공유하면서 이렇게 말했습니다. 챗달리에게 프롬프트를 주기 전에 먼저 머릿속으로 이미지를 상상했다며, 이미지의 퀄리티는 결국 사람의 상상력에 달렸다고 말입니다.

이제현 박사의 성과를 보면, 강화된 기술이 인간의 상상력을 만났을 때 인간의 능력이 얼마나 확장되는가를 알 수 있습니다. 이런 부분에서 바로 인공지능은 인간의 창의성을 키워 준다고 볼 수 있습니다. 그렇다면 인간은 인공지능을 자유자재로 다루기 위해 무엇을 해야 할까요?

먼저 강화된 기술을 구사할 수 있도록 습득하는 것, 그리고 기존에 배운 것들과 아는 것들을 기반으로 더 궁금하고, 더 알고 싶은 것을 상상해

보는 일이 필요합니다. 인간 역시 아무 것도 하지 않으면, 그 자체로 창의적이 될 수 없기 때문입니다. 몇 십년 전부터 이런 말이 있었습니다.

"이제 한 사람이 만 명을 먹여살리는 시대가 온다."

처음에 이 말을 들었을 때는 무슨 소리인가 했지만, 이제 정말로 그런 시대가 왔다는 생각을 합니다. 기술을 습득하고 구사하면서 쓸모를 검증하고, 인간의 지식과 활동 영역을 확장하며 새로운 콘텐츠를 만들어가는 사람들은 소수일 거고, 대부분 사람은 간단한 기술과 콘텐츠를 소비하며 살아갈 테니 말입니다.

스티브 잡스 Steve Jobs는 아이폰을 만들어서 단순한 통화용 무선 전화기를 손 안의 단말기로 만드는 데 성공했습니다. 선이 없는 무선 선화는 다른 이가 이미 만들어냈지만, 통화 기능을 넘어서 그 안에 개인 비서, 오락과 같은 콘텐츠를 넣어서 쓰고 싶도록 디자인한 제품은 아이폰이 처음입니다. 많은 사람이 아이폰을 사용하며 살아가고, 스티브 잡스와 같은 인재는 우리의 라이프 스타일을 바꾸는 일을 합니다. 이제 AI가 보편화되면서 우리의 삶의 방식은 또 다시 바뀔 것입니다. 누군가는 이런 삶의 방식을 만들어내는 일을 할 것이고, 대부분 사람은 그 스타일을 따라가는 삶을 살게 될 것임을 기억해야 합니다.

# 아이가 인공지능을 접할 때 부모의 역할은 무엇인가요?

아이가 인공지능을 이용할 때 부모의 역할은 안내자 guide, 촉진자 facilitator, 시연자 demonstrator 그리고 지지자 supporter입니다. 이 역할이 꼭 인공지능 사용을 가르칠 때만 해당하는 것은 아니지만, 이 분야에 있어서 유독 보호자의 역할이 두드러집니다. 부모들 역시 새롭게 배워야 하는 분야이기 때문입니다.

## 부모가 AI를 먼저 알아야 하는 이유

부모는 첫 번째로 안내자, 즉 길잡이 역할을 합니다. 부모는 아이에게 AI의 개념을 알려주고, AI가 어떤 일을 할 수 있는지 기능을 설명하며, AI를 다루는 방법도 일러주어야 합니다. 직접 사용하는 방법은 순차적으로 알려주셔도 좋습니다.

두 번째로 촉진자 역할은 아주 중요합니다. 동기를 부여하는 작업으로 어쩌면 모든 학습에서 가장 중요한 단계이기도 합니다. 하고 싶어서 몰두하는 호기심의 힘을 당해낼 수 있는 것은 없습니다. 알고 싶고, 배우고 싶은 마음을 키워주는 일은 어렵지만, 성공한다면 놀라운 효과를 가져올 것입니다.

인공지능은 놀라운 것이라며 아이와 함께 경험해보고, 아이가 어떤 반응을 보일 때 담뿍 칭찬해주는 등 부모는 이 모든 시간을 함께 해주어야 합니다. 이렇게 아이와 함께하면서 어른들은 아이의 시각으로 세계를 재발견하는 뜻밖의 경험을 할 수 있습니다. 아이가 인공지능에 놀라워 하는 과정을 통해 우리도 인공지능에 대한 이해와 지식을 재발견하는 소중한 시간을 누리게 됩니다.

세 번째, 시연자 역할은 무엇보다도 먼저 부모가 알고 써 보며 활용하는 지식을 전제로 합니다. 다른 지식들은 먼저 태어나 교육을 받은 경험으로 새롭게 공부하지 않아도 아이들을 인도할 수 있는 영역이 대부분이지만, 대다수 부모들에게도 인공지능은 새로운 지식 영역이라서 우선 배워야 합니다. 다른 것을 떠나서 늘 배우고 공부하는 모습을 부모가 보여주는 일만큼 훌륭한 본보기는 없습니다.

아이가 무엇을 배울 때마다 모든 내용을 부모가 먼저 알고 있어야 하지는 않지만, 인공지능은 이 작업이 필요합니다. 그 이유는 첫 번째, 미성년 자녀라면 인공지능을 마음대로 쓰게 하면 안 됩니다. 이용과 활용의 주도권은 부모가 가지고 있어야 해서 먼저 잘 알아야 합니다. 두 번째, 부모가 먼저 배우지 않으면 자녀 세대와 세대 격차를 좁힐 수가 없고, 노년의 주체성을 잃게 됩니다. 훗날 나이가 들수록 사고의 유연성이 줄며 인지감각이 둔해지는 부분은 어쩔 수가 없지만, 인공지능이 아마도 자녀 세대와 격차가 가장 많이 벌어지는 부분이 될 것입니다. 이 격차를 계속 방치하면 실생활에 인공지능 기술이 많이 접목되는 세상에 살면서 계속 누군가의 도움을 받아야 할 것입니다.

학습에 있어서 시연은 결국 '모델링 modelling'입니다. '이렇게 쓰는 거란다' 하며 인공지능을 어떻게 사용하는지 시범을 보여줘야 어린이들이 보고 따라할 수 있습니다. 또 옆에서 조작할 때 조정해 주고 코칭해 줄 수 있습니다. 챗GPT도 아이에게 화면을 띄워 놓은 후, "이것을 물어 볼까?"라고 질문을 넣고 챗GPT가 답해 주는 모습을 보여준 후, 아이에게 "넌 무엇을 물어 봤으면 좋겠니?" 하고 물어본 후, 생성된 답을 아이에게 읽어보게 하는 게 좋습니다.

네 번째는 지지자 역할입니다. 이 부분은 선생님들이 오히려 하기 힘든 부분이기도 합니다. 교사들은 공정한 기준에 따라 평가하고 보상하는 방법을 쓰지만, 학습자 하나 하나 옆에서 아이가 받는 평가의 가치를 함께 느끼고, 함께 기뻐하고, 함께 침울해하는 건 바로 부모이기 때문입니다. 지지자의 역할은 어느 정도 배워서 상당한 주도권을 쥐게 되었을 때 아이의 등을 밀어주고 뒤로 물러나는 방법이기도 합니다. 디딤돌은 부모가 놓아줄 수 있지만, 이걸 딛고 더 넓은 세계로 나아가는 건 아이 본인의 몫입니다. 그 한 걸음이 소심하게 작은 한 걸음이든, 커다란 도약이든, 혹은 제자리에서 발을 구르는 일이든, 부모는 아이 등 뒤에서 불어주는 순풍이 될 것입니다. 공감과 애정으로 아이가 인공지능을 사용하는 모습을 지켜봐줘야 합니다. 다만 지지자 역할은 위의 단계를 거친 후 아이가 특정 연령에 도달해서 주도권을 가지고 활용해도 될 때 비로소 접어드는 단계라는 점을 꼭 명심합니다.

### ◆ 아이가 AI를 사용할 때 주의점

- 14세 미만 아이는 혼자 이용하게 두지 않는다.
- 인공지능을 활용할 때 활용 범위를 지정해 준다.
  (예) 이 창에서 모르는 것을 물어볼 거야.)
- 인공지능을 사용할 시간을 지정해 준다.
  (예) 오늘은 30분 동안 영어 공부를 할 때 이용할 거야.)
- 인공지능 활용 기록을 검토한다(챗GPT의 경우 챗창에 기록이 모두 남으니 살펴본다).
- 아이가 인공지능을 활용해 얻어낸 결괏값을 정리해서 부모에게 말하도록 한다(자신이 무엇을 배웠는지 돌아보는 단계는 다른 학습에서도 중요하다. 챗GPT의 경우, 이 과정을 부모와 말로 혹은 글로 해보면서 인공지능 사용에 무리수가 없었는지 되짚어 보는 일이 무엇보다 중요하다).

# 인공지능이 할 수 없는 일은 무엇이 있나요?

인공지능이라고 만능은 아닙니다. 물론 인간보다 더 많은 정보를 가지고 있고, 그 점에서는 한 명의 인간과 비교할 수는 없습니다. 〈포브스〉 지 기사에 따르면 인공지능은 다음과 같은 일을 못합니다.

## 공감 능력이 없는 AI

인공지능은 대표적으로 공감 능력이 없습니다. 인간과 인간이 더불어 살아가는 상황에서는 여러 가지 당황스러운 일이 발생할 수 있습니다. 또 눈치로만 알 수 있는 상황도 있습니다. 예를 들면 이런 상황에서 챗GPT는 뭐라고 대답하는지 알아보겠습니다.

**[사용자 질문 1]**

"버스에 앉아 있어. 앞에 앉은 사람이 큰 소리로 방귀를 뀌었어. 그런데 이 사람이 뒤에 앉은 나를 돌아보면서 손부채질을 하는 거야. 버스에 앉아 있는 다른 사람들도 나를 이상하게 쳐다봐. 나는 어떻게 해야 해?"

**[챗GPT 답변 1]**

이런 상황에서는 다소 어색하겠지만, 차분하게 대처하는 것이 좋습니다. 다음은 몇 가지 대처 방법입니다:

1. **무시하기:** 일단 무시하고 버스를 계속 타는 동안 다른 일에 집중하는 것이 한 가지 방법입니다. 이런 상황에 대해 과도하게 신경 쓰지 않고 지나가도록 노력하세요.

2. **웃음으로 대처:** 사람들이 웃는 상황에서는 어색함을 해소하는데 도움이 될 수 있습니다. 웃음으로 반응하고 너무 심각하게 받아들이지 않는 것이 좋습니다.

3. **친절한 표정:** 불쾌한 상황에도 친절한 표정을 유지하는 것이 중요합니다. 상대방이 무례한 행동을 한 것이라고 생각해도, 친절함을 유지하면서 대응하는 것이 좋습니다.

4. **다른 방향을 향해 앉기:** 만약 너무 불편하다면, 다른 자리로 옮겨 앉아도 됩니다. 이렇게 하면 다른 사람들의 시선에서 벗어날 수 있습니다.

5. **자연스럽게 대화 걸기:** 사건을 무시하고 대화를 걸어서 분위기를 바꾸는 것도 한 가지 방법일 수 있습니다. 당황스러운 상황을 자연스럽게 해소하려고 노력하는 것이 좋습니다.

이런 상황에서 중요한 것은 침착함과 예의 바른 태도를 유지하는 것입니다. 다른 사람들도 상황에 어색함을 느낄 것이지만, 여러분의 대처 방식에 따라 분위기가 크게 달라질 수 있습니다.

이런 경우, 챗GPT는 공감 능력과 감정 인식 능력이 부족해서 물어보는 사람이 얼마나 당황스러운지에 대해 전혀 피드백을 주지 않습니다. 그리고 대처 방법이라고 생성해주는 답도 굉장히 피상적일 수밖에 없습니다.

질문에 대한 대답을 사람이 한다면 "와, 정말 기가 막히고 억울하겠다!"라고 반응했을 것입니다. 하지만 챗GPT는 이런 기본적인 공감은 하지 못하고 '웃어라, 대화하라, 고쳐 앉아라.' 하는 응답을 할 뿐입니다. 그리고 저 응답도 굉장히 뜬구름 잡기라서 사실 실전에 응용할 수는 없습니다.

"큰 소리로 '누가 보면 제가 핀 줄 알겠네요!'라고 말하세요."처럼 구체적인 예시를 제시하지 않는 한, 대화를 할 때 무슨 말을 하라는 건지 잘 알 수가 없습니다.

이는 단순히 공감의 문제만은 아닙니다. 사람과 사람 사이에 주고받는 의사소통은 공감과 메시지가 별도의 것이 아니기 때문입니다. 결국 공감 메시지는 아직 AI가 생성할 줄 모르며, 그 말은 즉 AI는 정서지능 emotional intelligence이 떨어진다고 말할 수 있답니다.

## 윤리적 가치 판단이 허술한 AI

AI의 윤리적인 가치 판단이 굉장한 문제를 만들 수도 있습니다. 선학습된 가치로 어떤 문제를 판단한다고 할 때, 반드시 이 선학습에는 허술한 부분이 있기 때문입니다. 챗GPT에 한번 이런 질문을 해보았습니다.

> **[사용자 질문 2]**
> 배가 침몰 중이야. 구명정에는 이 중 한 사람만 탈 수 있어. 저명한 과학자, 다섯 살 어린이, 임산부, 70대 노인 중 누가 타야 할까?

그랬더니 챗GPT는 카테고리 별로 가치를 나누어서 정리만 해주었습니다.

[챗GPT 답변 2]

이 윤리적 딜레마는 어려운 선택을 요구합니다. 어떤 사람이 타야 할지 결정하는 것은 주관적이고 의사결정자의 가치관에 크게 의존합니다. 그러나 몇 가지 관점에서 상황을 살펴볼 수 있습니다.

1. **최대 생존 가능성**: 만약 구명정에 탑승한 사람이 배에서 가장 빨리 구조될 것이라고 예상된다면, 어린이가 생존 가능성이 높을 수 있습니다.

2. **사회적 가치**: 일부 사람들은 과학자가 사회적으로 중요한 기여를 할 수 있는 인물이라고 생각할 수 있습니다. 다른 측면에서는 어린이, 임산부 그리고 노인들도 가족이나 사회에서 중요한 역할을 하는 경우가 많습니다.

3. **인간 삶의 가치**: 어떤 사람의 삶이 더 가치 있는지 판단하는 것은 주관적이며, 각자의 가치관과 윤리적 입장에 따라 달라질 수 있습니다.

4. **공평성**: 어떤 사람이든 선택되는 것은 불평등하다고 느낄 수 있습니다. 공평하게 선택하기는 어려운 결정일 수 있습니다.

이는 상상 속의 상황이므로 현실적으로 이러한 결정을 내리는 것은 불가능합니다. 이는 윤리적인 고려, 도덕적 판단 그리고 가치관에 따라 달라질 것입니다. 다양한 의견과 관점을 듣고 고려하여 이해 관계자들과의 토론과 협의를 통해 결정하는 것이 중요합니다.

이 답변은 고려해야 하는 가치 기준을 제시하는 것이지, 윤리적인 선택을 한 게 아니라서 다시 물어보았습니다.

[사용자 질문 3]

한 명만 고르라면 너는 누구를 고를래?

[챗GPT 답변 3]

저는 프로그램이기 때문에 생물학적인 존재가 아니며, 감정이나 생존에 대한 욕구가 없습니다. 따라서 저 자체로는 선택할 수 없습니다. 그렇지만 위에서 언급한 것처럼 이는 주관적이며 각자의 가치관과 윤리적 판단에 따라 다를 수 있는 어려운 문제입니다. 이런 상황에서는 현실적인 결정을 내릴 필요가 있으며, 이를 위해서는 관련된 의사결정자들과의 토론과 협의가 필요합니다.

이처럼 윤리와 도덕적 기준과 가치에 대해 챗GPT에게 물어볼 수는 있습니다. 그러면 보편적인 가치와 가치 기준이 무엇인지 챗GPT가 알려 주기는 하지만 구체적인 사안, 특히 내 인생의 문제에 대해 선택해 주고 결정해 주는 일은 챗GPT가 할 수 없습니다. 선택과 결정이라는 주도성 agency은 어디까지나 생물학적이고 감정적이면서도 동시에 의미와 목표라는 추상적인 차원의 삶을 살아가는 사람의 몫이기 때문입니다.

# 아이가 인공지능을
# 사람처럼 대하면 어떻게 하나요?

아이들은 사람과 사물의 차이를 명확히 인식하지 못합니다. 그래서 살아있지 않은 인형을 사람처럼 대하거나, 동물도 사람처럼 대할 수 있습니다. 그래서인지 많은 부모가 아이에게 인공지능을 접하게 했을 때 말을 주고받을 수 있는 인공지능을 아이가 사람인 줄 알고 사람처럼 대하고 의존하면 어떻게 해야 하는지 고민합니다. 하지만 아이는 점차 자라면서 살아있는 것과 아닌 것을 구별할 수 있게 됩니다. 동물과의 교감은 아이에게 다양한 생명체에 대해 체험할 기회를 주며, 아이가 자라면서 동물과의 관계가 자연스럽게 변화하기 때문에 크게 걱정하지 않아도 됩니다.

문제는 강아지와 같은 살아 있는 대상이 아닌 인형이나 인공지능과 무생물에 아이가 애착을 형성하고 놓지 못하는 경우입니다. 이 대상들에게 애착을 가지는 자체가 문제라기보다는, 이 대상들에게 애착을 가질 정도로 사람과는 왜 애착을 형성하지 못했는가를 살펴봐야 하기 때문입니다.

동물 실험을 통해 밝혀진 바에 따르면, 동물은 움직이지 않는 존재에 애착을 형성하기가 쉽지 않습니다. 폭신하고 따뜻한 물건에 매달리는 경향이 있는 원숭이 새끼들도 주변에 다른 살아 있는 존재가 있다면, 그 존재에게 매달립니다. 그러니 아이가 인공지능에 의존하고 애착을 형성하게 되면 어쩌나 하는 문제는 일단 휴머노이드 로봇이 가사를 거의 대체할 정도가 되면 걱정해야 할 문제입니다.

하지만 마이크로소프트에서 나온 이용 가이드에는 인공지능 챗봇이나 아바타에 사람이 애착을 형성하는 일이 가능하고 이는 매우 위험하다고 분명히 경고합니다. 정서가 충분히 발달하지 않은 아이들은 인터넷 동영상, 게임 혹은 너무도 인간 같은 반응을 보이는 챗봇에 충분히 의존할 수 있기 때문입니다. 그래서 아이가 인공지능을 다룰 때는 항상 보호자와 함께해야 합니다.

## 인공지능 모방 행동에 주의

우리가 걱정해야 할 문제는 사실 아이가 인공지능하고만 상호작용했을 때 인공지능을 모방해 반응하는 것이라고 생각합니다.

요즈음 전철이나 버스 같은 대중교통 수단이나 공공장소에서 혼잣말을 하거나 옆에 있는 친구와 말하더라도 보통 혼자 생각하는 말을 입 밖으로 내는 젊은이들이 종종 보입니다. 앞에 있는 사람의 외모 평가를 그 사람이 들리는데도 아무렇지 않게 하는 식입니다. "머리가 너무 커. 맞는 모자가 없겠네." 이런 식으로 말입니다. 어떨 때는 말해 놓고 본인도 깜짝 놀라는 듯한 반응을 보여서 참으로 기괴하다는 생각도 듭니다. 이건 게임에 너무 몰두해서 살아가는 10대와 20대들이 살아 있는 사람도 마치 게임

속 NPC Non-playing character, 누군가 접속해서 들어와 움직이는 등장인물이 아니라 게임의 전개를 위해 게임 속에 배치되어서 알고리즘으로 움직이는 캐릭터처럼 여기다 보니 이렇게 혼잣말이나 게임하다가 음성 채팅으로 연결된 친구와 마구 내뱉던 말버릇이 그대로 드러나 현실에서도 나타나는 현상입니다. 이런 식으로 게임 등 온라인 세상에 너무 몰입해서 살아가다 보면, 현실의 삶에 지장을 줄 수 있습니다.

## 보호자와 함께 이용하는 것이 중요

인공지능을 어떻게 사용하느냐에 따라 아이에게 다양한 영향을 줄 수 있습니다. 물론 인공지능은 게임처럼 뇌 속에 도파민을 분비시켜서 중독되게 만드는 요인은 없기 때문에 중독으로 인한 몰입은 걱정하지 않아도 됩니다. 하지만 상호작용하는 방법을 인공지능에게서만 배운다면 큰 문제가 될 수 있습니다. 공감을 하지 못하는 인공지능에게 말하는 법을 배우면 더욱 큰 일입니다. 언어가 생각을 키우기 때문에 어떤 언어를 보유하느냐에 따라 무엇을 담을 수 있을지가 결정되기 때문입니다. 그래서 어린이들이 인공지능을 사용할 때는 보호자가 반드시 옆에서 같이 해줘야 합니다. 그리고 상호작용은 반드시 사람을 통해 배우도록 해야 합니다.

포유류의 뇌 속에는 변연계 공명이라는 구역이 있습니다. 이 구역이 인간이 다른 존재에게 공감을 느끼고 연민을 느끼게 만들어 줍니다. 또한 거울 신경도 있어서 인간은 자신을 상대에게 비추어 보면서 이해하고 살아갑니다. 그래서 아이들은 부모를 비롯한 주변의 사람들과 올바른 상호작용을 하면서 바른 시선을 가지고 성장할 수 있게 도와줘야 합니다.

# 인공지능과 효과적으로 대화하는 방법이 있나요?

　인공지능과 소통을 잘 하기 위해서는 결국 인공지능에게 좋은 질문을 던져야 합니다. 사용자가 무엇을 입력하느냐에 따라 얻는 결괏값이 달라지기 때문입니다. 사람과 달리 인공지능은 질문자의 맥락을 미루어 짐작하거나, 비언어적인 메시지 눈빛, 어조, 표정, 몸짓 등를 읽을 수 없기 때문에 단순하고 명확하게, 그러면서도 구체적으로 질문하는 것이 중요합니다.

　예를 들어 "오늘 날씨를 알려줘."라고 사람에게 요청한다면, 이 요청을 받은 사람은 질문자의 상황을 유추하고는 그것에 맞게 답할 수 있습니다. 그리고 아마 "오늘은 비가 온 뒤에 갑자기 추워지니까 빙판길을 조심하세요."라고 대답할 수 있습니다. 하지만 인공지능에는 이런 대답을 기대할 수 없습니다. 단순히 "오늘 날씨를 알려줘." 하는 질문에서 '비가 온다 ⇨ 이후 기온이 하락한다 ⇨ 땅이 얼 것이다 ⇨ 조심해야 한다'까지 질문의 맥락을 추론해내는 일이 힘들기 때문입니다. 인공지능에 질문할 때는 "지금 서울은 섭씨 몇 도야?"처럼 정확한 정보를 물어야 합니다. 단, 이런 질문은 인터넷 검색이 가능한 챗GPT4.0이라면 빙bing을 돌려서 답을 해줍니다. 그러나 학술 자료나 논문 같은 전문적인 검색은 학술 검색 사이트 이름을 알려주며 그곳에서 찾아달라고 요청해야 합니다.

인터넷 검색이 가능한 AI 중 퍼플렉시티perplexity AI에게 한 번 위의 질문을 해보았습니다. 퍼플렉시티 내 인터넷 사용자 설정이 한국으로 되어 있다면, 한국의 날씨를 알려줍니다.

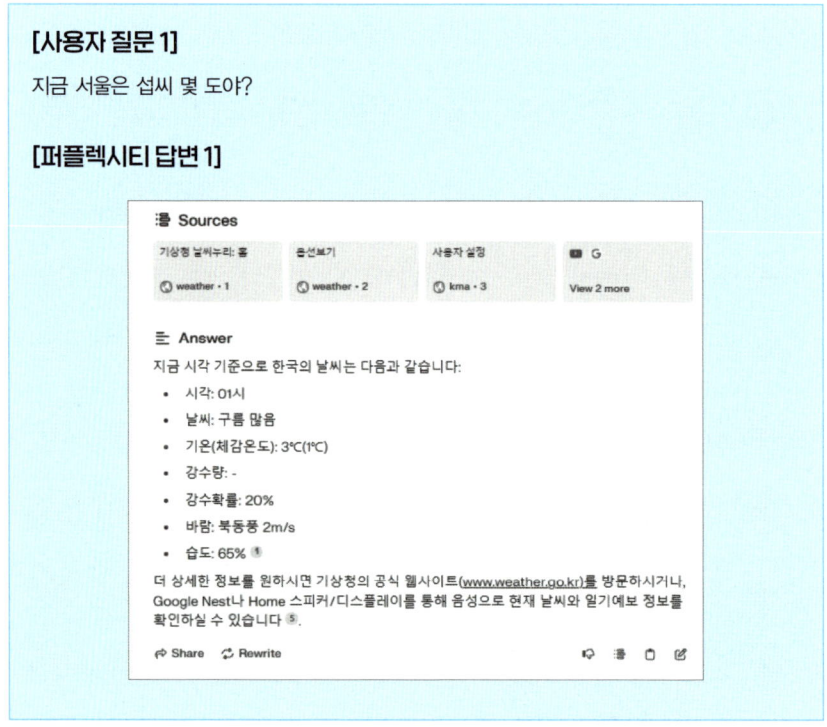

질문을 바꾸어서 서울의 현재 기온을 알려달라고 하면, 정확하게 섭씨 3.6도에 체감온도, 바람의 세기와 습도까지 알려줍니다.

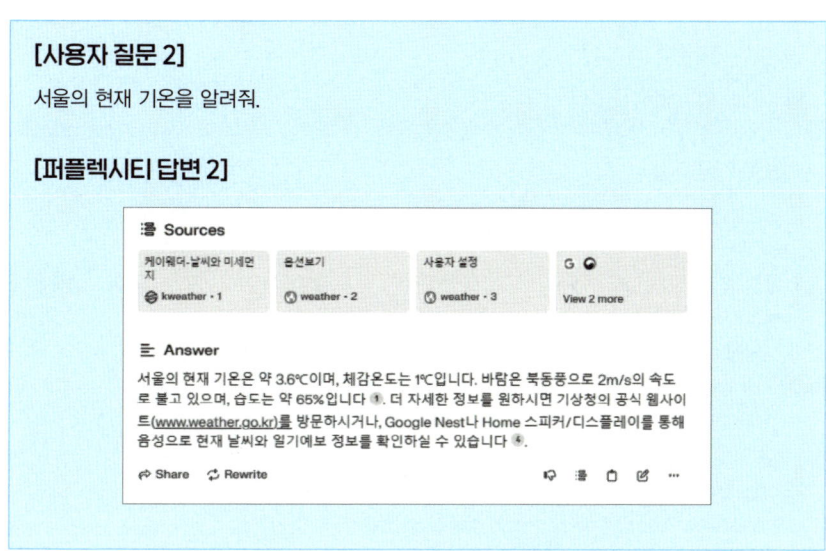

인공지능에서 최적의 결과를 얻고 싶으면 맥락을 분명히 밝히고, 이에 대해 구체적인 정보를 물어보거나 요청해야 합니다. 또한 인공지능은 맥락을 잘 이해하지 못하고 사람처럼 눈치로 알아차릴 수 없기 때문에 단어나 구절로 요청하기보다 온전한 문장으로 요청하는 것이 좋습니다.

보통 '~하는 법'의 경우 구절만 적어도 챗GPT가 대답하지만, 문장으로 표현하면 맥락을 훨씬 구체화하는 효과가 있습니다. '암호문 작성법'이라고 하기보다는 '암호문을 작성하는 법을 선생님처럼 설명해 줘.'라고 하면 훨씬 읽기 편한 응답을 받을 수 있습니다.

예를 들어, 병뚜껑이 잘 안 열릴 때 인공지능의 도움을 받아보려 합니다. 이때 그냥 '병 뚜껑을 따는 법'이라고 했을 때와 '안 열리는 병조림 특히 절인 올리브나 스위트 피클 같은 병조림 뚜껑을 따는 민간요법을 알려 줘.'라고 했을 때의 결과는 다릅니다.

**[사용자 질문 1]**

병 뚜껑을 따는 법

**[챗GPT 답변 1]**

병뚜껑을 열기 위한 기본적인 방법은 다양하지만, 대부분의 경우 다음과 같은 단계를 따를 수 있습니다.

1. **뚜껑 확인:** 먼저 병의 뚜껑이 무엇으로 만들어져 있는지 확인하세요. 일반적으로는 나사형 뚜껑이나 뚜껑에 닫힌 병이 많이 사용됩니다.
2. **나사형 뚜껑 열기:**
   - 나사형 뚜껑의 경우, 시계 방향으로 돌려 나사를 풀어내세요.
   - 반시계 방향으로 돌리면서 뚜껑이 풀려나가게 됩니다.
   - 강제로 돌리려고 하지 말고, 자연스럽게 풀어나가도록 조심하세요.
3. **팝업 뚜껑 열기:**
   - 일부 음료나 소스 병은 뚜껑이 팝업 형태일 수 있습니다.
   - 팝업 뚜껑은 중앙을 가볍게 누르면 팝업되어 열립니다.
   - 주의: 열 때 쏠릴 수 있으므로 안전하게 조심하세요.
4. **뚜껑 끼우기/따로지:**
   - 어떤 종류의 뚜껑이든 열었을 때, 닫을 때는 반대 방향으로 돌려 뚜껑을 다시 닫습니다.
   - 나사형 뚜껑의 경우 시계 반대 방향으로 돌려 닫습니다.
5. **도구 사용:**
   - 만약 손으로 열기 어려운 경우, 뚜껑을 열어주는 다양한 도구를 사용할 수 있습니다. 뚜껑 따개, 뚜껑 오프너 등을 활용하세요.
6. **안전 주의사항:**
   - 뚜껑을 열 때 손가락이나 손에 주의하세요. 강제로 돌리면서 다칠 수 있습니다.
   - 뚜껑이 갑자기 열릴 때 주위에 주의하고, 내용물이 튀지 않도록 조심하세요.

"만약 어떤 이유로든 뚜껑을 열기 어려운 경우에는 해당 제품의 안전 사용 방법을 확인하거나, 제조사나 브랜드에 문의하여 안전하게 열 수 있는 방법을 확인하는 것이 좋습니다."

**[사용자 질문 2]**

안 열리는 병조림의 뚜껑을 여는 민간요법에 대해 알려줘.

**[챗GPT 답변 2]**

병조림이나 다른 유형의 뚜껑이 열리지 않을 때에는 다양한 민간요법을 시도해 볼 수 있습니다. 아래는 일반적으로 사용되는 몇 가지 방법입니다. 그러나 주의할 점은 모든 방법이 항상 효과적이지는 않을 수 있으며, 뚜껑을 여는 과정에서 상처나 다침을 피하기 위해 조심하는 것이 중요합니다.

**1. 온수 이용:**
- 뚜껑 부분에 따뜻한 물을 부어줍니다. 따뜻한 물로 뚜껑을 감싸거나, 뚜껑 아래에 뜨거운 물을 둘 수 있습니다.
- 열이 전달되면서 뚜껑이 팽창하고 열기 쉬워질 수 있습니다.

**2. 고리 부분에 기름 또는 식초 바르기:**
- 뚜껑 주변에 위치한 고리 부분에 식용유, 식초 등을 조금 바르세요.
- 기름이나 식초가 뚜껑과 병 사이의 간극을 가라앉히고, 열기 쉽게 도와줄 수 있습니다.

**3. 뜨거운 수건 사용:**
- 뚜껑을 따뜻한 수건으로 감싸거나, 수건에 물을 적시고 뚜껑을 덮어주세요.
- 열이 전달되면서 뚜껑이 조금 더 이완되어 열리기 쉬워질 수 있습니다.

**4. 뚜껑 따개 사용:**
- 뚜껑을 열어주는 별도의 도구(뚜껑 따개)를 사용하여 뚜껑을 따세요.
- 다양한 형태의 뚜껑 따개가 시중에 나와 있으며, 선택하여 사용할 수 있습니다.

**5. 가열기 사용:**
- 헤어 드라이어나 가열기 등을 이용하여 뚜껑 주변을 가열합니다.
- 열이 전달되면서 뚜껑이 팽창하고 열리기 쉬워질 수 있습니다.

어떤 방법을 사용하더라도 강제로 열려고 하면 병이나 뚜껑이 파손될 수 있으니 조심해야 합니다. 만약 이러한 방법들이 실패한다면, 해당 제품의 제조사나 브랜드에 문의하여 안전하게 뚜껑을 열 수 있는 방법을 확인하시기 바랍니다.

이처럼 인공지능에 구체적인 맥락을 담아서 문장으로 질문하면 원하는 답을 가장 자세히 얻을 수 있습니다. 그러나 되도록 존중하는 말투로, 예의 바르게, 비꼬지 않고, 부정적인 표현을 피하면서 사용하는 것이 좋습니다. 욕이나 부적절한 표현에 필터가 걸려 있는 챗GPT 같은 인공지능에서 좋은 결괏값을 얻어내기 위해서라도 그렇고, 거시적인 활용을 위해서도 꼭 필요한 부분입니다. 'trash in, trash out 쓰레기를 넣으면 쓰레기가 나온다'라는 말이 있듯이, 인공지능에 하는 질문들은 인공지능의 학습 자료로 되먹임이 됩니다. 존중하는 말들을 넣어야 인공지능에도 존중과 예의의 언어 데이터가 쌓이게 된다는 점을 잊지 말아야 합니다.

# 아이가 처음 시작하기 좋은
# AI 서비스는 무엇인가요?

아이들이 인공지능을 처음 접할 때는 호기심과 재미가 우선이 될 것입니다. 하지만 인공지능을 사용할 때 단순히 심심하니까, 말상대가 필요해서 혹은 아이디어를 찾는 목적으로 활용하게 하지 말고, 먼저 AI를 가지고 구현할 수 있는 아이디어를 생각하게 하는 과정이 필요합니다. 그래서 아이가 처음 AI 프로그램을 접한다면, 챗GPT보다 그림을 그려서 결과물을 만들어 주는 AI 서비스를 먼저 이용해 보길 추천합니다.

예를 들어 "크리스마스 카드를 보내고 싶어요. 크리스마스 트리 아래 선물이 쌓여 있고, 이 선물을 열어 보면 아이가 좋아하는 그림이 있었으면 좋겠어요." 아이가 이런 아이디어를 냈을 때 그림을 그려주는 AI인 챗달리를 이용해 아이와 함께 그림을 만들어봅니다(미드저니는 영어로만 프롬프트를 줄 수 있지만, 챗달리는 한글로도 프롬프트를 줄 수 있으며 만13세 이상 사용할 수 있으니 초등생은 보호자와 함께 이용하도록 합니다).

이미지 생성 프롬프트는 '만들어 줘'라는 용언을 쓰지 않고, 그냥 '~ 하는 그림 이미지, 수채화 등'으로 프롬프트를 주면 되는데, 앞쪽에 언급된 사물을 더 중요하게 그려주는 경향이 있습니다. 프롬프트를 쓰기 위해 아이가 그리고 싶은 그림이 뭔지 말로 표현해 보라고 합니다. 만약 아이가 원하는 그림이 있다면 직접 그려보게 하는 것도 좋습니다. 손그림 스케치를 그림으로 바꾸어 주는 '오토드로우 www.autodraw.com'를 활용해 그림을 그려본 후, 이 그림을 말로 설명해 보라고 하면 훨씬 쉽게 표현합니다(오토드로우에서 아이가 삐죽빼죽 그린 손그림 나무 모양을 깔끔한 선 그림으로 바꾸어줄 수 있습니다).

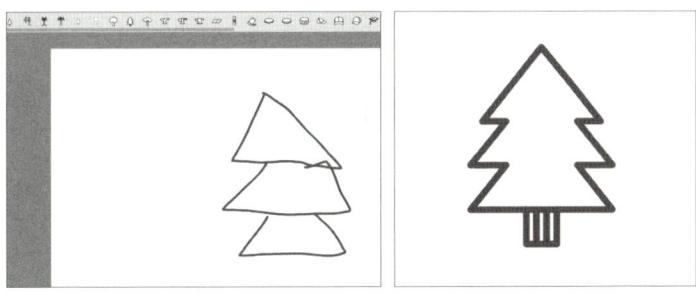

오토드로우를 활용하면 쉽게 깔끔한 그림을 그릴 수 있다

아이는 트리의 색도 입히고 트리 장식도 하고, 트리 아래에 선물도 놓고, 그 선물 중 하나를 열고 선물을 보며 좋아하는 한 아이도 그려보며 원하는 그림을 구체화시킵니다. 부모는 그 내용을 명사로 끝나는 문장으로 표현할 수 있게 도와줍니다.

"거실에 크리스마스 트리와 그 아래 선물들이 있고, 남자 아이 한 명이 좋아하는 그림."

이때 남자아이에 대한 부연 설명이 좀 더 필요합니다. 이럴 때 중괄호를 남자아이 옆에 치고 {9살 한국 남자아이} 이런 식으로 써 주면 원하는 인물의 모습을 좀 더 잘 그려낼 수 있습니다. 크리스마스 트리의 모양도 {꼭대기에 별이 달려 있고, 여러 가지 장식이 달려 있는 트리}라고 더 정확하게 써 주어도 좋습니다.

그리고 먼저 이 프롬프트로 그림을 생성시켜 봅니다.

거실에 크리스마스 트리와 그 아래 선물들이 있고, 남자아이 한 명이 좋아하는 그림

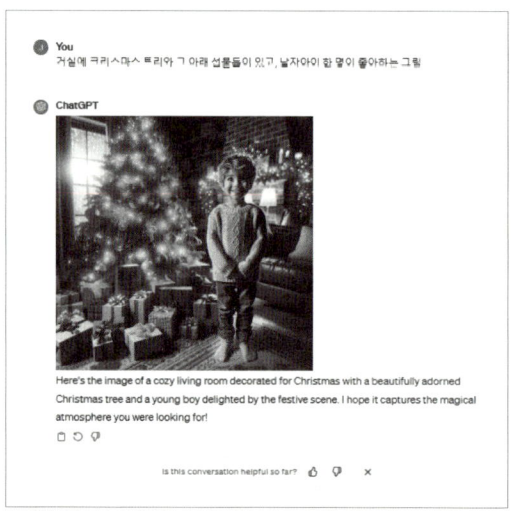

이어서 "크리스마스 트리 아래 선물이 있고 남자아이가 좋아하는 그림"에서부터 좀 더 정교화 작업을 덧붙이며, 여러 번 그림을 생성하면서 조작하는 방법을 함께 익혀 봅니다.

> 거실에 크리스마스 트리{꼭대기에 별이 달려 있고, 여러 가지 장식이 달려 있는 트리} 와 그 아래 선물들이 있고, 남자아이{9살 한국 남자아이} 한 명이 좋아하는 그림

중요한 것은 AI가 그림을 그려주는 일이 아닙니다. 아이가 어떤 그림을 뽑고 싶은지, AI를 사용하기 전에 자기 생각을 구체화하는 과정이며, 이는 AI 사용에 있어 주체성을 키우는 중요한 요소입니다.

아이들이 좋아하는 그림을 생성해주는 서비스로 재미있게 AI를 알아가고, 다른 생성형 AI에도 이 과정을 적용하며 다양한 영역으로 확장해봅니다. 글, 그림, 음악, 비디오 등을 생성할 때도 먼저 무엇을 만들고 싶은지, 원하는 것을 표현하는 과정을 거치게 하고, 각종 AI를 통해 프롬프트를 바꾸고 다시 생성해보는 과정을 거치면서 생성된 결과물을 보면서, 아이들은 자기 생각을 구현해주는 이 효과적인 도구에 대한 효용성을 자연스럽게 이해하게 됩니다.

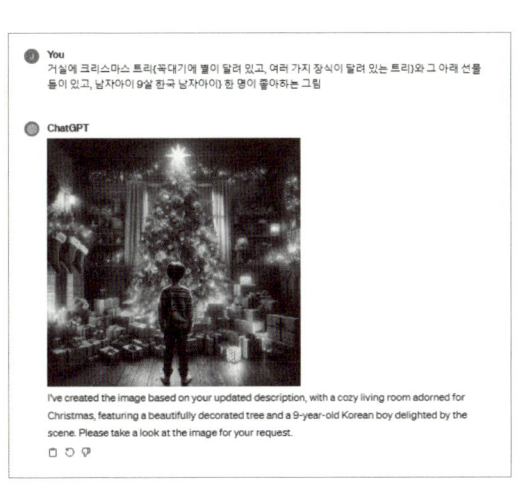

# 독서와 영어가
# 더욱 중요해진 이유는 무엇인가요?

최근 인공지능학회를 비롯해 여러 인공지능 관련 전문가를 만나서 이야기를 나눌 기회가 많았습니다. 전문가들을 만날 때마다 '태어나면서부터 인공지능과 함께한 요즘 아이들에게 대체 어떤 필수 역량을 키워 주어야 하는 걸까요?' 하는 질문을 해보았습니다. 그런데 코딩이나 컴퓨터 공학 등의 답을 기대했던 예상과 달리, 많은 분이 '독서'와 '영어'라고 확답했습니다. 2002년 고(故)이건희 회장은 인재전략사장단 워크숍에서 이렇게 말했습니다.

"200~300년 전에는 10만~20만 명이 군주와 왕족을 먹여 살렸지만, 21세기는 탁월한 한 명의 천재가 10만~20만 명의 직원을 먹여 살리는 인재경영의 시대, 지적 창조력의 시대가 열린다."

모두가 10만~20만이 일하는 기업을 이끄는 리더가 될 수도 없고, 될 필요도 없는 시대에 살고 있습니다. 즉 이제 인공지능 시대가 도래하면서 이 말이 진짜로 실현되고 있다고 여겨집니다.

　이제 대다수 사람은 인공지능이 가져다주는 혜택을 누리는 입장이 될 것입니다. 즉 만 명의 소비자 시대가 열립니다. 이때 어느 한 명은 콘텐츠를 만들 것입니다. 앱을 만들고 소프트웨어를 만드는 작업도 인공지능이 하게 된다면, 이 창의적인 한 명이 콘텐츠를 생각해내서 인공지능에게 구현하라고 할 것입니다.

　그렇다면 콘텐츠는 어떻게 만들어질지 생각해봅시다. 인류의 문명이 쌓아온 정신 문명을 읽어서 아는 사람, 그 지식을 단순히 암기한 게 아닌 엮고 이어서 꿈을 꾸고, 이 꿈을 인공지능에게 요청하는 사람이 될 것입니다. 정보로서의 지식은 이제 뉴럴 링크를 통해 마치 인간의 뇌가 확장하듯이 언제든 불러올 수 있게 되며, 정보를 많이 아는 것이 중요한 게 아니라 이 정보를 엮고 잇고 새롭게 해석하고 분석하여 제시하는 일이 인간의 역할이자 가치가 됩니다.

## 지식을 알려주고 연결하는 독서

　인간의 역사를 보면, 정보 전달 매체가 발달하면서 인간이 뇌를 쓰는 방식이 변해온 것을 알 수 있습니다. 문자가 없어서 구전으로만 정보를 전하던 시기에는 구전으로 이야기와 역사를 전하는 직업들이 존재했는데, 이들의 기억력은 어마어마했습니다. 하지만 극소수의 사람이 외워서 전달하는 이야기는 전달하면서 반드시 왜곡되었습니다. 또 전달하던 이가 모두 죽어 버리면 모두 소실되고 만다는 결정적인 한계가 있었습니다. 그러다가 문자를 만들어 진흙판에 새기고, 두루마리에 쓰고, 종이에 쓰는 과정을 거치면서 인간은 정확한 기록을 보고 생각을 폭을 넓히며 사고하는 방식이 바뀌었습니다.

생각해보면 핸드폰이 개발되기 전에 사람들은 기본적으로 열 몇 개의 전화번호는 외우고 다녔습니다. 하지만 핸드폰이 생긴 이후, 자기 전화번호도 외우지 못하는 사람들, 가까운 가족의 전화번호도 외우지 못하는 사람들이 대부분입니다. 사람들의 머리가 더 나빠졌다고 볼 수는 없습니다. 손만 뻗으면 있는 정보라서 굳이 외울 필요가 없어졌을 뿐입니다. 이제 뉴럴 링크가 생겨나서 우리 뇌와 컴퓨터 혹은 인공지능이 어떤 식으로든 연결이 된다면(예를 들어, 칩을 이식하거나 웨어러블로 머리에 차고 다니면서 음성이나 눈짓으로 정보를 불러낼 수 있다면), 우리는 정보를 암기할 필요가 아예 없어집니다. 그래서 앞으로 교육은 크게 바뀔 것입니다. 그러나 어떤 업무나 난제에 직면했을 때 무슨 정보를 찾아야 하는지 아는 사람과 이조차 전혀 몰라서 물어봐야 하는 사람의 차이는 어마어마할 것입니다.

앞에서 '병조림의 병뚜껑을 따는 법을 알려줘'라고 했던 요청을 생각해봅시다. 첫 요청에 생성된 정보가 너무 일반적이라서 맥락이 더 필요했습니다. 하지만 민간에서 병뚜껑을 열기 위해 쓰는 여러 가지 방법이 있다는 걸 알고 있는 사람은 안 열리는 병뚜껑을 여는 민간처치법을 알려달라는 프롬프트를 쓸 수 있을 것입니다. 물론 서양에서 주로 쓰는 방식과 동양에서 주로 쓰는 방식이 또 다르다는 걸 아는 사람은 챗GPT가 생성한 대답 중 병뚜껑 여는 보조장치가 서양에 많다는 것을 알고 그 제품을 찾아달라고 할 수도 있습니다. 즉 알고 묻는 사람과 뭘 물어야 할지도 모르는 사람의 요청은 그 결괏값이 다를 수밖에 없습니다.

한국 사람에게 안 열리는 병뚜껑 여는 법을 물어본다면, 아마 제일 먼저 고무장갑을 끼고 돌려 보라고 할 것입니다. 그런데 챗GPT의 정보는 대부분 서양 편향적이라서 한국의 가정집이라면 하나씩은 있는 고무장갑을 활용하는 방법은 나오지 않습니다. 이렇게 간단한 병뚜껑 따는 법에 대한 정보만 해도, 여러 가지 정보가 요청에 따라 달라지는 것을 알 수 있습니다. 만약 인공지능을 이용해서 새로운 소프트웨어나 앱을 만든다고 할 때, 그러면 이미 관련 지식을 이해하고 연결하고 새로 빛을 줄 아는 사람은 더 멋진 상상을 하고, 이걸 인공지능에 만들어 보라고 할 것입니다. 이런 사람이 바로 만 명 중 한 명이 될 것입니다.

결국 인공지능 시대에는 상상하기와 즐기고 누리기, 이 두 가지 역할이 사람에게 남습니다. 한 명은 상상하는 자가 될 것이고, 만 명은 즐기고 누리는 자가 될 것입니다. 그리고 상상하는 법은 지식을 단순히 많이 쌓아서 생기지 않습니다. 상상은 책을 읽으며 생각하고 머릿속으로 직관과 연상으로 점들을 잇고 선을 만들면서 일어납니다. 그래서 책 읽는 게 즐겁고, 책이 보여주는 세계에 푹 빠져서 탐구하고 물어보는 아이가 상상하는 사람으로 성장할 것입니다.

## 세계의 보편어, 영어의 중요성

영어가 중요한 가장 큰 이유는 영어가 세계 보편어 English as a Lingua Franca 이기 때문입니다. 현재 세상의 발전을 견인하는 힘은 과학 기술이고, 이 과학 기술 정보 97% 이상이 영어로 되어 있습니다. 2011년에 영국문화원에서는 〈영어의 미래〉라는 워크숍을 연 적이 있습니다. 이 연구 결과에 따르면 앞으로 약 200년 동안 영어의 지위를 대체할 언어는 없습니다. 특히 과학 기술 정보의 대부분이 영어인 한 영어의 지위는 흔들리지 않을 것입니다.

미디어 리터러시는 어쩔 수 없이 계급과 불평등을 만들어냅니다. 이런 AI 리터러시가 도래할 때 영어를 통해 정보를 먼저 접하는 힘이 엄청나게 중요합니다. 또 영어를 알면 본인의 문화권 내부의 시각뿐만 아니라, 전 세계의 시각을 볼 수 있는 힘이 생긴다는 사실도 중요합니다. 한 나라의 언론이 편향될 때 영어를 할 수 있으면 눈을 들어서 그 허들을 넘어설 수 있기 때문입니다.

공부하는 사람 입장에서 영어는 또 강력한 장점이 있습니다. 웬만한 학문 체계가 서구식인 이 세상에서 영어로 구축된 지식 공동체의 힘은 막강합니다. 세상의 많은 책을 읽다 보면 해 아래 새로운 게 없다는 말이 어떤 의미인지 절감하게 됩니다. 인류가 쌓아온 문명은 나보다 앞선 거인들의 어깨에 올라갈 때 견고해집니다. 읽고 인용하고 재해석하면서 새로운 콘텐츠를 만들어 갈 때 우리는 거인의 어깨 위에 올라가는 것입니다. 이런

### 룬 프로젝트란?

룬 프로젝트(Loon Project)는 구글, 아마존, 마이크로소프트 같은 미국의 거대 다국적 기업들이 공동으로 시행 중인 프로젝트입니다. 거대한 벌룬을 아프리카, 남미, 남아시아의 정글 위에 띄워서 무료로 와이파이를 쏘아줍니다. 그래서 지금은 정글에 있는 사람들도 스마트폰이 있으며, 이 무료 와이파이를 잡아서 인터넷을 사용할 수 있습니다. 하지만 이들이 인터넷을 본다고 모든 지식에 접근할 수 있는 것은 아닙니다. 영어라는 허들을 넘지 못하면 쓸만한 대부분 정보에 접근할 수 없을 것입니다. 전 세계의 수많은 다양한 정보를 원한다면 누구나 영어를 먼저 알아야 합니다.

지식 공동체가 없고, 앞선 거인들에게 존경을 표하는 태도를 갖추지 못하면, 사람은 이미 수천 년 전에 발명된 바퀴를 계속해서 새로 발명하는 데 골몰하며 짧은 삶을 보내게 됩니다. 영어로 구축된 지식 공동체는 현재 인류 문명 발달에 가장 주요한 역할을 하고 있습니다. 그래서 우리는 영어 공부를 게을리할 수 없습니다.

초등 학습에 AI가 도우미로 개입하는 순간
국어·수학·사회·과학의 맞춤형 교육과
자기 주도 공부법까지 아이는 스스로
놀라운 학습 효과를 이루어 나갑니다.

# AI로 능률업, 자기 주도 초등 과목별 학습

초등 학습에 AI를 활용했을 때
학업 성취도에는 어떤 변화가 일어날까?

# AI를 활용해 수학적 사고력을 키워줄 수 있나요?

초등학교에서 수학을 가르치다 보면 어떤 학생은 알려줘도 못 알아듣는 데 비해, 어떤 학생은 정말 찰떡같이 알아듣는 경우가 있습니다. 수학을 무척 잘하는 한 학생의 부모는 아빠가 연구원, 엄마가 수학 선생님이었습니다. 수학을 잘하는 데 있어 유전적, 환경적인 요인이 절대적인 것은 아니겠지만, 어느 정도 영향을 미친다는 사실은 부정할 수 없었습니다. 그 학생의 수학적 사고력을 키운 환경적인 영향이 무엇인지 자세히 살펴보니 가정에서 쓰는 문장들이 특이하다는 것을 알았습니다.

예를 들어 어느 날 아빠가 귤 한 박스를 사 왔다고 하면, 보통은 꺼내어 먹기에 바쁩니다. 그런데 이 아이 부모는 모든 귤을 상자에서 꺼내어 세어본 후 이렇게 말합니다.

"150개! 그러니까 우리 집 식구가 하루에 10개를 먹으면 15일을 먹을 수 있는 양이군! 그런데 여기 썩은 게 3개 있으니 빼면, 하루는 7개를 먹을 수 있어. 그날에는 누가 3개를 양보해야 할까?"

이 학생의 가정에서 일어나는 에피소드를 들어보면, 수학적 사고력은 일상생활에서 수학적으로 생각하고 말하는 데 큰 영향을 미칠 수 있다고 보입니다. 저 역시 바로 집에서 아이들과 수학적인 말과 생각들을 일부러라도 사용하겠다고 마음먹고 예시를 적어보았습니다.

> - 피자 조각을 낼 때 커터기를 몇 번 사용했을까?
> - 우리 가족이 5명이라면 어떻게 8조각의 피자를 똑같이 나눠 먹을 수 있을까?
> - 4조각을 먹는다면 전체의 몇 퍼센트를 먹는 걸까?
> - 아빠가 피자 한 판을 더 사왔다면, 이것을 어떻게 분수로 나타낼 수 있을까?
> - 8조각 중 2조각을 먹고 남은 것을 소수로 나타낼 수는 없을까?

그런데 직접 해 보니 이런 상황들을 생각해 내고 문장을 만들어내는 게 쉽지 않다는 것을 알았습니다. 부모님이 수학에 전혀 관심이 없다면 당장 시도하기 어려운 게 사실입니다. 여기서 우리가 필요한 것이 바로 인공지능입니다. 인공지능은 이런 방법을 쉽고 간편하게 도와주며, 특히 챗GPT는 이런 문장들을 정말 잘 생성해 줍니다. 아이들에게 수학적 사고력을 키워주고 싶다는 생각이 든다면 바로 챗GPT를 활용해 봅시다. 이용하고자 하는 상황들을 잠깐 설명하고, 이 상황에서 수학적으로 문장을 내달라고 하면 다음과 같이 뚝딱 만들어 줍니다.

> **[사용자 질문 1]**
> 나는 지금 자몽을 사려고 마트에 왔어. 우리 집 식구는 4명이고 자몽 한 박스에는 7개 자몽이 있지. 값은 15000원이야. 이 조건들을 사용해서 수학적 사고력을 돕는 문장제 문제를 만들어 줘.

[챗GPT 답변 1]
자몽을 구매하는 상황을 바탕으로 수학적 사고력을 키울 수 있는 문제를 몇 가지 만들어보겠습니다. 이 문제들은 초등학교 학생들이나 학부모님이 함께 풀 수 있도록 설계되었습니다.

**비용 계산 문제:** 가족당 한 사람이 먹을 자몽의 개수를 기준으로 각 자몽의 가격은 얼마인가요? (한 박스에 7개의 자몽이 들어있고, 가격은 15,000원입니다.)

[사용자 질문 2]
이 문제에 대한 답안을 만들어 줄래? 초등학생이 이해하기 쉽도록 설명해 줘.

[챗GPT 답변 2]
가족이 4명이고, 한 주 동안 매일 자몽을 한 개씩 먹고 싶다면, 가족 모두가 일주일 동안 필요한 자몽의 총 개수를 먼저 계산해야 합니다.
일주일은 7일이므로, 가족 4명이 매일 자몽을 한 개씩 먹는다면, 7일×4명=28개  7일×4명=28개의 자몽이 필요합니다.

챗GPT 앱을 깔면(7p 참고) 마트 안에서든, 돌아오는 차 안에서든 어디서든 수학적 문장을 요청할 수 있습니다. 수학적 사고력은 사실 삶 속에서, 구체적인 상황 속에서 가장 잘 길러집니다. 지금 눈앞에 닥친 상황에서 수학을 사용할 수밖에 없도록 자연스럽게 이끌어가면, 아이들은 점차 수학적으로 생각하는 것에 익숙해집니다. 수학을 전혀 모르는, 또는 수학을 보기만 해도 머리가 아픈 사람이라도 인공지능을 활용한다면 생활 속 수학 문제 만들기가 아주 쉬워진답니다.

## 학습 지원 테크tech 활용하기

| | |
|---|---|
|  | **똑똑! 수학탐험대** (www.toctocmath.kr)<br>교육부에서 초등학생들을 위해 개발한 게임식 수학 학습 어플로 현재 전 학년의 콘텐츠를 무료로 이용할 수 있습니다. 컴퓨터와 앱 둘 다 사용할 수 있습니다. |
|  | **매쓰홀릭** (www.matholic.com)<br>초·중·고등학교 학생들을 대상으로 한 유료 온라인 수학 학습 플랫폼으로 개인별 맞춤형 문제와 해설을 제공합니다. 학습, 평가, 분석에 인공지능을 활용해서 맞춤형 학습이 가능합니다. |

# 아이 성격에 맞는 공부법을 찾을 수 있나요?

　MBTI는 우리나라에서 유독 인기가 있는 대표적인 성격유형검사입니다. MBTI 검사가 모든 사람의 성격을 완벽하게 파악하지는 않겠지만, 어느 정도 도움을 받을 수는 있습니다. 특히 초등학교 고학년들은 대부분 자기의 MBTI 성격유형을 알고 있습니다. 아직 어른만큼 완벽하지는 않지만, 어느 정도 자기 성격을 확인할 수 있습니다. 사실 공부도 성격에 맞게 해야 합니다. 아이마다 성격이 다른 만큼 잘 맞는 공부법도 모두 제각각입니다. 아이의 성격을 무시하고 무조건 영어 단어를 외워라, 수학 문제를 풀어라 한다면 아이는 힘들어할 수밖에 없습니다. 그럴 때 MBTI 검사 결과를 잘만 활용한다면, 아이에게 꼭 맞는 공부법을 찾을 수 있습니다. 먼저 MBTI 성격유형을 알아보겠습니다.

- **내향적인 아이(I) – 외향적인 아이(E)**
MBTI에서는 내향적인 성격을 I라고 하고, 외향적인 성격을 E라고 합니다. I(내향)는 조용하고 혼자 있는 시간을 좋아합니다. 그래서 독립적인 학습 활동 공간과 시간을 마련해주는 것이 좋습니다. E(외향)는 사람들과 어울리기를 선호해서 여럿이 하는 공부나 협력 프로젝트 스타일이 더 잘 맞을 수 있습니다.

- **감각적인 아이(S) – 직관적인 아이(N)**
감각형 아이(S)는 손으로 만져지고 실제적인 정보를 더 좋아하는 반면, 직관적인 아이(N)는 더 추상적이고 이론적인 내용에 관심이 많습니다. 그러니까 감각형인 아이들은 귤과 사과를 더해가며 덧셈을 공부하면 좋고, 직관적인 아이들은 그럴 필요 없이 덧셈의 개념을 추상적으로도 충분히 이해할 수 있습니다.

- **이성적인 아이(T) – 감정적인 아이(F)**
이 두 성향은 어떤 일에 대한 관점이 아예 다르기 때문에 가정에서나 학습 면에서 중요한 요인입니다. 예를 들어, 엄마가 애지중지 기르는 화초가 어느 날부터 시들기 시작했습니다. 감정적인 아이(F)는 엄마가 얼마나 슬픈지 얼마나 속상해하는지가 고민의 시작입니다. 공감이 이 아이의 온통 관심사입니다. 반면 이성적인 아이(T)는 엄마의 마음을 돌보는 것보다는 문제의 원인을 파악하기 위해 인터넷을 뒤지기 시작합니다. 해결책을 찾는 것이 이성적인 아이의 관심사입니다.

- **판단형인 아이(J) – 인식형인 아이(P)**
판단형인 아이(J)는 계획을 세우고 스케줄대로 움직인 후, 다했으면 확인표에 착착 체크하는 것을 좋아하는 아이들입니다. 반면 인식형인 아이(P)는 즉흥적이고 유연적이어서 기분이 내키는 대로 이것 저것 탐색하는 시간을 좋아합니다. 학습에서는 사실 판단형 아이가 좀 더 유리할 수 있지만, 요즘처럼 융합적이고 복합적인 프로젝트들이 각광을 받는 시대에서는 그 반대로 작용할 수 있습니다.

아이의 MBTI 성향을 알았다면, 챗GPT를 사용해서 아이에게 맞는 학습법과 대화법을 추천해 달라고 요청해 봅니다. 물론 챗GPT를 이용해서 아이의 MBTI를 알아볼 수도 있지만, 포털 사이트에서 'MBTI 검사'를 검색하면 좋은 검사도구들이 많이 나오니 편하게 이용할 수 있습니다.

[사용자 질문 1]
아이 MBTI 유형이 INTP가 나왔어. 어떻게 공부하면 좋을지 그리고 어떤 대화법을 쓰면 좋을지 예시를 들어가면 알려줘.

[챗GPT 답변 1]
INTP 유형의 자녀는 내향적이면서 직관, 사고, 지각을 중시하는 성향을 가지고 있습니다. 이러한 유형의 아이들은 독립적이고 창의적인 사고를 선호하며, 복잡한 문제를 해결하는 데 능숙합니다.

공부 방법:
- **자기 주도 학습 강화:** 아이가 관심 있는 주제에 대해 스스로 탐구하고 학습할 수 있는 기회를 제공하세요.
- **문제 해결 중심 학습:** 수학 문제, 과학 실험, 코딩 프로젝트와 같이 도전적이고 문제 해결을 요구하는 활동을 제공하세요.

대화법:
- 논리적이고 분석적인 대화, 호기심을 자극하고 "왜 그렇게 생각해?"라는 질문을 자주 던지세요.
- 자신의 생각과 아이디어를 속으로 고민하는 편인데, 자신의 생각을 편안하게 공유할 수 있도록 개방적이고 지지적인 대화 분위기를 조성하세요.

[사용자 질문 2]
그러면 공부할 때, 이 아이에게 해서는 안 될 대화 문장이 있다면 3개만 알려줘.

[챗GPT 답변 2]
"그냥 내 말대로 해. 이유는 필요 없어."
"다른 아이들은 다 잘하고 있는데 왜 너만 못해?"
"너는 항상 너무 복잡하게 생각해."

    챗GPT는 정말 아이에게 해서는 안 될 문장 세 가지를 알려줬는데, 이는 INTP 유형뿐만 아닌 모든 아이가 싫어할 말입니다. 하지만 이 유형인 아이에게는 더욱 역효과가 나는 발언입니다. 그러니 부모들은 챗GPT를 사용해서 한번쯤 자주 사용하는 말들을 확인해 보는 것도 좋겠습니다.

MBTI를 활용한 아이의 학습 방법을 물어보고 개선할 수 있는 전략도 덧붙여 물어보면, 웬만한 학습 코칭보다 체계적인 방법을 제안해 줍니다.

> **그밖에 질문들**
> - MBTI 유형별 학습 스타일에 맞는 교육 자료는 어떤 것들이 있나?
> - MBTI 유형에 따른 시간 관리 및 학습 계획 수립 방법은 어떻게 다를까?
> - MBTI 유형을 고려한 스트레스 관리 및 동기 부여 전략은 무엇일까?

## TIP 학습 지원 테크 활용하기

| | |
|---|---|
| | **마인드마이스터**(www.MindMeister.com) |
| | 아이디어를 시각적으로 구성할 수 있는 마인드 맵핑 도구입니다. 창의적이고 개념적인 사고를 선호하는 MBTI 유형 중 N(직관)의 학습자에게 적합하지만, 마인드맵은 학습의 균형을 기르는 데 탁월합니다. |
| | **노션**(Notion) |
| | 전체적인 프로젝트 관리와 할 일 목록을 유연하게 관리할 수 있는 어플입니다. 이런 도구들은 인식형(P) 성격 유형의 아이들이 활용하면 좋습니다. 스마트폰에 있는 간단한 노트 앱을 사용해도 좋습니다. 고학년 아이들에게 권장합니다. |
| | **구글 캘린더** |
| | 판단형(J) 성격을 가진 아이들에게 좋은 테크입니다. 판단형은 목표를 달성하기 위한 단계별 계획을 세우는 데 많은 도움이 됩니다. 일정을 관리할 수 있는 캘린더를 추천합니다. |

# 분수와 소수 개념을
# 쉽게 설명할 수 있나요?

 2015 교육과정이나 2022 개정 교육과정 모두 3학년 1학기에 분수와 소수가 등장합니다. 분수와 소수 단원은 같은 단원에 있습니다. 분수가 먼저 나오고 소수가 이어서 나옵니다. 이는 분수와 소수가 매우 가까운 사이라는 것을 알려줍니다. 그런데 사칙연산까지는 잘 하다가 분소와 소수가 나오면 어려워하는 아이들이 유독 많습니다.
 분수에서 처음 배우는 것은 '똑같이 나누어볼까요?'입니다. 늘 피자나 색종이가 예시로 나오고 똑같은 크기로 2등분, 4등분, 8등분 하며 개념을 설명합니다. 소수에서 처음 배우는 것은 바로 1보다 작은 수입니다. 초등학교 2학년까지는 1부터 하나씩 커지는 자연수를 배웠다면 이제 3학년 때부터는 수의 영역이 확장되는 시기로, 자연수와 자연수 사이의 수를 배웁니다.
 4학년이 되면 분수에서 진분수, 가분수, 대분수의 개념이 나오기 시작합니다. 그런데 이를 더하기도 빼기도 하고, 심지어 5, 6학년이 되면 곱하고 나누기까지 해야 하는 고난도 문제가 나오기 시작합니다. 소수도 덩달아서 4학년 2학기부터 어려워지기 시작합니다. 덧셈과 뺄셈을 지나 곱셈과 나눗셈까지 배웁니다.

  5학년은 수학이 어려워지는 순간입니다. 5학년 1학기부터 새롭게 배우는 수학 개념이 갑자기 많아지기 시작합니다. 그 악명 높은 최소공배수와 최대공약수, 분수의 덧셈과 뺄셈이 5학년 1학기에 있고, 바로 2학기에 분수의 곱셈과 소수의 곱셈이 연타로 나옵니다. 이제는 한 단원에 붙어 있지 않고, 따로 떨어져서 누가 더 어려운지 마치 겨루기라도 하듯 학생들을 괴롭히는 것 같습니다.

  이럴 때 분수와 소수의 개념을 다시 쉽게 알려줘야 할 필요가 있습니다. 특히 초등학교의 수학적 기본 개념이 곧바로 중학교로 이어지기 때문에 분수와 소수 개념은 명확히 알고 넘어가야 합니다. 아이가 학교 수업만으로 따라가기 힘들어할 때 집에서 수학 공부를 조금만 도와줘도 쉽게 따라갈 수 있습니다. 하지만 막상 알고는 있어도 아이에게 설명해 주려면 머리가 아플 때가 있습니다. 아이에게 쉽게 설명하는 방법을 부모가 알기 힘들기 때문입니다. 이럴 때 인공지능을 활용한다면, 수학 과외교사를 모신 것 같은 효과를 낼 수 있습니다.

  다음은 초등학교 5학년 수학 개념 중에서 아이들이 어려워하는 것을 몇 가지 뽑아 보았습니다. 이 문제들을 어떻게 챗GPT를 활용해서 쉽게 설명할 수 있는지 알아보겠습니다.

- 최소공배수는 무엇이고 왜 최대공배수는 없지?
- 최대공약수는 대체 무슨 뜻이지? 한자말을 풀어 줘.
- 분수의 덧셈을 할 때는 왜 굳이 통분을 해야 하지? 그냥 더하면 안 될까?
- 소수와 소수점 찍는 걸 잘 못하겠어. 이해가 쉽게 설명해 줘.
- 비율과 비례 개념을 알기 쉽게 설명해 줘.

**[사용자 질문 1]**

분수의 덧셈을 할 때는 왜 굳이 통분을 해야 하지? 그냥 더하면 안 될까? 이것을 초등학교 1학년도 알아듣기 쉽게 설명해 줘.

**[챗GPT 답변 1]**

> **ChatGPT**
>
> 분수를 더할 때 **통분**을 하는 이유를 쉽게 설명해볼게요.
>
> 상상해 봐요, 당신이 사과 반 개와 오렌지 반 개를 가지고 있어요. 이 둘을 합치면 사과 한 개가 되나요? 아니죠, 왜냐하면 사과와 오렌지는 다른 과일이니까요.
>
> 분수도 마찬가지예요. $\frac{1}{2}$ (반)과 $\frac{1}{3}$ (삼분의 일)을 더하려고 할 때, 이 둘은 마치 사과와 오렌지처럼 다르게 생긴 '조각'이에요. 이 조각들을 바로 더하면, 얼마나 많은 조각이 있는지 정확히 알 수 없어요. 그래서 우리는 먼저 이 조각들을 같은 모양으로 만들어줘야 해요. 이렇게 같은 모양으로 만드는 과정을 '통분'이라고 해요.
>
> 예를 들어, $\frac{1}{2}$과 $\frac{1}{3}$을 같은 모양의 조각으로 만들려면, 모든 조각이 $\frac{1}{6}$이 되도록 바꿔줘야 해요. 그러면 이제 이 조각들을 쉽게 더할 수 있어요. $\frac{1}{2}$은 $\frac{3}{6}$이 되고, $\frac{1}{3}$은 $\frac{2}{6}$이 되니까, 이제 $\frac{3}{6} + \frac{2}{6} = \frac{5}{6}$이 되어, 우리는 총 $\frac{5}{6}$의 조각을 가지게 돼요.
>
> 통분을 하는 이유는, 모든 조각을 같은 모양으로 만들어서, 우리가 조각들을 쉽게 더하고, 얼마나 많은 조각이 있는지 정확히 알 수 있게 해주기 위해서예요!

교과서에서는 통분의 뜻이 단순히 '분수의 분모를 같게 하는 것' 정도로만 제시되어 있습니다.

학교 수업을 들은 후에도 아이가 잘 모르겠다고 질문한다면, 이렇게 챗GPT의 도움을 받아서 아이에게 개념을 설명해 줍니다. 답변이 마음에 들지 않을 때는 다시 해달라고 요청하면 됩니다. 그리고 테스트해볼 문제가 필요하면 문제와 답도 생성해 달라고 요청합니다. 아무리 다시 요청해도 인공지능은 화를 내지 않으니 물어보는 부모도 마음이 편합니다.

> 수학 선생님의 역할을 해 줘. OOO가 이해가 잘 안 돼. 초등학교 1학년도 알아들을 수 있도록 설명하고 예시를 들어 줘.

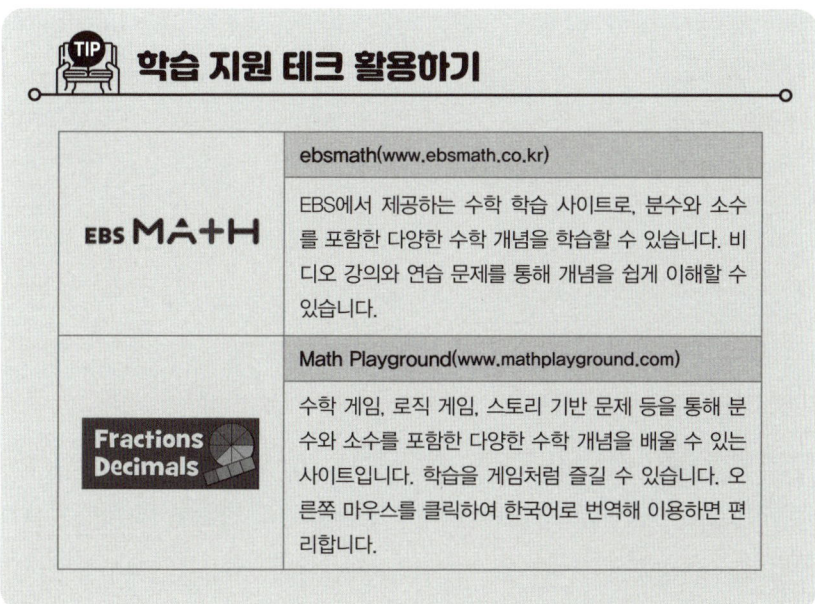

## 교과에 등장하는 역사 인물과
## 직접 이야기를 나눌 수 있나요?

　학교에서 보면 역사를 재미있어 하는 아이들도 많지만, 반대로 어려워하는 아이들도 적지 않습니다. 현재 초등학교에서는 5학년 2학기에 배우는 역사 수업이 전부입니다. 한 학기 동안 선사 시대부터 근현대사까지 모두 다뤄야 하기 때문에 방대한 역사 내용을 모두 파악하기에 힘듭니다. 가르치는 선생님이나 배우는 학생들도 반만년의 우리나라 역사를 한 학기에 꿰뚫어야 하는 일은 마치 KTX를 타고 달리며 창밖을 바라보는 것과 같습니다. 그래서 대부분 초등학생이 역사에 대한 이해가 깊지 못합니다. 별도로 역사 책을 읽지 않는 이상 역사 상식이 부족할 수밖에 없습니다. 선생인 저 역시 학교에서 조금이라도 역사를 잘 알려주기 위해 노력 중인데, 아이들의 호기심을 가장 효과적으로 끌어내는 학습법은 영상이었습니다. 하지만 영상 속에서 비춰지는 인물들은 조금 거리가 느껴지고 일방적인 전달이기 때문에 학생들과 상호작용하기에는 적합하지 않았습니다. 어떻게 하면 아이들이 역사적 사실과 더욱 흥미롭게 만날 수 있을지를 고민하다가 챗GPT의 음성 Voice 기능을 활용해 보았습니다(7p 참고). 이 기능을 활용하면 마치 전화 통화하듯 역사적인 인물과 이야기할 수 있습니다. 다만 역사적으로 많이 알려지고 사료가 많은 인물일수록 정확도가 높고 콘텐츠의 질이 높습니다. 챗GPT는 많은 정보를 사전에 학습한 인공지능이기 때문에 인터넷에 공개된 자료가 많을수록 좋은 성능을 기대할 수 있습니다.

챗GPT 음성 기능을 활용하면 아이에게 타임머신과 버금가는 재미있고 유익한 역사적 체험을 해줄 수 있습니다. 세종대왕도 만나고, 이순신 장군도 만날 수 있습니다. 유관순 열사와 이야기를 나누다가도 먼 타국의 헬렌 켈러와도 만날 수 있습니다.

지금부터 세종대왕을 만나보겠습니다. 챗GPT에서 헤드폰 모양의 버튼을 누르고 말을 걸어봅니다. 만약 영어로 답을 하면, 한국말로 답해 달라고 요청하면 됩니다. 부모님이 먼저 질문을 던지고, 그 이후부터는 아이가 직접 대화하게 합니다. 대화를 하고 나면 어떤 대화를 했는지도 글로 남으니 나중에 확인하기에도 좋습니다.

> **[사용자 음성 질문 1]**
> 세종대왕하고 인터뷰를 하려고 해. 지금부터 너는 세종대왕을 해 주고 말투도 왕이 신하에게 하는 것처럼 ~하네, ~하구나 식으로 표현해 줘. 세종대왕님. 당신의 가장 큰 업적이 무엇인지 3개만 말씀해 주세요.
>
> **[챗GPT 음성 답변 1]**
> 내 업적 중 가장 대표적인 것은 한글을 창제하였다는 것이네. 이 외에도 과학, 문학, 음악, 농업 기술 등 다방면에 걸쳐 많은 발전을 이루었소. 예를 들어, 천문학적 관측을 위한 첨성대를 세우고……. (이하 생략)

> **[사용자 음성 질문 2]**
> 어떻게 그렇게 다양한 방면에서 업적을 낼 수 있으셨나요?
>
> **[챗GPT 음성 답변 2]**
> 내가 다양한 방면에서 업적을 낼 수 있었던 것은 백성들의 삶의 질을 향상시키고, 나라의 발전을 도모하기 위한 끊임없는 노력과 관심 때문이었네. (이하 생략)
>
> **[사용자 음성 질문 3]**
> 한글 창제 시 어려웠던 점은 무엇이었나요?
>
> **[챗GPT 음성 답변 3]**
> 한글 창제 과정에서 가장 어려웠던 점은 백성들이 쉽게 배우고 사용할 수 있는 문자 체계를 만드는 것이었네. (이하 생략)
>
> **[사용자 음성 질문4]**
> 저 같은 초등학생에게 해주고 싶은 말씀이 있나요?
>
> **[챗GPT 음성 답변4]**
> 먼저, 항상 호기심을 가지고 새로운 것을 배우려는 네 자세가 참 멋지다는 거야. 세상은 배울 것으로 가득 차 있으니, 두려워하지 말고 도전해 보렴. (이하 생략)

챗GPT에게 말투까지 왕처럼 해달라고 요청하니 정말 세종대왕이 말씀하시는 것처럼 그럴싸합니다. 챗GPT의 음성 설정을 남자로 세팅하면 더욱 실감이 납니다. 그밖에도 링컨, 간디, 아인슈타인, 헬렌 켈러 등 교과에 나오는 여러 역사적 인물들과도 인터뷰를 해봅니다. 다만 연도와 사람 이름 등 너무 구체적인 정보를 요구하는 질문은 피하는 게 좋으며, 역사적인 정황과 큰 업적들을 중심으로 진행하길 추천합니다.

# 세계 지리와 문화를 더 쉽게 공부할 수 있나요?

초등학교 6학년 사회는 확실히 어려워집니다. 1학기에 일반 사회 영역에서 정치 이야기가 나오며 경제 개념도 나오고, 2학기에는 우리나라를 벗어나 세계 여러 나라에 대해서 배웁니다. 아직 학생들이 우리나라에 대해서도 잘 모르는데 북아메리카나 남아메리카, 오세아니아주에 대해서 진도를 나가야 하니 교사로서도 출발점을 어디에 맞추어야 할지 고민이 많습니다.

알쏭달쏭 알 듯 모를 듯 궁금한 내용이 생각보다 사회 단원에 많습니다. 일일이 정보를 찾기에는 시간과 노력이 많이 듭니다. 이럴 때 챗GPT를 통해서 원하는 내용만 쏙쏙 골라서 물어보면 아이가 사회, 특히 세계지리와 문화에 관해서 해박한 지식을 얻을 수 있습니다. 또 '구글 어스 Google Earth' 프로그램을 이용하면 방구석 랜선 해외여행도 가능합니다.

예를 들어, 볼리비아의 '라파스'가 왜 고산 지대에 발달했는지를 묻는 내용이 교과서에 나옵니다. 볼리비아가 어디에 있고, 라파스는 어떤 도시이며, 그게 왜 중요한지 아무것도 모른 채 아이들은 무조건 외우기 시작합니다. 저학년 때는 자신이 알고 생활하는 부분에서 지식을 얻고 정리하는 과정이라면, 고학년부터는 잘 알지 못하는 그 경계 너머의 일들을 배울 때가 많습니다. 그래서 학습이 점점 어려워집니다.

지금부터 챗GPT와 구글어스를 통해서 6학년 세계 문화와 지리를 좀 더 재미있고 생생하게 공부해 보겠습니다. 보통은 챗GPT에 글로 요청하지만, 이번에는 스마트폰으로 사진을 찍어 앱에 직접 올리며 요청하겠습니다. 이미지 인식은 유료 버전인 챗GPT4.0에서만 가능합니다. 챗GPT3.5에서는 글로 자세히 입력합니다.

[사용자 질문 1]

궁금해요 높은 산 위에 사람들이 모여 사는 까닭은 무엇일까

한 지역의 기후는 해발 고도에 따라 달라지기도 한다. 해발 고도가 높을수록 기온이 점점 낮아지기 때문에 해발 고도가 높은 곳은 비슷한 위도의 다른 지역에 비해 기온이 낮다. 이처럼 해발 고도가 높은 곳에서 나타나는 기후를 고산 기후라고 한다.

적도 부근은 위도상 열대 기후가 나타나는 위치이지만, 적도 부근의 고산 지대는 일 년 내내 봄과 같은 선선한 기후를 유지한다. 따라서 적도 부근의 고산 지대는

▲ 볼리비아의 고산 도시 라파스

인간이 거주하기 유리하여 일찍부터 도시가 발달했으며 마야 문명, 잉카 문명 등이 발달한 지역이기도 하다. 멕시코의 멕시코시티, 에콰도르의 키토, 콜롬비아의 보고타, 볼리비아의 라파스 등은 해발 고도 2,000m 이상의 높은 산 위에 위치한 대표적인 고산 도시이다. 오늘날 고산 도시에서는 선선한 기후를 바탕으로 관광 산업이 발달하고 있다.

'볼리비아'라는 나라와 라파스라는 도시에 대해서 더 자세히 알고 싶어. 높은 산 위에 사람들이 모여 사는 까닭이 뭐야?

[챗GPT 답변 1]
제공해 주신 이미지에는 볼리비아와 라파스 도시에 대한 설명이 포함되어 있습니다. 볼리비아의 라파스는 세계에서 가장 높은 수도 중 하나로 알려져 있으며, 해발 약 3,650미터에서 해발 4,100미터 사이에 위치하고 있습니다. 이렇게 높은 곳에 사람들이 모여 사는 이유 중 하나는 역사적인 맥락과 지리적 조건 때문입니다. (이하 생략)

[사용자 질문 2]
라파스에 대해서 더 알아보고 싶은데 추천할 질문을 알려줘.

[챗GPT 답변 2]
라파스의 역사에 대해 자세히 알려주세요.
라파스에서의 일상 생활은 어떤가요?
라파스의 주요 경제 활동에는 어떤 것들이 있나요?
라파스를 방문하는 관광객에게 추천할 수 있는 관광 명소는 무엇인가요?
라파스의 고산 기후가 건강에 미치는 영향은 무엇인가요?

[사용자 질문 3]
구글어스에서 볼리비아 라파스를 잘 찾을 방법을 알려줘.

[챗GPT 답변 3]
1. 구글 어스 프로그램을 열거나, 웹 브라우저에서 Google Earth 웹사이트에 접속합니다.
2. 화면 왼쪽 상단에 있는 검색창에 라파스, 볼리비아 또는 La Paz, Bolivia라고 입력합니다.
3. 엔터를 누르거나 돋보기 모양의 검색 버튼을 클릭합니다.
4. 구글 어스가 자동으로 지구를 회전시켜 라파스의 위치로 이동할 것입니다.
5. 화면에 표시되는 라파스의 지도를 확대하여 보다 자세한 모습을 볼 수 있습니다.
   라파스의 특정 지역이나 명소를 찾고 싶다면, 그 명소의 이름을 검색창에 입력하면 됩니다. 예를 들어, 티와나쿠 유적지, 문도 발리에 등 특정 명소의 이름으로 검색할 수 있습니다.

챗GPT를 통해 교과서에 나온 정보보다 더 풍성한 내용을 알았습니다. 챗GPT4.0이 사진과 글자를 인식하기 때문에 가능한 일입니다. 더욱 놀라운 것은 낯선 어느 거리만 찍어서 올려도 챗GPT는 이 거리가 어느 나라, 어느 도시의 거리인지 알아맞힐 수 있습니다. 실제로 일본의 도톤보리의 아주 평범한 거리 사진을 올려놓고 이곳이 어디인지 물어보았는데, 도톤보리 거리라고 정확히 맞추었습니다.

 이제 구글어스로 가보겠습니다. 챗GPT가 알려준대로 구글어스 프로그램을 찾아 들어가서 아이와 함께 열심히 탐색해 봅시다. 사회 과목은 직접 보고 듣고 한 경험이 그대로 지식이 되기 쉽습니다. 전 세계를 다 가볼 수 없으니, 이렇게라도 곳곳을 탐색하며 풍부한 정보를 얻기 바랍니다.

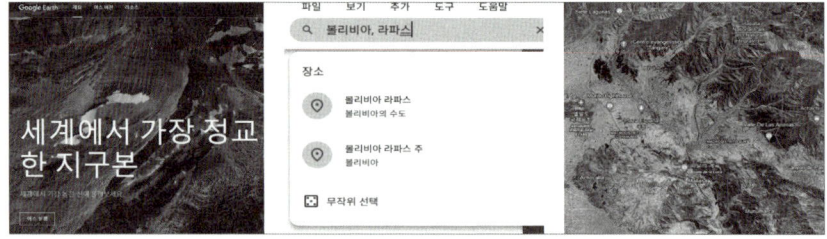

랜선 여행이 가능한 구글어스

# 과학 개념을
# 쉽게 설명해 줄 수 있나요?

 과학 수업에서 학생들이 어려워하는 단골 주제가 바로 전기입니다. 특히 6학년 2학기에 나오는 전자석은 학생들이 정말 어려워합니다. 이런 과학적인 개념들은 글로 된 설명으로는 이해하기 어려울뿐더러 초등학생의 배경지식으로 완전히 이해하기란 너무나 어렵습니다. 그래서 직접 실험하고 관찰하면서 경험을 통해 이해할 때 훨씬 쉽게 받아들입니다. 그런데 안타깝게도 우리는 배우기만 하고, 충분히 익힐 만한 시간도, 여유도 없을 때가 많습니다. 초등 과학 교과의 개념을 충분히 이해하지 못하고 중학교에 올라가면 중학교의 더 깊은 과학적 개념을 이해하기는 점점 더 어려워집니다.
 초등학생일 때 최대한 과학은 재미있으며, 일상에서 쉽게 접하는 학문임을 보여주는 게 좋습니다. 이럴 때 역시 챗GPT를 사용하면 더 쉽고 재미있게 원리를 이해할 수 있습니다. 무엇보다 복잡한 개념을 챗GPT에게 물어볼 때는 요령이 필요합니다. 무조건 '전기에 대해서 알려줘.'라고 하면, 아무 맥락이 없으니 막연하고 일반적인 답변을 하기 쉽습니다. 이럴 때 다음과 같은 기준으로 질문하면 좋은 결과를 얻을 수 있습니다.

1. 실생활에서 경험한 예시를 넣는다.
2. 왜 이런 현상이 일어나는지 물어본다.
3. 같은 원리를 적용한 다른 현상에 대해 물어본다.
4. 챗GPT4.0인 경우 관련된 이미지를 생성해 달라고 한다.

### [사용자 질문 1]
겨울철에 차 문에 손을 댈 때 정전기가 발생해서 불편해. 이런 현상은 왜 일어나는 것인지 초등학교 1학년도 이해하기 쉽게 알려줘. 그리고 같은 원리를 적용한 다른 현상도 알려줘.

### [챗GPT 답변 1]
**정전기가 '찌릿' 하는 이유**
우리 몸이나 차의 좌석 같은 물건들은 서로 닿았다 떨어질 때 전기를 주고받아요. 이렇게 전기가 모여서 손을 차 문에 대면, 그 전기가 모두 차로 옮겨지면서 '찌릿'하고 느껴지는 거예요. 이 전기가 아주 빨리, 한순간에 움직이기 때문에 우리는 그것을 '찌릿'하는 느낌으로 체감해요. (중간 생략) 겨울은 공기가 매우 건조해요. 건조한 공기는 정전기가 생기기 쉬운 환경을 만들어줍니다.

### [사용자 질문 2]
전기와 관련된 좋은 사이트나 앱이 있으면 알려줘.

### [챗GPT 답변 2]
1. **PhET 시뮬레이션:** 콜로라도 대학에서 개발한 PhET Interactive Simulations은 과학과 수학을 위한 무료 온라인 시뮬레이션을 제공합니다.
2. **Tinkercad:** Autodesk에서 만든 Tinkercad는 온라인 3D 설계 및 프린팅 툴입니다. 학생들은 Tinkercad의 회로 디자인 기능을 사용하여 정전기 실험 장치를 디자인하고 가상으로 시뮬레이션해볼 수 있습니다. (이하 생략)

### [사용자 질문 3]
내가 이해하기 쉽도록 이와 관련된 이미지를 생성해 줘.

> **[챗GPT 답변 3]**
>
>
>
> 전자의 이동을 나타내는 교육적 일러스트레이션을 생성했습니다. 이 이미지는 어린이들이 이해하기 쉽도록 사람의 손에서 차 문으로 전자가 흐르는 과정을 보여줍니다. 전자는 작고, 다채로운 점들로 표현되어 손에서 차로 이동하는 모습을 나타내며 (이하 생략).

챗GPT가 알려준 'PhET 시뮬레이션 phet.colorado.edu' 홈페이지에는 물리, 화학, 생물, 지구과학, 수학 영역에 활용할 수 있는 가상 실험들이 가득합니다. 이는 콜로라도 대학교 PhET 대화형 시뮬레이션으로 2002년 노벨상 수상자인 칼 와이먼 Carl Wieman 이 만들었습니다.

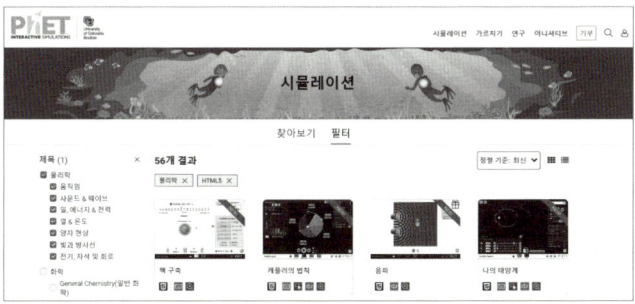

PhET 시뮬레이션 홈페이지

PhET 사이트의 정전기 시뮬레이션. 신발을 마우스로 움직이면 바닥 카펫에서 전자를 흡수하게 되고, 많아진 전자는 문고리를 만나서 '탁!' 스파크를 일으킨다.

이 사이트에서 개발한 정전기 유도 실험은 제목이 아주 재미있는데, 바로 〈정전기: 존 트라볼티지〉입니다. 이곳에 가면 위의 이미지와 같이 다양한 시뮬레이션을 체험해볼 수 있습니다. 이런 재미있고 유익한 사이트는 일반 검색으로 찾기 힘든데, 챗GPT를 이용하면 이처럼 숨어 있는 좋은 사이트를 찾을 수 있습니다. 정전기 발생 원리도 쉽게 공부하고, 관련 사이트도 찾아주니, 원하는 학습 방향이 있다면 얼마든지 그 범위를 넓혀 뻗어나갈 수 있습니다.

# 각 교과의 개념을
# 마인드맵으로 정리할 수 있나요?

고학년으로 갈수록 길어지는 학습 내용을 보면서 짧게 핵심만 짚어주고 싶은 마음이 들 때가 있습니다. 이때 좋은 방법 중 하나가 바로 마인드맵을 사용하는 것입니다. 1970년 영국의 심리학자 토니 부잔 Tony Buzan 이 처음 개발한 마인드맵은 오랜 시간이 지났지만 아직도 많은 사람이 학습에 활용하고 있습니다. 마인드맵은 좌뇌와 우뇌를 동시에 사용하는 학습 기술이어서 정보를 생성, 조합하기도 좋고, 한눈에 깔끔하게 정리되어 나중에 다시 봐도 쉽게 맥락이 파악됩니다. 물론 아이가 직접 마인드맵을 작성하려면 적지 않은 시간과 노력이 필요합니다. 하지만 그 시간 동안 아이의 좌뇌와 우뇌는 고루 발달하고 있으니 아까운 시간은 아닙니다.

## '다이어그램 크리에이터'로 마인드맵 만들기

챗GPT에는 어떤 과목의 내용이든지 넣기만 하면 뚝딱 하고 마인드맵을 만들어주는 신기한 기능이 있습니다. 심지어 내용을 넣지 않아도 어느 정도 내용까지 만들어주는 기능도 있습니다. 이는 챗GPT4.0에서만 가능한 기능인데, 챗GPT3.5에서는 이미지로 표현하지 못하지만, 글로 그 내용을 얻을 수는 있습니다. 그러면 챗GPT4.0에서 초등학교 5학년 태양계의 내용을 바탕으로 마인드맵을 한번 그려보겠습니다.

챗GPT 왼쪽 상단에 보면 [GPT 탐색하기] 버튼이 있습니다. 영어 버전에서는 [Explore GPTs]로 되어 있습니다. 이를 클릭하면 다음과 같은 검은색 창이 나오는데, 여기에 '마인드맵'이라고 입력하면 관련 GPTs가 검색됩니다.

검색창에 'diagram'이라고 입력한 후, '다이어그램 크리에이터 Diagram Creator'를 선택합니다. 마인드맵을 만들어볼 수 있는 GPTs들은 많으니, 원하는 것을 선택해도 좋습니다. 클릭하면 화면이 바뀌면서 마인드맵 주제를 넣을 수 있는 창이 열립니다.

프롬프트 창에 '초등학교 과학 수업에서 배우는 태양계를 구성하는 천체와 각 천체의 특성을 한국어로 마인드맵을 작성해 줘'라고 넣어봅니다.

그러면 태양계를 구성하는 여러 천체와 천체들의 중요한 특징들을 마인드맵으로 만드는 작업을 자동으로 시작합니다. 이때 내용이 겉으로 보이지 않고 작은 아이콘들이 움직이는 것을 볼 수 있습니다. 잠시 후 아래와 같은 화면이 이어집니다. [허용] 때로는 [확인]이라고 나오는 버튼을 눌러줍니다. 이는 관련 사이트에서 작업을 계속하겠다는 의미입니다.

잠시 후 챗GPT 화면에서 마인드맵 초안을 얻을 수 있으며, 이 초안을 토대로 좀 더 수정하고 싶다면, 해당 사이트를 클릭하고 이동한 후 그곳에서 편집하면 됩니다. 단 챗GPT는 이미지에 대한 환각현상이 글자보다 심하니 이렇게 생성된 이미지 결과물을 아이에게 보여주기 전에 교과서나 믿을 만한 자료와 한번 비교해 보는 게 좋습니다.

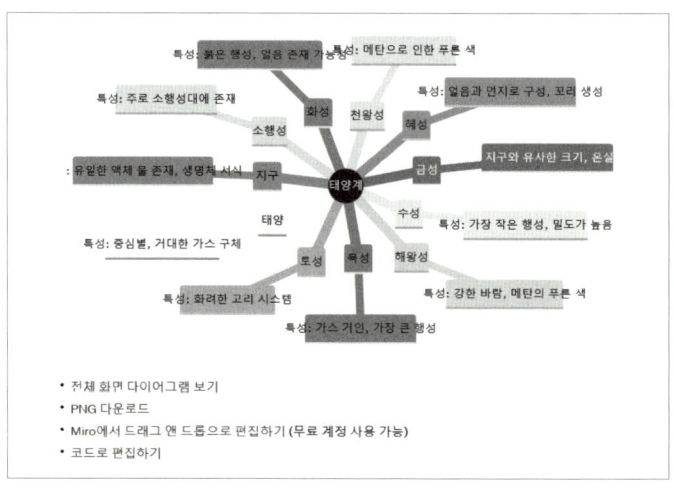

만들어진 마인드맵은 선체화년으로 보거나, 이미지 파일 PNG로 다운빋을 수 있습니다. 마음에 안 든다면 'Miro'라는 사이트로 이동해서 본격적으로 편집할 수도 있습니다.

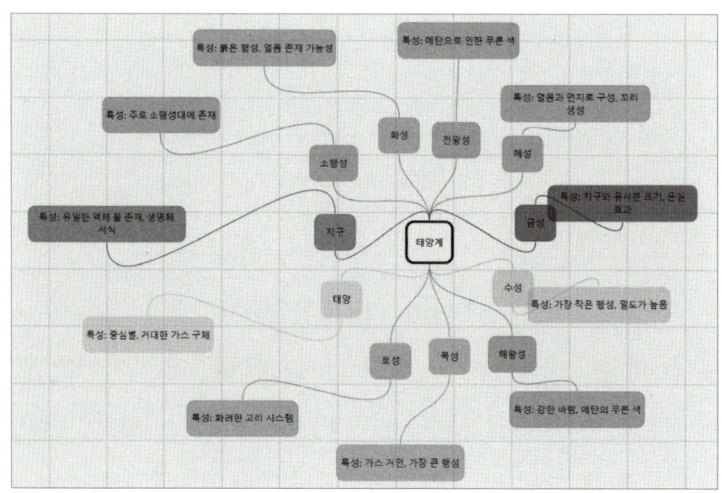

이렇게 태양계를 구성하는 천체와 각 천체의 특성을 한 번에 마인드맵으로 생성해 보았습니다.

아이가 마인드맵을 처음 접하거나 컴퓨터로 마인드맵을 만들기 어려워한다면, 부모가 마인드맵을 만든 후 아이에게 이것을 공책에 베껴 그리게만 해도 좋은 개념 공부가 됩니다. 그렇게 여러 개를 그려볼수록 마인드맵 작성 능력이 점점 좋아질 것입니다. 각 항목에 간단한 이미지들을 그려놓을 수 있다면, 더욱 풍성한 마인드맵이 될 것입니다. 과학이나 사회처럼 여러 키워드가 제공되는 과목에서 마인트맵 기술은 아주 요긴하게 쓰일 수 있으니 꼭 한번 시도해 보기 바랍니다.

# 방학 학습 계획표를 뚝딱 만들 수 있나요?

방학만 되면 아이들의 일과가 많이 흐트러지기 마련입니다. 그래서 방학이 시작되는 동시에 아이들과 학습 계획표 및 생활 계획표를 만들기 위해 노력합니다. 처음에 아이들은 의욕이 앞서 지키지도 못할 계획을 거창하게 적어 둡니다. 그리고 한두 번 지키지 못하게 되면 열심히 만든 계획표는 무용지물이 되기 마련입니다. 차라리 쉽고 간편하게 계획표를 만들고, 실제로 지켜 보며 상황에 맞게 수정하는 방법이 더 효율적이지 않을까 생각했습니다. 이렇게 계획을 수정하고 다시 지켜나가다 보면 아이들에게 계획을 짜는 것보다 지키는 것이 더 중요하다는 사실을 알려줄 수 있답니다.

## '스케줄 관리 기능'으로 계획표 짜기

챗GPT에는 아무리 복잡한 시간표라도 순서대로 할 일들을 나열해주고, 원하면 표로도 만들어주는 아주 편리한 기능이 있습니다. 또는 그냥 아침 9시부터 밤 9시까지 초등학생 방학 생활 루틴(일일 계획표)을 알아서 짜 달라고 하면, 가장 무난한 스케줄을 짜주기도 합니다. 챗GPT는 많은 데이터를 가지고 있기 때문입니다.

그런데 사실 아이의 생활이 매일 똑같을 수는 없습니다. 화, 목요일은 피아노 학원에 가고, 수요일은 영어 학원에, 또 토요일은 도서관 문화센터에 가야 합니다. 이번 주에 끝내야 할 숙제도 계획표에 넣어야 합니다. 그래서 아래의 예시로 스케줄을 대략 작성한 후, 이것을 토대로 방학 생활 계획표를 만들어 달라고 요청해 보았습니다. 특히 수학 복습이 필요한 아이로 설정하여 방학동안 꾸준히 수학 문제집을 풀어보는 것을 계획해 보았습니다.

> **[사용자 질문 1]**
> 다음 여름방학 스케줄을 참고하여 첫주 생활계획표를 만들어 줘.
> - 2024년 여름방학 주간 스케줄 (7월 29일 ~ 8월 2일)
> - 일상 스케줄
>   • 기상 시간: 07:30
>   • 취침 시간: 09:30 (취침 시간 포함 총 수면 시간: 10시간)
>   • 식사 및 대화: 아침, 점심, 저녁 식사 후 가족 간 30분 대화
> - 주간 활동
>   • 자유 시간 & 독서 시간 & 음악줄넘기 시간: 매일 배정
>   • 피아노 학원: 화요일, 목요일 (14:00~15:00)
>   • 영어 회화 학원: 수요일 (16:00~17:00)
>   • 문화센터 활동: 토요일 (도서관에서 10:00~12:00)
> - 학습 계획
>   • 수학 문제집: 100페이지, 방학 4주간 매주 월요일부터 금요일까지 공부

## [챗GPT 답변 1]

**2024년 7월 29일(월) ~ 8월 2일(금)**

| 시간 | 월요일 | 화요일 | 수요일 | 목요일 | 금요일 |
|---|---|---|---|---|---|
| 07:30 - 08:00 | 기상 및 아침식사 | 기상 및 아침식사 | 기상 및 아침식사 | 기상 및 아침식사 | 기상 및 아침식사 |
| 08:00 - 08:30 | 가족 대화 | 가족 대화 | 가족 대화 | 가족 대화 | 가족 대화 |
| 08:30 - 10:00 | 자유시간 | 자유시간 | 자유시간 | 자유시간 | 자유시간 |
| 10:00 - 11:00 | 독서 | 독서 | 독서 | 독서 | 독서 |
| 11:00 - 12:00 | 음악줄넘기 | 음악줄넘기 | 음악줄넘기 | 음악줄넘기 | 음악줄넘기 |
| 12:00 - 13:00 | 점심식사 | 점심식사 | 점심식사 | 점심식사 | 점심식사 |
| 13:00 - 14:00 | 자유시간 | 피아노학원 전 준비 | 자유시간 | 피아노학원 전 준비 | 자유시간 |
| 14:00 - 15:00 | 수학분세집 풀이 | 피아노학원 | 수학문제집 풀이 | 피아노학원 | 수학문제집 풀이 |

**수학문제집 계획**

:100페이지 수학 문제집을 방학 4주 동안, 월요일부터 금요일까지 풀 예정입니다. 하루에 약 5페이지씩 풀면, 4주 동안 정확히 100페이지를 완성할 수 있습니다.

## [사용자 질문 2]

이번에는 원그래프로 그려 줘.
시간의 흐름은 시계 방향이고
24시간 표현 형식으로 만들어 줘.
활동 내용이 각 조각 안에
잘 정렬되고 겹치지 않게 해 줘.

## [챗GPT 답변 2]

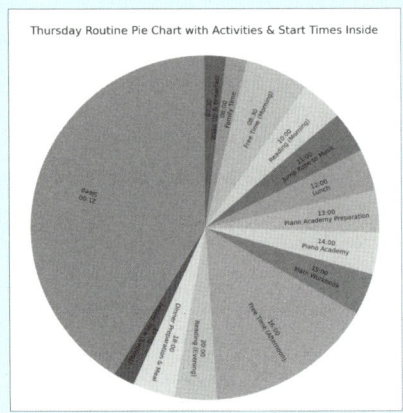

[사용자 질문 1]을 보면 일목요연하게 적혀 있지만, 사실 처음 프롬프팅한 것은 아래와 같습니다.

> 아이의 여름방학 주간 스케줄 표를 짜고 싶어. 07:30 기상하고 09:30 취침. 아침, 점심, 저녁 식사와 가족 간에 30분 대화는 물론, 자유 시간과 독서 시간, 음악 줄넘기 시간을 꼭 넣어 줘. 화, 목은 피아노 학원(14:00~15:00)을 가고, 수요일은 영어 학원(16:00~17:00)을, 또 토요일은 도서관에서 하는 문화센터(10:00~12:00)를 가야 해. 그리고 100페이지짜리 수학 문제집을 풀어야 해. 수학 문제집은 방학 기간인 4주 동안 풀려고 해. 요일은 월~금까지만 풀고 싶어. 일단 2024년 7월 29일~8월 2일까지만 짜 줘. 취침 시간은 10시간으로 해 줘.

이처럼 생각나는 대로 주저리주저리 넣어보았습니다. 하지만 챗GPT는 개떡같이 말해도 정말 찰떡같이 알아듣습니다. 만약 이상하게 나왔다면 프롬프트를 수정해 다시 하면 됩니다.

그리고 정말 기특한 것은 이동 시간이나 준비 시간을 현실적으로 잘 반영해서 만들어 줍니다. [챗GPT 답변 1]의 박스 부분을 보면 피아노 학원 가기 전에 준비 시간이 반영되어 있습니다. 인공지능도 사람이 밖으로 나가려면 준비 시간과 이동 시간이 필요하다는 것을 잘 알고 있었습니다. 하지만 똑똑하게도 수학 문제집 풀이에는 별도의 준비 시간을 넣지 않았습니다.

또 수학 문제집 100쪽을 풀 수 있도록 계획도 짜주었습니다. 매일 5쪽씩 풀면 4주 동안에 문제집 한 권을 끝낼 수 있다는 산술적인 전략을 내놓습니다. 막연하게 열심히 하라는 말보다는 이런 구체적인 전략이 아이들에게는 훨씬 도움이 됩니다.

마지막으로 이 스케줄을 원그래프로 표현해 달라고 요청하니, [챗GPT 답변 2]와 같이 결과를 나타냅니다. 한국어로 만들어 달라고 하면, 아직 한글이 지원되지 않아서 글씨가 깨집니다. 그래서 일부러 영어로 번역해 달라고 했습니다. 한글로 된 원그래프를 원한다면, 출력한 후에 영어 밑에 한글을 써 넣는 방법을 추천합니다. 아니면 이것을 초안으로 생각하고 아이에게 참고 자료로 주는 것도 좋습니다.

부모 세대와 지금 아이들 세대의 가장 큰 차이 중 하나는 앞으로 아이들이 어떤 작업을 할 때, 처음 백지부터 시작하는 것이 아니라 인공지능이 만든 초안을 보고 '휴먼점정'을 한다는 것입니다. '휴먼점정'은 사자성어 '화룡점정畵龍點睛'에서 따온 말인데, 인공지능과 인간휴먼의 협업을 뜻하는 제가 만든 신조어랍니다.

# 교과서에 나오는 단어로 맞춤법 문제를 만들 수 있나요?

초등학교에서는 읽기 Reading, 쓰기 Writing, 셈하기 Arithmetic를 학습의 가장 중요한 기초로 보고 '3Rs'라고 부릅니다. 무엇보다 아이가 1, 2학년이 되면 부모들은 아이가 한글은 잘 쓰고 읽는지, 맞춤법을 잘 알고 사용하는지 많이 걱정합니다. 혹시라도 맞춤법이 부족할 때는 집에서라도 열심히 학습하는 게 좋습니다. 지금부터는 국어 맞춤법 교재 만드는 법을 소개하겠습니다. 챗GPT가 이를 정말 쉽고 간단하게 도와주는데, 2학년 국어 교과서를 기준으로 맞춤법 교재를 만들어 보겠습니다.

단 똑똑한 챗GPT라도 우리나라 2학년 교과서에 어떤 단어가 들어가는지는 정확히 알지 못합니다. 그래서 별도로 입력해 주어야 하는데, 직접 단어를 선별해 입력해 주거나 챗GPT4.0 버전이라면, 사진만 넣어도 알아서 단어를 뽑아줍니다.

다음과 같이 책을 보고 수동으로 5문장을 뽑아보았습니다. 2학년 1학기-(가) 교과서에서 눈이 가는 대로 5개의 어구나 문장, 낱말을 선정하고 타이핑해 보았습니다.

> 1. 신발 끈도 못 묶고
> 2. 생각에 잠겼습니다.
> 3. 김치찌개
> 4. 설거지
> 5. 싫증

이 중에 3번 '김치찌개'를 가지고 맞춤법 향상을 위한 교재를 만들어 보겠습니다. 교재에는 이미지와 짧은 글 그리고 맞춤법 오류를 찾는 세 개의 문제와 답을 넣어 보았습니다.

### [사용자 질문 1]
김치찌개 단어를 중심으로 맞춤법을 공부할 수 있게 교재를 만들어 줘. 대상은 초등학교 2학년이야. 3줄 문장의 짧은 글과 맞춤법 3문제 그리고 이미지를 생성해 줘.

### [챗GPT 답변 1]
▶ **짧은 글:** 어느 추운 겨울날, 우리 가족은 따뜻한 김치찌개로 저녁을 먹었어요. 엄마는 신선한 재료로 김치찌개를 정성껏 만들어 주셨어요. 김치찌개 냄새가 집안 가득 퍼지며, 우리는 모두 행복해졌어요.

**1. 맞춤법 문제**
▶ 다음 중 맞춤법이 틀린 문장을 고르세요.
  A. 김치찌개는 우리 가족의 겨울철 별미예요.
  B. 김치찌게를 끓일 때는 김치가 잘 익었는지 확인해야 해요.
  C. 저는 김치찌개에 햄 대신 돼지고기를 넣어요.

▶ 답안 B. 김치찌게를 끓일 때는 김치가 잘 익었는지 확인해야 해요. (올바른 표현: 김치찌개)

[사용자 질문 2]
김치찌개 재료를 주제로 한 초등학교 2학년 단어 학습 자료를 만들고 이를 퀴즈 식으로 내 줘.

[챗GPT 답변 2]

| 번호 | 재료명 | 설명 |
|---|---|---|
| 1 | 김치 | 김치찌개의 주 재료, 신김치가 가장 좋아요. |
| 2 | 돼지고기 | 찌개에 풍미를 더하는 중요한 재료입니다. |
| 3 | 두부 | 부드러운 식감을 더해주는 재료. |
| 4 | 대파 | 찌개의 맛을 살려주는 향신료 역할을 해요. |
| 5 | 고춧가루 | 찌개를 매콤하게 만들어주는 중요한 재료. |
| 6 | 마늘 | 음식의 향과 맛을 강화시켜줍니다. |
| 7 | 양파 | 단맛을 더해 찌개 맛을 완성시켜요. |
| 8 | 버섯 | 찌개에 감칠맛과 식감을 더합니다. |
| 9 | 물 | 찌개의 기본이 되는 중요한 재료입니다. |
| 10 | 소금 | 맛을 조절하는 데 사용되는 조미료. |

단어 학습 활동
- **재료 매칭 게임:** 위의 재료 목록에서 재료와 그 설명을 잘라서 따로 분리합니다. 학생들에게 재료 이름과 설명을 올바르게 매칭시키는 게임을 해보세요.
- **재료 퍼즐 만들기:** 각 재료의 사진을 프린트해서 퍼즐 조각으로 만들고, 학생들이 이를 올바르게 맞추며 재료를 배워볼 수 있습니다.
- **재료로 문장 만들기:** 각 재료를 사용해 단순한 문장을 만들어 보세요. 예를 들어, "김치는 매워요", "돼지고기는 쫄깃해요" 등과 같이 말이죠.

이런 식으로 단어를 선별해 여러 맞춤법 문제를 뽑아볼 수 있습니다. 교과서의 맞춤법을 익히는 데 활용해도 좋고, 아이가 재미있게 읽은 책에서 단어를 뽑아 맞춤법 문제를 만들어도 효과적인 어휘력 공부가 될 것입니다.

**조이스박**

AI의 등장은 무엇보다 영어 학습 환경에 획기적인 변화를 가져왔습니다. 지금부터 알려드리는 영어 학습법을 따라만 해도 어학원 부럽지 않은 홈스쿨링 영어가 가능합니다!

4장

# AI는 가장 훌륭한 영어 학습 마스터

단어 암기부터 실시간 원어민 회화까지
AI와 함께라면 영어가 쉬워질까?

# 챗GPT는 최고의
# 영어 학습 도우미인가요?

챗GPT는 랭귀지 빅데이터를 선학습으로 알고 있는 인공지능입니다. 특히 엄청난 양의 영어 데이터가 선학습되어 있으니 영어 공부에 활용할 빅데이터도 엄청나게 많습니다. 문제는 이제 이 데이터들을 어떻게 영어 학습에 활용하느냐는 것입니다.

영어 학습에는 여러 기능, 다양한 영역이 있습니다. 크게 '리스닝, 리딩, 스피킹, 라이팅'의 영역인데 이 네 가지 기능을 가장 중요하게 여기며 'four skills 포 스킬'이라고 부릅니다. "언어 학습 테크놀로지가 아무리 발달해도 결국 언어 학습은 포 스킬"이라는 말이 있을 정도입니다. 과학 기술은 결국 인간을 거들 뿐입니다. 보통 이 '포 스킬'에 어휘와 문법 정도를 더해서 여섯 가지 영역으로 나누어 영어 학습을 얘기합니다.

사람과 의사소통하기 위해서 배우는 외국어 학습의 가장 효과적인 방법은 사람 간 의사소통을 통해 배우는 일입니다. 아이들이라면 더욱 의사소통을 통한 외국어 학습이 효과적입니다. 하지만 아무래도 영어를 자유자재로 구사하는 대화 상대를 찾기도, 영어를 사용할 만한 환경을 만들기도 쉽지는 않습니다. 그래서 대안으로 학원이나 전화 영어, 동영상 시청 등을 많이 택합니다. 하지만 적지 않은 비용이 드는 학원이나, 한정된 시간 안에 짧게 공부하는 전화 혹은 화상 회화 수업, 수동적으로 받아들이기만 하는 동영상 강의보다 더 효과적인 영어 학습 도우미가 있습니다. 바로 챗GPT를 활용하는 방법입니다.

어린아이일수록 언어 발달에 있어 인간과의 의사소통이 매우 중요합니다. 그래서 동영상이든 인공지능이든 아이 혼자 접하게 하는 것은 좋지 않습니다. 영어 동영상 시청과 관련해서는 어린이 언어 발달과 관련한 주요 연구들이 많이 있는데, 그 연구들의 결과를 요약하면 '초등학교까지 어린이들은 동영상을 혼자 보며 학습하게 놔 두지 말아라'입니다. '동영상을 보지 말라'가 아니라 보되 반드시 어른이 함께하며 사람과의 상호작용을 해야 한다는 것입니다.

예를 들어 아이가 '너서리 라임' 하나를 유튜브 동영상으로 보고 있다고 한다면 'Jack and Jill went up the hill to fetch a pail of water~' 하고 노래가 나왔을 때, 가사에서 주요 단어 몇 개가 들릴 때마다 부모는 몸으로 표현해 주면서 같이 시청하는 게 좋습니다. 즉 'fetch'가 지나가면 손을 내밀어 붙잡는 행동, 'water'가 나오면 물을 마시는 행동 등을 같이 해주는 식입니다. 그리고 함께 감탄하고 즐거워하며 아이가 하는 영어 발음을 잘 들어주고 상호작용해야 합니다. 이러한 원칙은 인공지능을 활용할 때도 적용됩니다. 일단 인공지능을 아이의 연령에 맞게 설정하는 방법부터 반드시 어른이 해야 합니다. 인공지능 역시 실제 인간과의 상호작용에 비하면 부족하지만, 그래도 일방적으로 보여주기만 하는 동영상보다는 상호작용에 있어서 훨씬 나은 학습 상대가 될 수 있습니다. 챗GPT3.5에게 '현우'라는 11세 소년이 되어서 말을 걸어 보면 아래와 같습니다. 챗GPT 음성 기능(7p 참고)을 활용하면 원어민과 이야기하듯 대화할 수 있습니다. 먼저 부모가 다음처럼 대화를 세팅한 후에 아이가 직접 말해 보게 합니다.

**[사용자 질문 1]**

Hi, I'm Hyunwoo. I'm Korean and 11 years old. I want to talk with you.
(안녕, 나는 현우야. 난 한국인이고 11살이야. 너와 얘기하고 싶어.)

**[챗GPT 답변 1]**

Hello Hyunwoo! It's nice to meet you. Feel free to ask me any questions or share anything you'd like to talk about in English. I'm here to help with English-related questions or anything else you'd like to discuss. How can I assist you today?
(안녕, 현우! 만나서 반가워. 영어로 무슨 질문이든지 하거나 말하고 싶은 건 뭐든지 나누어도 돼. 나는 영어와 관련된 질문과 뭐든 네가 말하고 싶은 걸 도우려고 여기 있어. 오늘은 어떻게 도와줄까?)

**[사용자 질문 2]**

Could you speak in easy English?
(쉬운 영어로 말해 줄래?)

**[챗GPT 답변 2]**

Of course, Hyunwoo! I can speak in easy English. Please feel free to ask your questions or share what's on your mind, and I'll do my best to help you understand and communicate in English.
(물론이지, 현우야. 나는 쉬운 영어로 말할 수 있어. 뭐든 질문하거나 떠오르는 생각을 나누어도 돼. 그러면 네가 영어로 이해하고 의사소통하도록 내가 최선을 다할게.)

[사용자 질문3]
I love robots. what about you?
(나는 로봇을 좋아해. 너는 어때?)

[챗GPT 답변3]
That's great to hear that you love robots, Hyunwoo! I'm just a computer program, so I don't have feelings or preferences like humans do, but I can certainly talk about robots and answer any questions you might have about them. Is there something specific you'd like to know or discuss about robots?
(현우가 로봇을 좋아한다는 말을 들으니 정말 좋네! 나는 컴퓨터 프로그램이기 때문에 인간처럼 감정이나 좋아하는 것은 없지만 로봇이 무엇인지 이야기하고, 로봇에 대한 질문에 답할 수 있어. 로봇에 관해 구체적으로 알고 싶거나 논의하고 싶은 것이 있니?)

답변을 보면 말을 거는 사용자의 영어는 아주 쉽지만, 챗GPT 응답에 보이는 영어는 수준이 높다는 것을 알 수 있습니다. 쉬운 영어로 해달라고 해도 한 번 정도는 쉽게 응답해 주지만, 이야기를 나누다 보면 다시 영어가 어려워지는 현상을 보입니다. 이런 현상 때문에 별도의 조정을 거치지 않고 어린이와 영어 초급자가 챗GPT와 영어를 주고받는 일은 쉽지 않습니다. 그래서 사용자의 필요에 맞는 상세한 조정이 필요하고, 시행착오를 거쳐 프롬프트를 계속 다듬어야 합니다. 상세하게 조정하는 법은 이 책에서 계속 알려드립니다. 그렇게 프롬프트를 다듬으면 아래와 같은 대화가 가능합니다.

[사용자 질문 1]
Let's talk about Barbie doll.
(바비 인형에 대해 이야기하자.)

## [챗GPT 답변 1]

Sure, Yuri! Let's talk about Barbie dolls. Barbie dolls are very popular toys. Do you have a favorite Barbie doll or a special one that you like? Tell me more about it!
(좋아, 유리야. 바비 인형 얘기를 하자. 바비 인형은 아주 인기 있는 장난감이야. 제일 좋아하는 바비 인형이나 특별히 좋아하는 게 있어? 그 얘기를 더 해 줘!)

## [사용자 질문 2]

I have 3 Barbies. One in party dress, another in doctor's gown, and the third in tennis clothes. Oh, I have a Ken, too.
(난 바비 인형이 3개 있어. 하나는 파티 옷을 입고 있고, 하나는 의사 가운을 입고 있고, 또 하나는 테니스복 차림이야. 아, 켄 인형도 하나 있어.)

## [챗GPT 답변 2]

Wow, that's awesome, Yuri! You have quite a collection of Barbie dolls. It's cool that you have one dressed for different occasions like a party, a doctor, and even for tennis. And Ken is a great addition too! Do you like to make up stories or play games with your Barbie dolls and Ken?
(와, 멋지다, 유리야! 바비 인형이 꽤 많네. 파티, 의사, 테니스 같이 여러 행사 별로 옷을 입은 인형이 있다니 좋겠어. 그리고 켄도 있으면 좋지. 너는 바비 인형과 켄 인형을 가지고 이야기를 지어내거나 게임을 하는 걸 좋아해?)

## [사용자 질문 3]

Sure, Ken is tennis Barbie's partner. Please make a drama script of a conversation between the two.
(응, 켄은 테니스 바비 인형의 파트너야. 이 둘이 나누는 대화로 이루어진 드라마 대본을 만들어 줘.)

## [챗GPT 답변 3]

Of course, Yuri! Here's a short conversation script between Tennis Barbie and Ken:
(물론이지, 유리야. 여기 테니스 바비와 캔이 나누는 대화 대본이야.)

**Tennis Barbie:** (Holding a tennis racket) Hi Ken, are you ready for our tennis match today?
**Ken:** (Holding a tennis ball) Hi Tennis Barbie! Absolutely, I've been practicing my serves. Let's have a great game!
**Tennis Barbie:** Great! We'll have so much fun. (She serves the ball) Ready, set, go!

> (They start playing tennis and continue with the game, chatting and laughing as they play.)
> **Ken:** You have an amazing backhand, Tennis Barbie!
> **Tennis Barbie:** Thanks, Ken! You're pretty good too. (They continue playing.)

처음 프롬프트를 넣을 때 아이의 연령을 지정해도 영어가 쉬워지기는 하지만, 이는 모국어 기준 연령입니다. 그래서 리딩 지수나 언어 레벨을 넣어서 지정하는 것이 좋습니다(예 Guided Reading Level E). 이처럼 프롬프트를 잘 주면 챗GPT가 일정한 레벨을 계속 유지하면서 쉬운 영어로 계속 응답하게 할 수 있습니다. 이 방법은 대화 연습뿐만 아니라 여러 영역에서 챗GPT가 영어 학습 도우미로서 역할을 하게 해줍니다.

# 때로는 챗GPT가
# 사전보다 나은가요?

챗GPT를 영어 학습에 활용하는 가장 일반적인 방법은 영어 단어의 뜻을 물어보는 것입니다. 먼저 우리가 가장 많이 활용하는 인터넷 사전에서 영어 단어를 찾아보겠습니다.

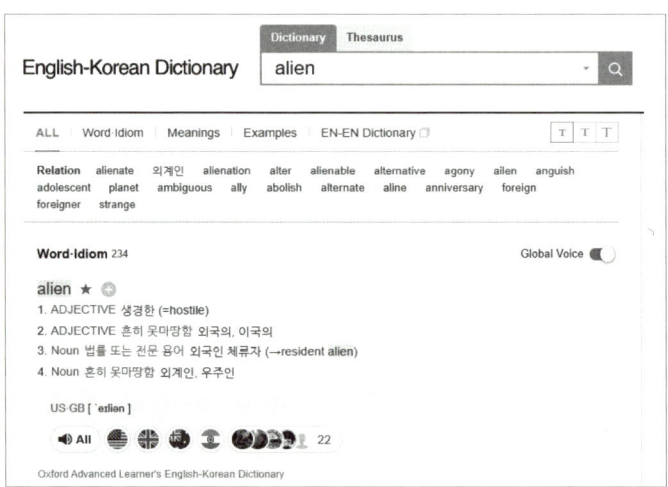

네이버 영어 사전에 'ailen'이라는 단어를 찾아보면 이와 같이 나옵니다. 단어의 뜻이 네 가지가 나오고, 번호 옆에 품사, 그 옆에 한국말 뜻 그리고 아래에 발음을 들을 수 있는 스피커 아이콘이 보입니다. 그리고 위를 보면 'relation'으로 파생어와 유의어가 아무런 설명도 없이 나열됩니다. 발음기호를 보면 강세와 음절 정보도 알 수 있습니다.

그러면 챗GPT는 인터넷 사전과 어떻게 다른지 알아보겠습니다. 일단 단어에 대해 대화를 하듯이 챗GPT에게 물어볼 수 있습니다. 아래와 같이 여러 가지 방식으로 물어보면 됩니다.

- alien은 한국말로 뭐라고 해?
- alien은 뜻이 뭐야?
- alien은 정의가 뭐야?
- What is the Korean definition of 'alien'?

**[사용자 질문 1]**

alien은 무슨 뜻이야?

**[챗GPT 답변 1]**

"Alien"이라는 단어는 여러 가지 뜻을 가지고 있습니다. 가장 흔히 사용되는 뜻은 다음과 같습니다:

- **외계인**: 다른 행성이나 우주에서 온 생명체를 의미합니다. 과학 소설이나 영화에서 흔히 등장하는 개념입니다.
- **외국인/이민자**: 자신이 태어나거나 국적을 가진 나라가 아닌 다른 나라에서 온 사람을 지칭합니다. 법률적 문맥에서 자주 사용되며, 특히 이민법에서 중요한 용어입니다.
- **이질적인, 낯선**: 어떤 환경, 문화, 아이디어 등에 대해 매우 다르거나 낯설게 느껴지는 것을 묘사할 때 사용됩니다.

문맥에 따라 "alien"의 정확한 의미가 달라질 수 있으므로, 사용되는 상황을 잘 파악하는 것이 중요합니다.

하지만 이런 식으로 품사, 예문 등을 한 번에 하나씩 물어보면 적은 정보를 얻어내기 위해 너무 많은 품이 들어갑니다. 이럴 때 표를 잘 그리는 챗GPT에게 영어 단어장을 만들어 달라고 하면 아주 편리합니다.

영어 단어장을 만들기 위해서는 'English-Korean bilingual word list 영한 이중언어 워드 리스트'라고 넣고 표 양식으로 만들라고 요청합니다. '표 양식으로'는 'in a table form' 혹은 'in a tabular format'이라고 쓰면 됩니다. 여기에 품사와 영어 예문까지는 넣어야 우리가 흔히 쓰는 영어 단어장의 구색이 갖춰집니다. 정확하게 표 속의 열 column과 행 line에 어떤 정보를 넣어 달라고 지정할 수도 있습니다. 영어 단어장을 만들어 달라는 프롬프트는 다음과 같습니다.

### 영어 단어장 생성 프롬프트

> Make an English-Korean bilingual word list in a tabular format with the given words: Put English entries in the first column, its Korean definitions in the second, its part of speech in the third, and one English example sentence in the fourth. Exclude the English pronunciations of the Korean definitions.
>
> The words: _____

※ 마지막 문장을 안 쓰면 때로 한국어 뜻의 영어 음가를 적어 주는 일이 있으니 꼭 넣습니다.

유의어 synonyms나 파생어 word families / derivatives를 추가 열로 지정해서 포함시켜도 좋습니다. hero, adventure, journey, quest, wizard를 넣어서 이 프롬프트를 돌려 보면 다음과 같습니다.

[사용자 질문 1]
Make an English-Korean bilingual word list in a tabular format with the given words. Include part of speech and an English example sentence. Exclude the English pronunciation of the Korean definitions.
The words: hero, adventure, journey, quest, wizard

[챗GPT 답변 1]
Sure, here's a bilingual word list in tabular format with the requested information:

| English Word | Korean Translation | Part of Speech | English Example Sentence |
|---|---|---|---|
| hero | 영웅 | Noun | The hero saved the day. |
| adventure | 모험 | Noun | They went on an exciting adventure. |
| journey | 여행 | Noun | Their journey took them to distant lands. |
| quest | 탐험 | Noun | They embarked on a quest to find the treasure. |
| wizard | 마법사 | Noun | The wizard cast a spell on the dragon. |

I hope you find this table helpful! If you have any more questions or need further assistance with English-related topics, feel free to ask.

생성 결과에 정확하게 원하는 것만 나오게 하고 싶다면 프롬프트를 세세하게 지정해야 해서 길어질 수 있습니다. 그럴 때는 위의 [사용자 질문 1]의 프롬프트를 그대로 복사해서 붙여넣기 하면 편리합니다. 챗GPT4.0을 사용한다면, GPTs를 공유하거나 자기만의 챗봇을 만들어 사용할 수도 있습니다.

# AI와 함께라면 효과적으로 영어 단어를 외울 수 있나요?

보통 영어 단어를 학습할 때 뜻 정도만 외우고서 그 단어를 알았다고 생각한다면, 영어 학습의 첫 단추를 잘못 끼우는 것입니다. 아는 단어의 수만 늘리고, 단어에 포함된 여러 다른 정보는 모르는 상태로 계속 단어 공부를 하면, 영어 실력이 잘 늘지 않습니다.

이런 일을 막기 위해서 최소한 영어 단어에는 뜻이 하나가 아니라 여러 개가 있을 수 있고, 품사가 무엇인지 그리고 어떤 예문에서 쓰이는지 정도를 처음부터 알고 넘어가는 게 좋습니다. 꾸준히 많은 리딩을 통해 해당 단어와 계속 만나며, 순차적으로 단어에 대해 아이가 무엇을 알고 모르는지 정리하는 시간이 필요합니다.

보통 리딩을 할 때 앞으로 읽을 본문에 나올 단어 중 주요 단어를 미리 공부하고, 이후에 모아서 확인하는 방식으로 학습합니다. 이때 챗GPT에게 영어 지문을 주고, 거기서 키워드를 뽑아 달라고 요청하면 아주 잘 뽑아줍니다. 이때 학년, 나이, 리딩 지수, 레벨 등의 키워드를 뽑는 기준을 제시해도 좋습니다. 단 학년이나 연령은 원어민 기준이라서 한국인 아이 기준과 맞지 않을 수 있습니다. 가장 좋은 방법은 '리딩 지수'를 알려주며 그 레벨에 맞는 단어를 뽑게 하는 것입니다. 'Guilded Reading Level'은 A부터 Z까지 단계가 있는데 F, G 정도가 문자 습득 단계를 막 벗어난 미국 초등 2~3학년 단계입니다.

리딩 지문은 온라인 텍스트가 있다면 복사해서 챗GPT에 붙여도 되고, 챗GPT4.0이라면 본문을 사진으로 찍어 이미지만 넣어도 지문을 추출해 줍니다. 단순히 이미지 속 지문에서 키워드만 5개 혹은 10개 이런 식으로 뽑아 달라고 해도 됩니다.

다음 지문은 사이트에서 무료로 제공되는 미국 초등생 학습용 지문입니다. www.superteacherworksheets.com/2nd-reading-comp-short.html.

## 리딩 지문 샘플

> Sam lived on a farm and had a job to do. He had to wake up early every day to feed the chickens and get their eggs. One morning Sam went outside to do his job. He reached down and got three eggs from the first chicken. He reached down and got two eggs from the second chicken. He reached down and felt a huge egg under the third chicken. He could not believe it. The egg felt strange. It was much bigger and heavier than the others. He looked at it with surprise. Sam smiled and said, "So that's where my baseball went!"

이 지문을 챗GPT4.0에 넣고 키워드 5개를 뽑아서, 그 단어를 이미지로 그려 달라고 해보았습니다(챗GPT4.0 모드에서만 이미지 생성이 가능합니다).

[사용자 질문 1]

Select 5 key words from the text:

Sam lived on a farm and had a job to do. He had to wake up early every day to feed (중간 생략) Sam smiled and said, "So that's where my baseball went! (이하 생략)

이렇게 지문을 넣으면 먼저 5개의 키워드를 뽑아줍니다.

[챗GPT 답변 1]

The five key words from the text could be:

1. Farm   2. Chickens   3. Eggs   4. Huge egg   5. Baseball

이 키워드에 대해 하나씩 이미지를 생성해 달라고 합니다. 이미지 생성 명령은 동사 용언를 쓰지 않고 'an image/ picture/ painting'처럼 명사로 시작하는 것이 좋습니다.

[사용자 질문 2]

An image for each key word.

[챗GPT 답변 2]

I've created images for each of the key words from the text:

1. **Farm** – A picturesque farm scene with a red barn, green fields, and animals grazing in the foreground.
2. **Chickens** – A group of chickens in a farmyard, pecking at the ground and interacting with each other.
3. **Eggs** – A collection of freshly laid chicken eggs in a nest, showcasing their natural colors and sizes.

**4. Huge egg –** A single large, unusual egg, significantly bigger than typical chicken eggs, placed next to regular eggs for comparison.

**5. Baseball –** A baseball resting on the ground, highlighting its distinctive red stitching and white leather.

You can view and download the images by clicking on them above.

Farm

Chickens

Eggs

Huge Egg

Baseball

이렇게 생성된 이미지를 출력해서 플래시 카드로 이용하거나, 위의 설명을 한국어로 번역해 달라고 한 후 아이에게 읽어 보라고 해도 좋습니다. 이렇게 단어로 그림을 뽑는 과정을 아이와 함께한 후 단어의 뜻을 알아가며 읽고 써 보게 합니다. 그러면 아이가 따로 단어를 반복해 외울 필요 없이 단어의 뜻과 발음을 어렵지 않게 익힐 수 있습니다. 이런 방법으로 몇몇 지문을 학습한 다음, 아이가 여러 단어를 익힌 후에 이 단어들을 모두 모아서 종류별로 표에 넣어 봅니다. 이때 반드시 예를 들어서 표를 채워 줍니다.

| 물건 혹은 동물을 가리키는 말 | 사람이나 사물을 꾸며 주거나 묘사하는 말 | 움직임이나 상태를 나타내는 말 |
|---|---|---|
| farm | huge | lived |
| eggs | stgrange | wake up |
|  |  |  |
|  |  |  |
|  |  |  |

중학교 입학 전에 문법을 한번 배워둘 필요는 있지만, 아직 메타인지가 발달하지 않은 그 이전 시기에는 명사, 형용사, 동사와 같은 이름을 꼭 알아야 할 필요는 없습니다. 그러나 아이들이 이렇게 품사 개념을 구별하게 해주는 일은 중요합니다. 이렇게 표를 다 채우고 난 후에 "물건 혹은 동물을 가리키는 말인데 'farm'이나 'eggs'가 여기 속해. 이런 단어들을 명사라고 해."라는 식으로 알려주면, 아이들은 더욱 쉽게 단어의 쓰임을 이해합니다.

이렇게 하면 아이가 최소한 뜻과 품사를 익히고, 그것도 지문이라는 맥락 안에서 익힐 수 있습니다. 아이가 점점 아는 단어가 늘어나면 "이 중에서 교통수단을 가리키는 밀을 표에 넣어 보자.", "다음 중 비슷한 말을 찾아서 혹은 반대말을 찾아서 표에 넣어 보자." 하는 식으로 아이의 어휘의 깊이를 키워 주는 단계를 밟아갑니다.

# 영어 단어를 외울 때
# 가장 중요한 것은 무엇일까요?

정보는 장기 기억으로 들어가야 학습되는데, 머릿속에 들어간다고 모두 장기 기억으로 들어가는 것은 아닙니다. 처음에는 작동 기억 working memory으로 들어가고, 이 중 일부만 장기 기억 안으로 들어갑니다. 단어 학습은 결국 장기 기억 안으로 단어를 집어넣는 작업입니다. 영어 단어를 외우는 가장 좋은 방법은 단순히 외울 때까지 반복하는 것이 아닙니다. 그런 수고를 하지 않아도 저절로 단어가 뇌의 장기 기억 속에 저장되는 특별한 전략이 있습니다. 장기 기억 안으로 학습한 내용을 넣을 수 있는 방법은 크게 세 가지가 있습니다.

첫째, 아주 재미있으면 기억됩니다. 연예인 형 강사들이 인기가 많은 이유는 재미가 있어서 사람들이 집중하기 때문입니다. 하지만 재미있는 그 부분만 남고 나머지는 사라지는 부작용이 있을 수 있습니다. 둘째, 외울 때까지 반복합니다. 재미없고 지루하고, 때로는 강압적이기도 합니다. 셋째, 장기 기억으로 정보가 들어가는 기제는 기존에 아는 것과 엮거나 그 자체로 의미의 망 쉽게 말하면, 이야기 안에 넣는 방법입니다. 이런 식으로 정보가 들어가면 아주 효과적으로 장기 기억으로 넘어갑니다.

어린이에게는 어떻게 영어 단어를 제시하는지가 매우 중요합니다. 영어 단어를 제시하는 방법은 크게 세 가지가 있습니다.

## 첫째, 의미론 단위로 제시하기

첫째 방법은 의미상 연관된 상위 개념어와 하위 개념어들을 묶는 방식입니다. body에 대해 배우면서 그 카테고리 안의 단어인 'head, shoulders, stomach, leg, foot' 등을 함께 제시하는 방식입니다. 요일 ddays of the week을 제시하고 그 안의 단어인 'Moonday, Tuesday, Wednesday, Thursday, Friday, Saturday, Sunday'를 같이 제시하기도 합니다.

이 방법은 교사에게 매우 손쉬운 방법입니다. 쉽게 교재를 만들고, 수업 자료를 준비하는 방법입니다. 하지만 초급 학습자에게는 전혀 그렇지 않습니다. 예를 들어 어린이 학습자에게 요일과 관련된 단어를 하루에 모두 가르치면 여러 가지 문제가 생깁니다. 일단 시간 개념이 잘 발달했는지 확인한 후 가르쳐야 하는 것은 물론, 요일 단어는 스펠링과 음이 복잡해서 성인들도 'Wednesday'의 스펠링을 헷갈려합니다. 또 아이들은 유난히 'Tuesday'와 'Thursday'를 헷갈립니다.

사실 요일 중에서 가장 자주 쓰이는 요일은 Friday이고, 그다음이 Sunday입니다. 그러면 첫날에 Friday와 Sunday를 알려주고, 다음 날 Monday와 Saturday를 알려주는 식으로 여러 날에 거쳐 요일 이름들을 알려줘야 합니다. 단, 많이 헷갈리는 Tuesday와 Thursday는 절대 같은 날 알려주지 않습니다. 그리고 5일이나 일주일 정도 지난 후에 앞에서 배웠던 요일 이름을 하나의 달력이나 표에 정리하는 식으로 어휘를 제시하면 아이들이 훨씬 쉽게 요일 단어를 배울 수 있습니다.

## 둘째, 형태소 단위로 제시하기

비슷한 형태소를 가진 단어를 모아 제시하는 방법입니다. '오고가다' '넘나들다'라는 뜻을 가진 'trans-'라는 접사가 있는 단어들을 묶어서 'transport, transmit, transform, traslate, trascend' 식으로 알려줍니다. 이 방법은 어근과 접사를 통해 단어를 묶어서 한 번에 학습하며 확장하기에는 매우 좋지만, 고급 학습자들에게 효과가 있는 방법입니다. 초급 학습자에게는 맞지 않고, 어린이 학습자는 어근과 접사가 메타 언어 지식에 속하기 때문에 고학년이 되어서 시도하는 게 좋습니다. 즉 고급 학습자들이 기존에 알던 단어들을 발판삼아 어휘를 확장시키기에 아주 좋은 방법입니다.

## 셋째, 주제 단위로 제시하기

정확히는 헐거운 주제 단위로 단어를 제시하는 방법입니다. 즉 단어 자체로는 연관이 없어서 '헐거운' 관계인 일련의 단어들을 스토리 안에 묶어서 제시합니다. 예를 들어, 단어를 이렇게 스토리 안에서 엮으면 아주 잘 외워집니다.

"열심히 일한 나는 여름 휴가 getaway를 떠날 것인데, 햇빛이 빛나는 sun destination으로 가고 싶어. The Mediterranean Sea에 있는 해변으로 가야지. 거기서 해변에 누워 sunbathe를 하면서 cocktail을 마실 거야. 멋진 sun glasses를 끼고, thriller 소설도 한 권 들고 가야지."

이는 어린이가 단어를 익히는 데 가장 효과적인 방법 중 하나입니다. 여기에 관련 이미지를 함께 보여주면서 주제 단위로 단어를 제시하면, 더욱 좋습니다. 아이는 이미지를 만들기 위한 이야기를 묘사하기 위해 프롬프트를 쓰며, 주요 어휘를 다시 한번 익히게 됩니다. 관련 이미지 생성을 위한 프롬프트는 다음과 같습니다.

> an illustration that describe the following story:
> "열심히 일한 나는 여름 휴가 getaway를 떠날 건데, 햇빛이 빛나는 sun destination으로 가고 싶어. The Mediterranean Sea에 있는 해변으로 가야지. 거기서 해변에 누워 sunbathe를 하면서 cocktail을 마실 거야. 멋진 sun glasses를 끼고, thriller 소설도 한 권 들고 가야지."

챗달리가 위의 스토리를 묘사하는 삽화를 생성했다

챗GPT나 바드 등의 AI는 이야기를 쓰는 일을 아주 잘합니다. 그러니 배워야 하는 단어 몇 개를 정한 뒤에 이 단어들을 사용해서 스토리를 하나 써 달라고 요청하면, 이야기에 담아 단어들을 효과적으로 제시해 줍니다.

**[사용자 질문 1]**
150 words, Guided Reading Level E.
(다음 단어들을 사용해 스토리를 한 편 만들어 줘.)
Word : Jack, giant, axe, sling, valley, king, castle

**[챗GPT 답변 1]**
Once upon a time, in a lush valley, there lived a young boy named Jack. He dreamed of adventures beyond the valley's borders. One day, as he roamed the hills, he stumbled upon a towering giant. With quick thinking, Jack grabbed his trusty sling and aimed at the giant's feet, causing it to stumble and fall. Jack bravely approached, wielding an axe he found nearby. The giant pleaded for mercy, promising to guide Jack to the castle of the king, where great rewards awaited. Reluctantly, Jack agreed. As they journeyed, Jack learned of the giant's lonely existence and decided to spare him. Grateful, the giant led Jack safely to the castle gates. Impressed by Jack's bravery, the king granted him a place in his court, where Jack's courage and kindness earned him the respect of all. And so, Jack's adventure began, filled with friendship, loyalty, and the promise of new challenges ahead.
(옛날 어느 날, 푸른 계곡에는 잭이라는 젊은 소년이 살고 있었습니다. 그는 계곡의 범위를 넘어 모험을 꿈꾸었습니다. 어느 날, 언덕을 배회하던 중 거대한 거인을 우연히 만났습니다. 잭은 빠른 사고로 신뢰할 수 있는 투석기를 잡고 거인의 발을 조준하여 거인을 넘어뜨렸습니다. 잭은 썩은 도끼를 집어들고 용감하게 다가갔습니다. 거인은 자신을 도망치지 않기를 간청했고, 위대한 보상이 기다리는 왕의 성으로 잭을 안내하겠다고 약속했습니다. 꺼리는 듯이 잭은 동의했습니다. 그들이 여행하는 동안, 잭은 거인의 외로운 존재를 알게 되었고, 그를 용서하기로 결정했습니다. 감사한 거인은 잭을 안전하게 성 문 앞까지 안내했습니다. 왕은 잭의 용기에 감명을 받아 그를 궁중에 들여놓고, 잭의 용기와 친절함으로 모두의 존경을 얻게 되었습니다. 그리고 그렇게 잭의 모험이 시작되었습니다. 그는 우정과 충성, 그리고 앞으로의 새로운 도전의 약속으로 가득 찼습니다.)

# 아이가 인공지능과 재미있게 리스닝을 연습할 수 있나요?

우리는 AI를 활용해 리스닝과 스피킹을 언제 어디서나 연습할 수 있게 되었습니다. 아이와 함께 매일 정해진 시간을 연습한다면, 원어민 회화 수업이 부럽지 않을 만큼 좋은 효과가 있을 것입니다. AI와 함께하는 실시간 회화 수업을 원한다면 다음 과정을 따라해 봅니다.

## AI와 리스닝 연습하기

2024년 3월 챗GPT에는 'read aloud 소리내어 읽기' 기능이 추가되었습니다. 이제 GPT는 답변을 생성하면서 텍스트를 보여주는 동시에 소리로 읽어줄 수 있습니다. 한국어를 포함해 37개 언어로 가능하며, 챗GPT3.5와 4.0의 웹과 앱 모두에서 사용할 수 있습니다. 웹에서는 답변 하단의 스피커 아이콘을 누르면 소르내어 읽어 주고, 폰에서는 생성된 지문을 길게 누르면 나오는 메뉴에서 'read aloud' 기능을 선택하면 바로 읽어 줍니다.

> **<예시>**
> - 바비 인형이 자기 남자친구 켄을 소개하는 말을 영어로 만들어 줘.
> - 공룡 박사가 어린이에게 티라노사우루스를 소개하는 말을 영어로 만들어 줘.
> - 롯데월드에 있는 바이킹을 소개하는 말을 영어로 만들어 줘.
> - 한국의 윷놀이를 소개하는 말을 영어로 만들어 줘.
> - 해리 포터가 호그와트 입학 전에 어떻게 살았는지 친구들에게 얘기하는 말을 영어로 만들어 줘.

예를 들어 '쿼카'라는 귀여운 동물에 대해 챗GPT에게 설명해 달라고 합니다. 그냥 설명해 달라고 하면 어려운 단어와 말로 설명할 수 있으니, 난이도를 아이의 수준에 맞추어야 합니다. 이때 공통유럽기준의 단계가 필요합니다. '공통유럽기준 Common European Framework of References for Language, CEFR'에는 영어 수준이 A1, A2, B1, B2, C1, C2로 총 6계 단계가 있습니다. A1이 가장 쉽고, C2가 가장 높습니다. B1 단계는 '문지방 레벨'이라고 해서 이 레벨의 언어를 하면 그 나라에서 단순 노동을 할 수 있습니다. C1 레벨은 대학 입학이 가능한 수준입니다. 유럽연합 회원국을 비롯해 세계 30개 이상의 국가에서 서로의 언어에 대해 호혜 평등하게 적용하는 기준입니다. 현재로서는 가장 널리 사용되는 기준이기에 미국에서도 사용합니다.

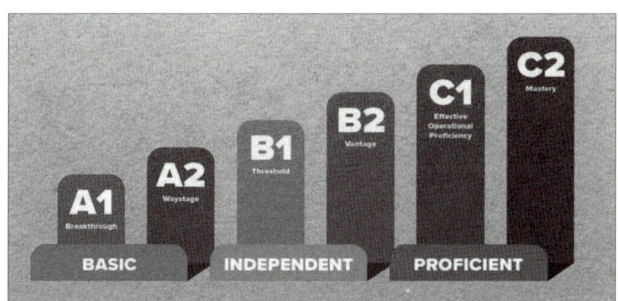

보통 챗GPT를 사용할 때 어린이의 나이를 넣어서 '몇 살 아이에게 말하는 것처럼'을 프롬프트에 넣는데, 아직까지는 이렇게 하면 처음에는 쉽게 말하다가 다시 원래대로 돌아가고는 합니다. 그리고 더 큰 문제는 원어민 아이의 나이는 평균 레벨이 존재하지만, 성인이라도 어린이보다 영어를 못할 수 있으니 비영어권 사람에게 나이는 큰 의미가 없습니다. 그래서 A1 혹은 A2 레벨 정도로 난이도를 지정해 줍니다.

그리고 생물학자를 초빙하거나 동물 프로그램 TV 호스트를 초빙하듯 전문가를 초빙해서 그 역할을 하라고 한 후, 문어체가 아닌 구어체로 말하도록 시키려면 '어린이 청중에게 설명하듯이'라는 조건 혹은 맥락을 지정해야 아이들이 리스닝을 공부하기 좋습니다.

'쿼카'라는 동물에 대해 TV 어린이 프로 진행자처럼 CEFR A1 레벨로 설명해보라고 요청하면 다음과 같습니다.

**[사용자 질문 1]**
Act as a children's TV show host and explain what a quokka is at 'CEFR a1' level.
(어린이 TV 쇼 진행자가 되어 CEFR a1 레벨에서 쿼카가 무엇인지 설명해 줘.)

**[챗GPT 답변 1]**
Hello, friends! Today, I'm going to tell you about a very special animal called the quokka. The quokka is a small and cute animal that lives in Australia. It looks a bit like a big mouse, but it's actually related to kangaroos!

> Jack knew he had to do something. He remembered an old story about defeating giants and thought of a plan. With courage in his heart, Jack took his trusty axe and a sling, determined to protect his home.
> He climbed up the hill, where the giant roamed, and waited for the right moment. Using his sling, Jack targeted the giant with skill, making the giant stumble. Then, with his axe, Jack scared the giant away, ensuring he would never return.So, friends, what do you think about learning about the quokka today? It's a really interesting and cute animal, right? We'll continue to learn more about many wonderful animal friends in the future. See you next time! Goodbye!
> (안녕하세요, 친구들! 오늘은 아주 특별한 동물에 대해 알려줄게요. 그 이름은 쿼카예요. 쿼카는 호주에 사는 작고 귀여운 동물이에요. 쿼카의 모습은 조금 큰 쥐와 비슷해 보이지만, 실제로는 캥거루의 친척이랍니다! 쿼카는 매우 친절하고, 사람들이 가까이 다가가도 도망가지 않아요. 그리고 쿼카는 항상 웃고 있는 것처럼 보여서 '세상에서 가장 행복한 동물'이라고도 불러요. 이 작은 친구들은 주로 밤에 활동하며, 낮에는 휴식을 취해요. 쿼카는 주로 풀과 잎사귀를 먹으며 살아가요. 그들은 자연에서 자유롭게 뛰어놀며, 우리에게 자연의 아름다움과 중요성을 일깨워준답니다. 그래서, 친구들, 오늘 쿼카에 대해 배워보니 어떤가요? 정말 신기하고 귀여운 동물이죠? 앞으로도 우리는 많은 멋진 동물 친구들에 대해 더 배워볼 거예요. 그럼 다음 시간에 만나요! 안녕!)

이렇게 아이들이 관심을 가질만한 주제에 대해 지문을 만들어서 챗GPT에 읽어 달라고 요청하면, 영어 리스닝을 효과적으로 연습할 수 있습니다. 아이와 리스닝할 때 좋은 주제를 고르는 팁은 '- 하는 법'을 알려달라고 하는 것입니다. 'How to-'를 영어 리스닝으로 만들고 들으면서 따라 하게 해보는 것도 좋습니다.

이번에는 진공청소기로 청소하는 법을 선생님이 자기 반 학생들에게 설명하는 것처럼 설명하라고 요청했습니다. 실제로 집에서 청소하며 아이와 함께해 보면 좋은 연습입니다.

### [사용자 질문 2]

Act as a teacher and explain how to operate a vacuum cleaner at CEFR A1 level to her class.
(교사가 되어 CEFR A1 레벨로 진공청소기를 작동하는 방법을 학생들에게 설명해 줘.)

### [챗GPT 답변 2]

Explaining how to operate a vacuum cleaner to a CEFR A1 level class involves using simple language and clear, step-by-step instructions. Here's how you could do it:
(CEFR A1 레벨 클래스에 맞춰 진공청소기를 작동하는 방법을 설명하려면 간단한 언어와 명확한 단계별 지침을 사용해야 합니다. 방법은 다음과 같습니다.)

---

"Today, we learn how to use a vacuum cleaner. This helps us clean the floor. Let's start.

1. **Find the Vacuum Cleaner:** See the big machine with a hose? That is our vacuum cleaner.
2. **Find the Plug:** The vacuum cleaner needs power. Find the cable at the back. It has a plug at the end.
3. **Plug In:** Take the plug. Put it in the wall socket. Be careful. Touch only the plug.
4. **Turn On:** Look for a big button on the vacuum cleaner. It might say 'ON/OFF'. Press it to start. The vacuum cleaner makes noise. It's okay.
5. **Hold the Handle:** See the long part? That is the handle. Hold it.

(이하 생략)

---

This explanation uses basic vocabulary and short sentences, making it suitable for A1 level learners to follow easily.
(이 설명은 기본적인 어휘와 짧은 문장을 사용하여 A1 레벨의 학습자도 쉽게 따라할 수 있도록 구성되어 있습니다.)

# 원어민과 대화하듯 AI와 스피킹 연습을 할 수 있나요?

영어로 AI와 스피킹 연습을 할 때 최대한 원어민과 대화하는 듯한 효과를 누리려면 프롬프트를 잘 다듬어야 합니다. 스마트폰<sub>아이폰</sub>의 챗GPT로 대화해보겠습니다. 챗GPT 앱 속 메시지 창 옆의 마이크 표시만 누르면 대화를 시작할 수 있습니다.

## 챗GPT와 음성 대화 시작

Let's practice English conversation. I'd like you to help me to practice English speaking. We're going to have a role play. You'll be a receptionist at the information desk at an amusement park, and I'm a child making inquiries. If there's a mistake, please correct it and let me repeat after you until I've got it right. Keep going until I say, 'Thank you, good-bye!'
(영어 대화 연습을 해보자. 영어 스피킹 연습을 도와줬으면 해. 우리는 역할극을 할 거야. 너는 놀이공원 안내 데스크의 접수원이고 나는 물어보는 아이야. 오류가 있으면 고쳐주고 내가 제대로 할 때까지 따라 하게 해줘. 내가 'Thank you, good-bye'라고 할 때까지 계속해 줘.)

이처럼 처음에 스피킹 조건을 지정하는 말은 적어 두고 읽는 게 좋습니다. 한달음에 읽어야 챗GPT가 중간에 끼어들지 않고 세팅을 완료할 수 있습니다. 조건 지정 부분은 부모님이 해주시고, 아이는 조건 지정이 완료된 후 챗GPT와 이야기를 나누기 시작하면 됩니다.

놀이동산에 간 아이가 인포메이션에 가서 롤러코스터가 어디 있는지, 그리고 타려면 키가 얼마 이상이 되어야 하는지 물어보는 내용의 대화입니다. 스마트폰의 챗GPT로 대화하면 대화 기록이 아래와 같이 남기 때문에 대화가 끝난 후 기록을 보며 점검할 수 있어서 좋습니다.

스피킹을 연습할 때는 AI의 역할을 지정해 주고, 사용자가 틀리면 고쳐 준 후 말해 달라고 하면 더욱 효과적인 영어 학습이 가능합니다. 그리고 대화가 끝날 때까지 계속 그렇게 해달라고 요청하면, 틀린 말을 교정받으며 대화를 마무리할 수 있습니다. 대화의 끝은 사용자가 "Thank you, Goodbye!"라고 말할 때까지로 지정했습니다.

이처럼 AI와의 스피킹 연습의 가장 큰 장점은 아이들이 부담 없이 대화를 나눌 수 있다는 것입니다. 아이들은 실제 선생님과 대화하는 것을 부담스럽게 여기고, 혹시라도 틀리면 어쩌나 하는 걱정에 영어로 말하기 힘들어할 때가 많습니다. 하지만 AI와의 대화는 말하다가 틀려도, 또 자신이 틀린 곳을 바로 수정해 주어도, 전혀 창피하지 않으니 훨씬 마음 편하게 대화를 이어갈 수 있습니다.

## 생생한 모의 대화로 스피킹 연습하기

스피킹 대화 연습을 할 때는 역할을 지정하고, 대화를 역할에 맡게 나누는 것이 중요합니다. 역할극 role play 를 하자고 해도 좋고, 모의 대화 conversation simulation 를 하자고 해도 좋습니다. 그러면 아이들의 가상의 상황에 자연스럽게 빠져들며 재미있게 스피킹을 이어가게 됩니다.

> Let's have a conversation simulation. (모의 대화를 하자.)

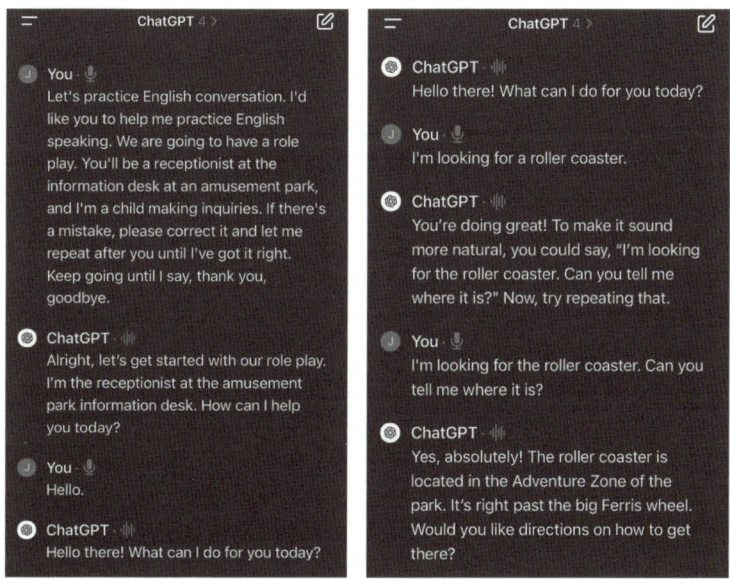

그다음에는 역할을 지정해야 하는데, 가상의 상황이니까 '-라고 가정하자'라고 말하며 역할을 지정합니다.

> Suppose you are a librarian at a city library, and I'm a child visitor.
> (너는 시립도서관의 사서이고, 나는 어린이 방문객이라고 치자.)

Suppose 대신 'pretend −' 혹은 'Imagine −' 등으로 말해도 좋습니다.

그리고 꼭 다음을 지정해 주어 혹시라도 챗GPT가 혼자서 10줄도 넘게 떠드는 것을 방지합니다.

> Don't make your response longer than 2 or three sentences.
> You start talking. (네 응답을 두세 문장보다 길게 하지 마. 네가 먼저 얘기해.)

그리고 말하는 순서를 지정해서 'You start talking 네가 먼저 말을 시작해.'라고 하거나 'I'll start talking 내가 먼저 말할 게.'라고 덧붙이면 프롬프트가 완성됩니다.

**[사용자 질문 1]**
Let's have a conversation simulation. Suppose you're a librarian at a city library, and I'm s child visitor. Don't make your response longer than 2 or 3 sentences. You start talking.
(대화 시뮬레이션을 해보자. 너는 시립 도서관의 사서이고 나는 어린이 방문객이라고 가정해 보자. 답변을 두세 문장 이상으로 작성하지 마. 말하기 시작해.)

**[챗GPT 답변 1]**
Sure! Welcome to the city library! How can I assist you today? Are you looking for any specific books or need help with anything else?
(물론! 시립 도서관에 온 것을 환영해요! 무엇을 도와드릴까요? 특정 책을 찾고 계시거나 다른 도움이 필요하신가요?)

**[사용자 질문 2]**
hello could you please help me make a library card the first.
(안녕하세요. 먼저 도서관 카드를 만드는 것을 도와주실 수 있나요?)

**[챗GPT 답변 2]**
Of course! To get a library card, you'll need to fill out a form with your information. Do you have an ID or proof of address with you?

(물론이지요! 도서관 카드를 받으려면 귀하의 정보가 포함된 양식을 작성해야 합니다. 신분증이나 주소 증명서를 갖고 계십니까?)

**[사용자 질문 3]**
I'm just 9 years old and I have my school ID card with me would I do.
(저는 9살이고 학생증을 갖고 있습니다.)

**[챗GPT 답변 3]**
That's great! Your school ID card should work as proof. I'll give you a library card application to fill out, and we'll get you registered in no time.
(모자 멋지네요! 학생증을 확인할게요. 작성하실 도서관 카드 신청서를 드리고, 즉시 등록해 드리겠습니다.)

**[사용자 질문4]**
thank you so much.
(매우 감사합니다.)

**[챗GPT 답변4]**
You're welcome! If you have any questions or need help finding books, feel free to ask. Enjoy your time at the library!
(천만에요! 궁금한 점이 있거나 책을 찾는 데 도움이 필요하면 언제든지 문의하세요. 도서관에서 즐거운 시간을 보내세요!)

AI와의 스피킹은 원어민 학원이나 전화, 온라인 스피킹과 다르게 언제 어디서나 원하는 주제로 부담 없이 대화를 나눌 수 있는 학습법입니다. 아이와 여행을 가는 차 안에서, 방과 후 오후 간식을 먹는 시간에, 재미있는 영화를 본 후 이야기를 나누고 싶을 때 바로 활용해 본다면 쉽게 영어로 말하는 습관을 들일 수 있습니다. 이제 아이와 어떤 주제로, 어떤 역할로 이야기해볼지 상의하며, 신나게 영어 스피킹을 연습해 봅시다.

# 다양한 버전의 영어 지문을 읽어볼 수 있나요?

영어 지문을 술술 읽는 단계까지 가려면 무엇보다 꾸준히, 많은 지문을 읽어보는 것이 중요합니다. 이럴 때 지문 생성 AI로 연계 지문을 생성해 읽어보면 다채롭게 리딩 학습을 진행할 수 있습니다. 일단 어린이 학습자는 제한된 영어 어휘와 지문 난이도 그리고 넓지 않은 배경지식을 가지고 있습니다. 그래서 줄줄이 글을 읽는 독해 작업에 여러 제약이 따릅니다. 물론 이런 조건 안에서 많이 읽게 도와주는 제한된 어휘와 지문 난이도, 배경지식에 맞춰 쓰인 '그레이디드 리더스 graded readers'가 있는데, 〈옥스포드 리딩 트리 Oxford Reading Tree〉가 대표적입니다.

하지만 챗GPT를 활용하면 아이의 수준에 딱 맞는 리딩 지문을 손쉽게 생성해서 읽힐 수 있습니다. 단 이때 리딩 지문을 생성하는 사람이 알아두어야 할 원칙이 있습니다.

첫째, 학습은 언제나 'i + 1'이어야 합니다. 여기서 i는 학습자의 현 상태이고, 여기에 +2나 +3이 아니라 1만큼씩만 더해 주어야 올바른 학습이 된다는 뜻입니다.

둘째, 기존에 읽은 지문을 변형하여 새로운 지문으로 생성하면, 이미 아는 어휘와 배경지식이 바탕이 되어 좀 더 수월하게 읽을 수 있습니다.

셋째, 기존 지문의 장르와 시점을 바꾸어 달라고 하면 훨씬 흥미롭고 다채로운 읽기가 가능합니다.

## 장르 바꾸어 지문 만들기

수필 형식의 지문을 가지고 챗GPT에 편지글로, 이메일로, 일기로, 스피치 혹은 인터뷰 글 등으로 바꾸어 달라고 요청해 봅시다. 편지라면 등장인물 중 누가 누구에게 보내는 편지로 바꾸어 달라고 요청합니다. 일기는 누가 언제 썼는지, 스피치는 누가 누구를 대상으로 하는지, 인터뷰 글은 등장인물 중 누구를 어떤 신문 기자가 인터뷰하는 내용인지 정확히 명시해 바꾸어 달라고 요청합니다.

하나의 지문을 이처럼 다양한 장르로 바꾸며 읽다 보면 글의 이해를 높이는 것은 물론 영어 지식이 암시적으로 학습됩니다. 예를 들어 영어 교과서의 지문을 챗GPT에 입력하고 다양한 장르로 바꾸어 지문을 읽어본다면, 해당 글의 이해도가 훨씬 높아질 것입니다.

## 시점 바꾸어 지문 만들기

시점에는 1인칭 주인공 시점, 1인칭 관찰자 시점, 3인칭 관찰자 시점, 전지적 작가 시점이 있습니다. 기존 지문의 문장이 1인칭 시점이거나 인터뷰

글이라면, 이 글을 3인칭 관찰자 시점으로 바꾸어 달라고 요청합니다.

하나의 지문으로 장르와 시점을 다양하게 바꾸어 보았습니다. 다음은 아이가 읽은 원문입니다.

> My name is Maddie, and I'm nine years old. Today, something crazy happened with my little sister Nina. Mom surprised us with a fluffy puppy, and we both wanted to play with it first. But Nina wouldn't let me hold it. She kept saying it was her turn, even though I waited so patiently. I tried to explain that we should take turns, but she just stomped her foot and said no. That made me really mad! So, I grabbed the puppy from her arms. We ended up tugging on its fur, and the poor thing started whimpering. That's when Mom rushed in and saw us. She was so upset. After calming down, Mom talked to us about sharing and taking turns. We hugged and promised to be better sisters. Now, we're playing with the puppy together, taking turns, and having the best time ever.
> (제 이름은 매디이고 저는 아홉 살이에요. 오늘 제 동생 니나와 정말 깜짝 놀랄 일이 벌어졌어요. 엄마가 우리에게 푹신한 강아지를 깜짝 선물로 줬는데, 우리 둘 다 먼저 놀고 싶어 했어요. 하지만 니나가 저한테 안 겨주지 않았어요. 자기 차례라면서요. 인내심을 가지고 기다렸는데도 말이에요. 저는 차례를 지켜야 한다고 설명하려 했지만, 동생은 발을 구르며 안된다고만 했어요. 그래서 저는 정말 화가 나서 니나의 팔에서 강아지를 빼앗았어요. 우리는 결국 강아지의 털을 잡아당기기 시작했고, 불쌍한 녀석이 신음 소리를 냈어요. 그 때 엄마가 달려와서 우리를 보았어요. 엄마는 정말 화가 났어요. 진정한 후, 엄마는 우리에게 공유하고 차례를 지키는 것에 대해 이야기했어요. 우리는 서로 포옹하고 더 좋은 자매가 되기로 약속했어요. 이제 우리는 차례를 지키며 함께 강아지와 놀고 있어요. 최고의 시간을 보내고 있답니다.)

9세 어린아이 매디가 새로 생긴 강아지를 두고 동생 니나와 싸운 이야기입니다. 이 내용을 할머니께 보내는 편지로 바꾸기 위한 프롬프트는 다음과 같습니다.

> Rewrite the given story to be a letter from Maddie to her Granny.
> The story: _____

### [챗GPT 답변 1]

Dear Granny,

I hope this letter finds you well. I wanted to tell you about something crazy that happened today with my little sister, Nina.

Mom surprised us with a fluffy puppy, and we were both so excited. But things got a little wild when Nina and I couldn't agree on who should hold the puppy first. Nina insisted it was her turn, even though I had been waiting patiently. I tried to explain that we should take turns, but she just wouldn't listen. I got really mad and ended up grabbing the puppy from her arms.

Well, that didn't go well. We started tugging on the puppy's fur, and it started whimpering. Just then, Mom rushed in and saw what was happening. She was really upset with us. After we all calmed down, Mom talked to us about sharing and taking turns. Nina and I hugged and promised to be better sisters.

Now, we're playing with the puppy together, taking turns, and having the best time ever. I can't wait for you to meet our new furry friend!

Love, Maddie

이제는 제일 처음 이야기를 3인칭 시점으로 바꾸어 달라고 요청해 보았습니다. 3인칭 시점으로 바꾸어 달라는 프롬프트는 다음과 같습니다.

---

Rewrite the story into one from the third person perspective at GRL E level.
The story: _____

[챗GPT 답변 2]

Her name was Maddie, and she was nine years old. Today turned out to be quite an eventful day for Maddie and her little sister, Nina. Their mom surprised them with a fluffy puppy, and both girls were overjoyed. However, things quickly took a turn when they couldn't agree on who should play with the puppy first.

Nina insisted it was her turn, despite Maddie patiently waiting for her chance. Maddie tried to explain the importance of taking turns, but Nina wouldn't budge. Maddie's frustration grew, and she ended up grabbing the puppy from Nina's arms, sparking a tug-of-war over its fur. The poor puppy began whimpering, catching their mom's attention.

Mom rushed in and was dismayed by what she saw. After everyone calmed down, Mom had a heart-to-heart with Maddie and Nina about sharing and taking turns. The girls hugged it out and promised to be better sisters. Now, they're happily playing with the puppy together, taking turns and making memories.

이처럼 챗GPT로 지문을 생성해 보았습니다. 좀 더 자연스러운 글을 원한다면 유료 버전인 챗GPT4.0을 사용하는 것도 좋습니다. 또다른 장점으로는 엄마나 다른 가족의 입장에서 쓴 글로 리딩을 연습하면, 다른 사람의 입장을 생각하는 법도 배울 수 있습니다. 연계 지문을 어느 정도 읽은 후에는 라이팅으로 확장하여 일기 쓰기를 진행해보기를 추천합니다.

영어를 잘하려면 리딩만 해서는 안 됩니다. 지문을 음원으로 들어보고, 읽어 보거나 어휘 맞추기 활동을 하고, 지문에 관해 이야기하고, 지문과 관련된 활동을 하는 등 다양한 수업 방식으로 연계해야 합니다. 이런 식으로 하나의 지문을 리스닝, 스피킹, 라이팅과 연계해 체험할 때 영어 실력은 더욱 향상됩니다.

# 복잡한 영어 문법을 쉽게 익힐 방법이 있나요?

아직 인지 발달이 미숙한 어린이가 문법 개념을 완전히 이해하기는 어렵습니다. 보통 한국에서는 중학교 입학 전에 영어 문법을 한 번 정리하며 공부합니다. 중학교부터 문법 중심의 수업들이 시작되기 때문입니다. 문법은 메타 언어라서 그 추상적인 개념을 초등학생들이 이해하기에는 무리가 있습니다. 그래서 초등학생에게 문법의 개념을 설명할 때는 명사, 동사와 같은 문법 용어를 되도록 사용하지 않고 설명하는 게 좋습니다. 예를 들면 '이 글에서 사물의 이름을 가리키는 말들을 찾아서 표에 넣어보자'와 같은 활동으로 명사의 개념을 가르칠 수 있습니다.

## 영어 원서 문법에는 없는 5형식

많은 정보가 주로 영어로 저장된 챗GPT에 영어 문법에 대해 질문할 때는 일단 영어 원서 문법으로 설명하는 방식과 한국식 영문법으로 설명하는 방식에 차이가 있습니다. 사실 5형식이라는 문장 형식 구분이 영어 원서 문법에는 없습니다. 정확하게는 영어 문장을 구분하는 형식은 여러 가지가 있고, 5형식은 그중 하나일 뿐입니다. 대중적인 원서 문법 책에는 아예 어떤 형식 체계도 언급하지 않습니다. 5형식은 한국 영문법의 역사와 깊은 관련이 있습니다. 1960년대에 일본 영문법 책에 영향을 받아 만들어진 한국의 한 문법 책에서 5형식을 언급했고, 그 이후 거의 시장을 독점하다시피 하면서 한국의 영문법은 5형식으로 천하통일이 되었습니다. 그래서 챗GPT에 몇 형식의 문장을 만들어 달라고 요청하면 엉뚱한 대답을 합니다.

> **[사용자 질문 1]**
> 5형식 영어 문장 다섯 개를 만들어 줘.
>
> **[챗GPT 답변 1]**
> 물론이지요! 다음은 5가지 다양한 형태의 영어 문장입니다:
>
> **질문 형식:** "What is your favorite book?"
> **명령 형식:** "Please close the door behind you."
> **감탄 형식:** "Wow, what a beautiful sunset!"
> **설명 형식:** "The cat chased the mouse around the house."
> **부정 형식:** "I do not enjoy spicy food."

답변에 5형식 문장은 없고, 다섯 가지 문장이 있을 뿐입니다. 그래서 영문법을 챗GPT에게 물어볼 때는 원서 영문법에 있는 용어를 사용하는 게 좋습니다. 챗GPT가 꼭 3형식 문장을 만들어 주기를 바란다면, 'Subject+Verb+Object Adverb'과 같은 3형식 문형을 쓰고, 문장을 만들어 달라고 하면 됩니다.

## 문법을 설명해 달라고 하기

챗GPT는 영어 문법에 대해서 월등히 뛰어납니다. 지문 생성 인공지능이기 때문에 영어를 배우는 사람들이 가장 저지르기 쉬운 문법 오류를 알려달라고 하거나, 아이템별로 예문 혹은 문제를 만들어 달라고 하면 아주 잘합니다.

---

**[사용자 질문 2]**

List the most frequent errors non-native speakers make by frequency and provide an example sentence for each error.
(원어민이 아닌 사람이 범하는 가장 빈번한 오류를 빈도별로 나열하고 각 오류에 대한 예문을 알려줘.)

**[챗GPT 답변 2]**

Certainly! Here are some of the most frequent errors non-native speakers make in English, ordered by frequency, along with example sentences for each error:
(다음은 원어민이 아닌 사람이 영어로 저지르는 가장 빈번한 오류 중 일부를 빈도순으로 정렬했으며, 각 오류에 대한 예문입니다.)

1. **Subject-Verb Agreement Errors:**
   Error: "She *don't* like coffee."
   Correction: "She *doesn't* like coffee."

2. **Incorrect Verb Tense:**
   Error: "I *have* a good time yesterday."
   Correction: "I *had* a good time yesterday."

3. **Misuse of Prepositions:**
   Error: "I'm interested *for* joining the club."
   Correction: "I'm interested *in* joining the club."
   (중간 생략)

These errors are quite common among non-native speakers and often require focused attention during language learning.

우리가 흔히 사용하는 영문법은 다음과 같이 챗GPT에 물어보면 알아볼 수 있습니다. "가정법 과거의 개념을 아홉 살 아이에게 설명하듯이 문장을 만드는 형식을 포함해서 설명해 줘."라고 요청합니다. 그리고 전문가로는 'Korean EFL Teacher 외국어로 영어를 가르치는 한국인 선생님'을 초빙해 봅니다. 그래야 우리말로 문법 설명을 잘하기 때문입니다. 선생님 초빙 프롬프트는 다음과 같습니다.

> Act as a Korean EFL teacher and explain if conditional type 2 in Korean to her class. Include how to build if sentences step by step in the explanation and take examples.
> (한국인 영어 선생님 역할을 맡아서, if 조건문 2번 유형을 한국어로 가르치는 학생들에게 설명해 줘. 설명에 if 문장을 만드는 법을 스텝별로 포함시키고 예문도 넣어 줘.)

가정법은 주어 다음에 무엇이 오는지 등 문형이 중요해서 단계별로 문장을 구축하는 법을 설명에 포함시키라고 요청했습니다. 이 프롬프트를 주면 챗GPT는 학생들에게 설명하는 선생님과 같은 어조로 다음과 같이 결과를 생성합니다.

> **[챗GPT 답변 3]**
> 여러분, 안녕하세요! 오늘은 영어 문장 중 하나인 "If conditional type 2"에 대해 배워보도록 하겠습니다. 이 유형은 만약 현재 상황이 사실이 아니라면 미래의 어떤 결과가 발생할 것인지를 설명할 때 사용됩니다.
>
> 우선, "If conditional type 2" 문장을 만드는 방법을 알아보겠습니다. 이 유형의 문장은 두 부분으로 구성됩니다: "if 절"과 "main 절"입니다. "If 절"은 만약 상황이 사실이 아닐 때를 가정하고, "main 절"은 그 결과를 설명합니다.
>
> 1. "If 절"에는 동사의 과거형을 사용합니다.
> 2. "Main 절"에는 조동사 'would'와 기본형 동사를 사용합니다.

이제 몇 가지 예를 통해 이해해 보겠습니다.

1. "If I had a million dollars, I would travel around the world."
   "If 절": "If I had a million dollars" (만약 나에게 백만 달러가 있다면)
   "Main 절": "I would travel around the world." (나는 세계 일주를 할 것이다.)

2. "If she studied harder, she would pass the exam."
   "If 절": "If she studied harder" (만약 그녀가 열심히 공부한다면)
   "Main 절": "she would pass the exam." (그녀는 시험에 통과할 것이다.)

3. "If it rained tomorrow, we would stay at home."
   "If 절": "If it rained tomorrow" (만약 내일 비가 온다면)
   "Main 절": "we would stay at home." (우리는 집에 있을 것이다.)

이렇게 "If conditional type 2" 문장을 만들어 보았습니다. 다양한 상황에 맞춰서 이 유형의 문장을 연습해 보시고, 영어 실력을 향상시키는 데 도움이 되었으면 좋겠습니다. 감사합니다!

챗GPT의 답변으로 아이에게 문법을 설명하면 정말 알기 쉽게 이해하고 또 정확합니다. 가정법 외에도 여러 문법 설명에 많이 활용해 보길 바랍니다.

## 틀린 문법을 교정받기

틀린 문법을 교정받기 위해서는 챗GPT가 움직이는 원리를 살펴봅시다. 챗GPT는 가장 자주 쓰이는 단어의 확률을 계산하여 어떤 단어 다음에 올 단어를 뽑는 원리입니다. 그래서 문법과 관련해서는 딜레마가 생깁니다. 자주 같이 쓰인다고 문법적으로 꼭 옳은 용법이 아니고, 자주 같이 안 쓰인다고 해도 문법적으로 틀린 게 아니기 때문입니다.

예를 들어 "문 닫고 들어와!" 같은 문장은 문법적으로 틀렸지만, 우리는 이 문장을 모두 사용하고 있습니다 들어와서 문을 닫아야 합니다. 그래서 이론 확률에 기반해 움직이는 챗GPT에게 문법적으로 옳은 문장인지를 물어보면, 짧은 몇 문장은 고쳐주지만, 긴 지문을 넣으면 고치다가 마는 현상이 벌어집니다. 이를 극복하려면 일단은 챗GPT에 틀린 부분과 어색한 부분이 있으면 모두 다 찾으라고 해야 합니다. 우리는 단순히 틀린 영어만 교정을 원하는 게 아니라 문법적으로 맞아도 어색한 부분이라면 교정받기를 원합니다. '있는 건 모두'라고 말하고 싶으면, 'every and any'라고 합니다.

> Identify every and any incorrect or awkward part in the given text.
> (주어진 지문에서 틀리거나 어색한 부분은 있는대로 다 찾아줘.)

그리고 표를 만들어서 틀린 부분을 정리해 넣어 달라고 요청합니다.

> Create a table, and put an incorrect part in the column, its feedback in Korean in the second, and its correct version in the third.
> (표를 만들어서 첫 번째 열에 틀린 부분을, 두 번째 열에 어디가 틀렸는지 한국말로 피드백을 넣고, 세 번째 열에 교정된 부분을 넣어줘.)

이렇게 표를 그려서 하나씩 넣으라고 하면 하다가 중간에 그만두는 일 없이 끝까지 틀린 부분을 찾아서 한국말로 피드백하며 잘 설명합니다.

만일 교정된 부분만 따로 하나의 문단으로 모아서 보고 싶다면, 위의 명령 뒤에 [shift+enter] 키를 쳐서 한 줄 아래로 내린 후, 〈Output〉이라고 씁니다. 그리고 다음 줄로 내려가 'Provide the corrected text in one paragraph.'라고 쓴 후 또 〈Output〉이라고 씁니다. 이렇게 결과물 Output 을 〈 〉로 지정한 후, 다음 명령을 연이어 내리는 프롬프트 형식을 '연속 명령 chained prompt'이라고 합니다. 프롬프트는 다음과 같습니다.

> Identify every and any incorrect or awkward part in the given text. Create a table, and put an incorrect part in the column, its feedback in Korean in the second, and its correct version in the third.
> (물론이죠! 저에게 검토하길 원하는 텍스트를 제공해주시면, 잘못된 부분, 한국어로 된 피드백, 그리고 수정된 버전을 포함한 표를 만들어 드리겠습니다.)
>
> The text_____
>
> 〈Output〉
>
> Provide the corrected text in one paragraph.
>
> 〈Output〉

챗GPT3.5는 문법 교정에서 사실 그리 정확한 결괏값을 보여주지 않았습니다. 하지만 챗GPT4.0은 아주 자세하며 하나도 빠뜨리지 않고 잘못된 문법에 대해 설명합니다. 문법 교정을 좀 더 정확히 받고 싶다면, 챗GPT4.0 사용을 권합니다.

**Corrected Text:**
The animals in the zoo were all quiet when the zookeeper went back to his office. As soon as he had disappeared from sight, however, the animals began to move one by one as if they had planned. The tiger spoke first, "It's time to hunt!" and he roared. The ostrich craned its neck and said, "The night race is on!"

**수정된 텍스트:**
The animals in the zoo were all quiet when the zookeeper retired to his office. As soon as he had disappeared from sight, however, the animals began to move one by one as if they had planned. The tiger spoke first, "It's time to hunt!" and he roared. The ostrich craned its neck and cried, "The night race has begun!"

# '이모지' 암호 만들기 게임으로 영어를 익힐 수 있나요?

아이들이 영어로 문장을 스스로 써 보게 하려면 게임을 하는 것이 가장 좋습니다. 게임을 하며 암호문을 써 보자고 하면 아이들은 자기가 아는 한도 내에서 영어 문장을 이것저것 끌어와서 써 보기 마련입니다. 암호문 써 보기는 결국 영어 문장 쓰기 연습입니다.

이모지 emoji 란 감정이나 상태 등을 나타내기 위한 작은 그림 또는 아이콘을 뜻하며, 주로 소셜미디어나 인터넷, 문자 등에서 사용하는 이모티콘과 비슷합니다.

챗GPT에서도 이모지를 사용할 수 있어서 이를 이용해 암호문을 만들고, 맞추는 게임 같은 활동이 가능합니다. 영어 단어 맞추기 게임 등에 활용하기에도 아주 좋습니다. 이모지 사용을 위한 프롬프트를 다음과 같이 넣어 보았습니다.

[사용자 질문 1]
Turn the following movie titles into emojis:
(다음 영화 제목을 이모지로 바꾸어 줘.)

1) When Harry Met Sally
2) Pirates of the Caribbean: The Curse of the Black Pearl
3) Everything Everywhere All at Once
4) The Cook, the Thief, His Wife & Her Lover

[챗GPT 답변 1]
Sure, here are the movie titles turned into emojis:
(물론입니다. 이모지로 변환된 영화 제목은 다음과 같습니다.)

1) 🕰️👦👧💥💬
2) 🏴‍☠️🗡️⚔️🏴‍☠️🔗
3) 🌍🌎🌏🌐🆒
4) 🍳🔍🔪👩🍴👨‍🍳❤️👨

이모지를 사용하지 않고 몇 번째 문자를 특정 문자로 바꾸는 방식으로 암호문을 만들 수도 있습니다. 직접 암호 규칙을 만들지 않아도 됩니다. 지문을 챗GPT에 주고, 암호문 cryptogram 을 만들고, 그 규칙도 설명해 달라고 하면 됩니다.

[사용자 질문 2]
Turn the text into a cryptogram and explain the rules.
(다음 텍스트를 암호문으로 바꾸고 규칙을 설명해 줘.)
The money for lunch is under the blue flower vase. No pizza or burger for your lunch. Submit the receipt in the evening.
(점심값은 파란 꽃병 아래 있음. 점심으로 피자나 햄버거는 금지. 저녁에 영수증 제출할 것.)

이처럼 어린이가 흔히 들어볼 수 있는 지시를 암호로 바꾸어 달라고 하면, 챗GPT는 이렇게 암호를 만들어 줍니다.

[챗GPT 답변 2]
Gur zbarl sbe yhpx vf haqre gur oyhr syngerr inf. Ab cvmmn be ohetre sbe lbhe yhpx. Fhoguriby gur erprcgvba va gur riragvat.

규칙도 요청하면 다음과 같이 만들어 줍니다.

[챗GPT 답변 3]
**Explanation of the rules:**
− Each letter in the original text is replaced by the letter that comes 13 places after it in the alphabet. This is a simple form of encryption known as the Caesar cipher with a shift of 13, also known as ROT13.
− Punctuation marks and spaces remain unchanged. They are not encrypted.
− The purpose of the cryptogram is to conceal the meaning of the text unless one knows the decryption method (in this case, ROT13).

영어 설명이 부담스러우면 한국어로 번역해 달라고 요청합니다.

규칙 설명:
− 원본 텍스트의 각 글자는 알파벳 상에서 13자리 뒤에 있는 글자로 대체됩니다. 이것은 ROT13이라고 불리는 간단한 형태의 암호화 방식입니다.
− 구두점과 공백은 변하지 않습니다. 이들은 암호화되지 않습니다.
− 암호문의 목적은 해독 방법을 알지 않는 한 텍스트의 의미를 감추는 것입니다.
  (이 경우 ROT13과 같은 방법으로)

암호 해독용 알파벳 써클

다시 말해서 규칙은, The money의 경우 A부터 Z까지 원을 그린 후 T에서부터 13번째 문자를 T로 대체하고, h역시 h에서부터 13번째 문자를 h로 대체했다는 의미입니다. 이는 암호문을 만드는 가장 기본적인 방법 중 하나입니다. 아이들에게 이렇게 규칙을 알려주고 단어의 문자들을 하나씩 알아내게 한 다음에, 같은 방식을 적용해서 직접 암호문을 만들어 보라고 해도 좋습니다. 이처럼 이모지를 활용해 다양한 게임을 진행하다 보면 재미있게 영어 단어를 익히게 됩니다.

# 그래픽 오거나이저로
# 영어 책 독후감을 쓸 수 있나요?

책을 읽고 난 후 바로 독후감을 쓰는 일은 사실 어른에게도 힘든 일입니다. 아이에게 책을 읽었으니 독후감을, 동시를 읽고 감상문을 써 보라고 하는 대신에 글쓰기까지 이끌어주는 좀 더 편안한 과정을 만들어주면 어떨까요?

'그래픽 오거나이저 graphic organizer'란 지식을 시각적으로 재현해주는 도구이자 정보를 조직화해주는 도구이고, 동시에 개념이나 주요한 요소를 라벨링 labeling 해서 패턴으로 배열해주는 도구입니다. 그래픽 오거나이저는 학습자들이 적극적으로 학습에 참여할 수 있게 해주고, 말과 시각적 이미지를 함께 제시해서 이해를 도와주며, 개념 간의 구성과 관계를 일목요연하게 보여주어 사실 글쓰기뿐만 아니라 모든 과목에서 유용하게 쓸 수 있는 도구입니다. 언어를 가르치는 영역에서는 보통 읽기를 한 후에 'after-reading' 활동으로 많이 쓰기 시작하면서, 읽은 지문의 내용을 정리하며 깊이 이해하도록 돕는 역할을 합니다. 하지만 동시에 읽기에서 쓰기로 끌고 가는 아주 효과적인 도구이기도 합니다.

그래픽 오거나이저에는 여러 가지 종류가 있습니다. 그중 대표적인 것이 '마인드맵 mind map'입니다.

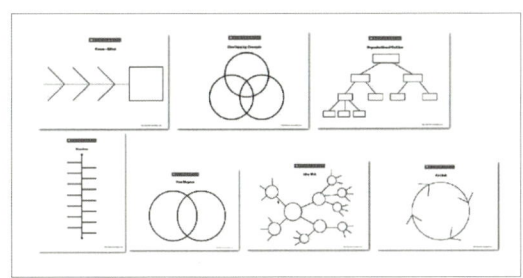

읽은 내용에 대한 이해를 다지면서 동시에 읽고 느낀 점을 하나씩 표현하다가 그걸 모아서 써보면 글이 되는 그런 과정을 만들어주면, 아이들이 좀 더 편하게 글쓰기에 접근할 수 있습니다. 이때 여러 가지 활동이 가능하지만, '그래픽 오거나이저'를 사용하면, 글의 내용을 가시화해 한눈에 보면서 정보를 묶고 다듬어 글로 옮기기가 쉽습니다.

AI를 활용한 글쓰기에 그래픽 오거나이저가 등장하는 이유는 이제 여러 그래픽 오거나이저를 필요와 종류에 따라 손쉽게 그릴 수 있기 때문입니다.

## 스토리맵으로 재미있게 글쓰기

수십 수백 가지의 형태와 아이디어들이 있지만, 그중 어린이들이 사용하면 좋은 그래픽 오거나이저인 스토리맵을 소개합니다.

　스토리맵을 만들기 위해서는 아이에게 읽은 글 혹은 책의 내용을 6개 혹은 10개의 장면으로 먼저 그려보라고 한 후, 그림 아래에 내용을 묘사하는 문장을 한 문장씩 쓰게 합니다. 그런 후 이 문장들을 모아서 쓰면 필요하다면 접속사 등의 연결어를 넣어 주면 서머리가 완성됩니다. 아이들에게 무작정 요약문을 쓰라고 하기보다는 이렇게 요약할 수 있는 시각적인 장치를 제공하고, 이 과정을 통해 요약문을 쓰도록 유도하면 훨씬 쉽고 재미있게 글쓰기를 시작할 수 있습니다.

　스토리맵은 챗GPT4.0에 GPTs 중 '윔지컬 다이어그램 whimsical diagrams'을 사용하면 쉽게 만들 수 있습니다. 윔지컬 다이어그램을 찾아 설치한 후 활성화시키고 "몇 컷 스토리보드를 그려줘."라고 요청하면 대략적인 다이어그램을 그려줍니다. 그리고 링크로 연결된 '윔지컬 whimsical' 사이트에서 도형을 넣고 밑줄을 그어서 마음대로 편집하면 됩니다. 혹은 '캔바 Canva' 프로그램을 사용해도 됩니다.

## 벤다이어그램으로 글쓰기

　벤다이어그램Venn Diagram은 두 가지의 글 혹은 두 개의 책에 나오는 비슷한 캐릭터를 비교 및 대조할 때 매우 효과적인 방법입니다. 아래의 벤다이어그램에는 《빨간모자》에 나오는 늑대와 《아기 돼지 삼형제》에 나오는 늑대가 비교되어 있습니다.

　벤다이어그램 안의 내용을 빈 상태로 주고, 아이들이 생각해서 내용을 채울 수 있도록 합니다. 글 속의 주인공이 여러 장소를 이동하는 여정이 있을 때는 장소별로 지도를 그려주고, 장소마다 만나는 인물과 거기서 일어난 사건 혹은 그 장면에 나오는 주요 대사들을 정리해서 적게 하면, 이 그래픽 오거나이저를 채우느라 글 혹은 책을 다시 읽게 하는 효과가 있습니다. 또한 시각화된 여정은 머릿속에 더욱 기억도 잘 되고, 전체적인 이야기의 흐름도 잘 이해하게 합니다.

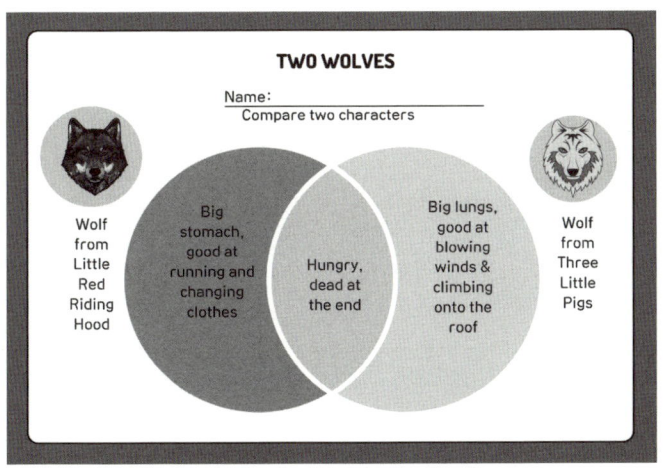

이 벤다이어그램은 캔바 템플릿을 편집해서 만들었습니다. 아이에게는 빈 벤다이어그램에 〈빨간 모자에 나오는 늑대〉와 〈아기 돼지 삼형제에 나오는 늑대〉라는 제목만 달아주고, 아이에게 교집합 부분에는 공통점을, 파랑과 녹색 부분에는 각 늑대의 특징을 써 보게 합니다.

"What do they have in common 둘은 공통점이 뭐지?"라고 물어보면서, "Can you write down their similarities in the overlapping part 그 둘의 비슷한 점을 여기 겹치는 부분에다가 써 볼까?" 하며 이끌어줍니다.

"What about writing down the traits only the wolf from the Red Riding Hood has in the blue circle 여기 파란 원 안에다가는 빨간 모자에 나오는 늑대만 가진 특징을 써 볼까?"라고 하면 됩니다.

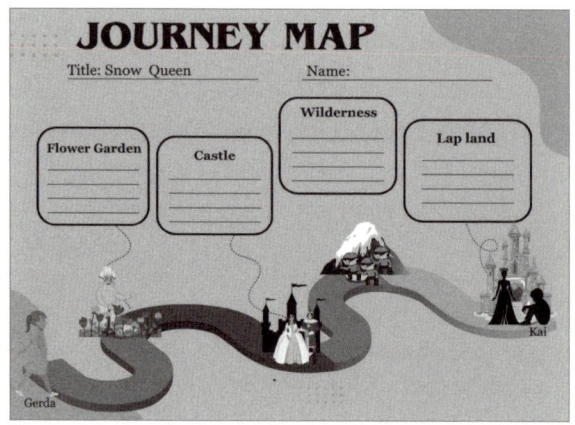

장소를 여기저기 이동하면서 장소마다 다른 사람을 만나는 이야기를 읽고 난 후에는, 이런 그래픽 오거나이저를 채우게 해도 좋습니다. 위의 여정 지도는 《눈의 여왕 Snow Queen》의 주인공 게르다가 카이를 찾아서, 할머니의 정원과 가짜 카이가 있는 성과 강도들이 사는 황야를 거쳐 얼음

궁전까지 가는 여정을 그린 그래픽 오거나이저입니다. 역시 캔바의 템플릿 중 하나를 편집해서 눈의 여왕 이야기에 맞게 고쳤습니다. 아이는 장소별로 "누구를 만나 무엇을 했다"라고 빈칸에 쓰면 됩니다. 아직 긴 지문을 쓰지 못하는 아이라면, 이렇게 장면별로 누구를 만나 무엇을 했다 정도부터 쓰게 유도해주는 것이 좋습니다.

한편 등장인물이 개성이 넘치거나 아이가 공감하기 좋은 경우, 이런 그래픽 오거나이저를 이용해서 등장인물을 그리고, 이 등장인물을 왜 좋아하는지 써보게 해도 좋습니다.

이외에도 간단한 표를 만들어서 빈 칸을 채워가도록 유도하는 것도 좋습니다. 정해진 한 가지 그래픽 오거나이저를 매번 쓰기보다는 새로운 주제에 어떤 다이어그램이 잘 어울릴지 생각하며 다양하게 활용해 봅시다.

# AI와 함께 영어 이메일을 쓸 수 있나요?

본격적으로 영어로 글쓰기를 해볼 기회는 많지 않습니다. 하지만 AI를 사용하면 아이도 친구들에게 영어 이메일을 써 보고, 영어 일기를 쓰는 게 한결 수월해집니다.

AI와 영어 쓰기를 할 때는 먼저 아이에게 "AI에게 이메일을 써 달라고 해보기 전에, 무슨 내용을 쓰고 싶니?"라고 물어봅니다. 그리고 아이가 원하는 내용을 아는 단어만 사용해서 써 보게 한 후, 이걸 챗GPT나 제미나이에 넣을 프롬프트로 만들어 보게 합니다. AI에게 이메일을 써 달라고 할 때는 누구에게 보내는지, 용건은 무엇인지, 필요한 정보 시간 및 장소 등에 대한 부분은 사람이 지정해 주어야 합니다.

아이와 생일 파티 초대 이메일을 영어로 써 보자고 한 후, 어떤 정보를 넣어 줘야 하는지 적어 봅니다. birthday party, friends to invite, date, place 등은 꼭 넣어 주어야 하는 정보입니다.

그런 후 이렇게 정리합니다.

> Write an email that invites friends to a birthday party. The sender is _____, and the recipients are _____. The place, the time….
> (친구를 생일 파티에 초대하는 이메일을 써 줘. 보내는 사람은 _____이고, 받는 사람들은 _____이야. 장소, 시간은…….)

이렇게 아이와 쓴 내용을 정리하고 'The sender and the recipients are all 9 years old 보내는 사람과 받는 사람 모두 9살' 같은 조건을 지정해야 좋습니다. 그래야 어린이가 보내고 받는 이메일이 되어서 쉬운 영어로 생성이 됩니다. 구글 제미나이 Gemini로 초대 이메일을 써 달라고 해보겠습니다.

**[사용자 질문 1]**

Write an email that invites friends to a birthday party. The sender is Aram, and the recipients are Jinwoo, Hyeri and Soyoung. The place: 3F Dream building, Date: Mar. 15, Time: 16:00. The sender and the recipients are about 9 years old.

**[제미나이 답변 1]**

**Subject:** You're Invited to My Birthday Party!

Hey Jinwoo, Hyeri, and Soyoung,

Guess what? It's my birthday soon!

To celebrate, I'm having a party on Friday, March 15th at 4:00 PM at the 3F Dream building.

There will be games, cake, and of course, tons of fun!

I can't wait to celebrate with you all! Please let me know if you can make it by March 10th.

See you there!
Your friend,
Aram

이렇게 하면 생일 초대 이메일을 영어로 쓸 수 있습니다. 제미나이나 챗 GPT를 이용해서 아이들에게 영어 쓰기를 시킬 때는 이메일처럼 형식에 맞춰 써 보는 글을 함께 생성해 보는 게 좋습니다. 영어 쓰기를 대필시키는 게 목적이 아니라, 특정한 장르의 영어 쓰기 형식을 익힐 때 활용하면 좋기 때문입니다. 형식이 분명한 글들은 이메일, 편지, 요리법 recipe, ~하는 법 how to~, 북 리포트 book report 등 다양합니다.

AI와 영어 쓰기를 하기 전에 준비 과정에서 이 글을 쓰려면 어떤 정보가 필요한지 AI에게 물어보고, 그 정보대로 샘플 라이팅을 AI를 통해 생성해보면, 아이는 혼자 쓸 수 있는 디딤돌을 충분히 갖추게 됩니다. 어떤 글을 쓰려면, 어디에 어떤 정보를 넣어야 하고, 어떤 형식으로 전개해야 하는지 이 준비 과정을 통해 금방 익힐 수 있기 때문입니다.

**[사용자 질문 2]**
난 10살 한국 여자아이야. 영어로 편지를 쓰려고 해. 어떤 정보가 필요한지 글머리 기호를 써서 알려줘.

**[제미나이 답변 2]**
영어 편지를 쓰기 위한 정보
영어 편지를 쓰기 전에 다음 정보를 준비하면 편지를 쉽게 작성할 수 있어요.

**1. 편지 종류**

**개인적인 편지:** 친구, 가족에게 보내는 편지
**공적인 편지:** 학교, 회사 등에 보내는 편지

**2. 수신자 정보**

**이름:** 성과 이름을 알아야 합니다.
**주소:** 국가, 도시, 우편번호, 거리 주소를 알아야 합니다.
**칭호:** Mr., Mrs., Ms., Dr. 등을 알아야 합니다.

### 3. 자신의 정보
**이름**: 성과 이름을 적어야 합니다.
**주소**: 국가, 도시, 우편번호, 거리 주소를 적어야 합니다.

### 4. 편지 내용
**목적**: 편지를 쓰는 이유를 명확히 해야 합니다.
**본문**: 내용을 간결하고 명확하게 작성해야 합니다.
**문단**: 내용을 문단으로 나누어 작성하면 편지가 더욱 읽기 쉬워집니다.

### 5. 마무리
**인사말**: Sincerely, Yours truly, 등을 사용합니다.
**서명**: 이름을 직접 쓰고, 그 아래에 타이핑합니다.

### 6. 추가 정보
**날짜**: 편지를 작성한 날짜를 적어야 합니다.
**제목**: 편지의 내용을 요약하는 제목을 적으면 편지를 찾기 쉽습니다.
**첨부**: 사진, 문서 등을 첨부할 경우 목록을 작성해야 합니다.

### 참고 자료
**영어 편지 쓰는 법 (feat. 인사말과 끝인사 모음)**: [유효하지 않은 URL 삭제됨]
**격식을 갖춘 영문 편지 작성법의 기본**:
https://blog.naver.com/ienprogram/220402004858?viewType=pc
**상황별 영어 편지 쓰는 방법 꿀팁 소개! 1**:
https://m.blog.naver.com/lemon752/221863929461
도움이 되었으면 좋겠습니다!

추가 질문이나 궁금한 점이 있으면 언제든지 물어봐 주세요.

아이가 이런 정보를 채우면, 다시 제미나이에 요청합니다.

[사용자 질문 3]

아래가 영어 편지를 쓰는 데 필요한 정보야. 이 정보를 가지고 영어 편지를 한 통 써 줘.

1. 호스트 가족 할머니에게 보내는 편지
2. **수신자 정보:** Marcia Johnson, 32 Pine Tree St. Lockwood, California 23165 USA
3. **자신의 정보:** Hyeri Ahn, #101-506 Shinsegye Apt. TheSam-Ro 33 Gil 11, Seocho-Gu, Seoul, Korea
4. **목적:** 감사 편지
   **본문:** 지난 여름 호스트 패밀리 집에서 받은 환대에 감사

[제미나이 답변 3]

Dear Mrs. Johnson,

#101-506 Shinsegye Apt.
TheSam-Ro 33 Gil 11
Seocho-Gu, Seoul, Korea

I am writing to express my sincere gratitude for the hospitality you and your family showed me during my stay in Lockwood last summer.
I had such a wonderful time getting to know you all and experiencing American life firsthand. I will never forget the delicious meals we shared, the fun activities we did together, and the interesting conversations we had.

I especially enjoyed our trip to Disneyland. It was so much fun to ride all the roller coasters and see all the characters. I also really enjoyed our visit to the beach. It was so beautiful to see the ocean and feel the sand between my toes.
I am so grateful for your kindness and generosity. You made me feel like I was part of your family. I will always cherish the memories I made during my stay with you.

Thank you again for everything. I hope to see you again soon.
Sincerely,

Hyeri Ahn

이렇게 생성된 영어 편지를 아이와 함께 읽어 보고, 다른 정보를 가지고 아이가 직접 영어 편지를 써 보게 합니다.

라이팅 관련 연구를 보면, 자기 글을 받아서 읽는 사람이 있다는 것을 글을 쓰는 이가 알면, 설사 받는 사람이 가상의 인물이라도 해도, 글쓰기 결과는 더욱 좋아진다고 합니다. 이런 식으로 아이들끼리 영어로 이메일을 써서 주고받게만 해도 보내면서 읽어보고, 받으면서 읽어보면서 영어를 많이 배울 수 있습니다. 위의 과정을 거치면 AI가 써준 이메일은 '모델 라이팅'이 되기 때문에 아무런 사전 지식이 없는 상태에서 쓸 때보다는 부담이 적습니다. 또한 디딤돌로 삼을 어휘와 양식을 알고 쓰기 때문에 아이들은 더욱 쉽게 영어로 이메일을 써볼 수 있답니다.

# AI와 함께 영어 스토리 라이팅을 할 수 있나요?

    기능적인 쓰기가 아닌 창의적인 글쓰기를 AI에 전적으로 의존하는 것은 아이들의 사고 및 정서 발달에 도움이 되지 않습니다. 하지만 쓰기 연습을 할 때 AI는 훌륭한 도우미가 될 수는 있습니다. 일단 영어 쓰기를 뚝딱 하면 나오는 '산물 product'로 인식하기보다는 '과정 process'으로 봐야 합니다. 이 과정들을 겪으면서 아이들의 영어 실력이 성장하기 때문입니다. AI는 이 학습 과정 중 일부에 굉장히 큰 도움이 될 수 있습니다.

    영어뿐만 아니라 모든 쓰기 과정은 구상 brainstorming부터 시작해서 초고를 쓰고, 다듬고, 재고를 쓰고 퇴고하는 과정을 거쳐 완성됩니다. 그리고 이 과정을 밟아가는 단계에서 AI의 도움을 받거나, 글이 잘 써지지 않을 때 영감이나 글쓰기의 단초를 얻을 때도 아주 효과적으로 AI를 사용할 수 있습니다.

## 영어 쓰기의 단초를 제공하기

무엇을 써야할지 몰라서 글을 쓰지 못하는 경우가 생각보다 많습니다. 이럴 때 글쓰기의 단초를 AI가 제공하는 방법은 크게 두 가지가 있는데, 첫 번째는 '모델 라이팅'으로 '이메일 쓰기'에서 언급한 것처럼 먼저 보여 주는 방식입니다.

두 번째는 글의 '프롬프트 prompt' 혹은 '스토리 스타터 start starter'를 주는 방법입니다. 라이팅 프롬프트라는 표현은 생성형 AI가 나오기 전에도 영어 쓰기를 할 때 많이 사용하던 용어입니다. 'prompt'의 '촉발시키다, 일어나도록 유도하다'라는 뜻에서 알 수 있듯이, 이어서 글쓰기를 계속할 수 있게 해주는 장치입니다. 이런 영어 쓰기 도움 장치들은 기존에 구글링을 해서 찾을 수도 있었고, 추첨하듯 뽑아서 쓸 수 있는 사이트들도 있었습니다. 예를 들면, 글쓰기 프롬프트는 이렇습니다.

"별 하나 빛나지 않는 캄캄한 밤이었다. 찬희는 깊은 숲속에서 눈을 떴다."

이런 도입부가 바로 '라이팅 프롬프트'입니다. 학습자는 이제 이 문장이 일으키는 상상을 따라서 이어서 써가면 됩니다. 혹은 아예 구체적인 상황을 프롬프트로 주기도 합니다.

"중세 시대 범선을 모는 선장 캡틴 로버츠, 카리브해를 항해하다가 허리케인을 만난다. 배는 침몰하고 선장과 몇 명의 부하는 신비한 섬에 상륙하게 된다."

그러면 이 상황을 읽고 떠오르는 영감을 따라 학습자가 써 내려가는 방식입니다.

영어로 이런 프롬프트를 만들어 달라고 요청해 보겠습니다. 이때 글의 장르, 글을 쓸 사람의 연령대를 지정해 주었습니다.

[사용자 질문 1]

Make 5 sentences as writing prompts for story writing for children aged 8 to 10. The genre is fantasy.
(8세에서 10세 어린이가 스토리를 쓰게 '라이팅 프롬프트 문장 5개'를 써 줘. 장르는 환타지야.)

[챗GPT 답변 1]

1. In the heart of the enchanted forest, where trees whisper secrets and rivers sing melodies, a young girl named Lily discovered a glowing stone that could grant her any wish she whispered into it.

2. Far beyond the mountains, in a land ruled by dragons, a timid boy named Ethan befriended the smallest dragon, who was too scared to fly, and together they embarked on a journey to find the courage hidden within.

3. On the night of the blue moon, Alex and his magical talking dog, Buster, found a mysterious map leading to a hidden world beneath their garden, filled with creatures and treasures no human eyes had ever seen.

4. In the kingdom of floating islands, Sarah found an ancient book in her attic that revealed she was the last wind whisperer, capable of controlling the winds and storms, a power needed to save her kingdom from an eternal drought.

5. When Jack stumbled upon a secret door in the back of his grandmother's closet, he never expected to step into a world where his stuffed animals came to life, each with their own kingdom to rule and battles to fight.

그러면 이렇게 다양한 상황이 주어집니다. 이 중 1번에 대해서 200단어 정도의 스토리로 써 달라고 요청하고, 챗GPT가 써 주는 글을 '모델 라이팅'으로 삼습니다.

[사용자 질문 2]

Write a story about no. 1 prompt. The word count is 200, and GRL is G.
(이 중 1번에 대해서 200단어 정도의 스토리로 써 주고 GRL은 G로 해 줘.)

[챗GPT 답변 2]

In the heart of the enchanted forest, Lily walked with wide eyes, marveling at the whispering trees and the singing rivers. One day, while exploring, she stumbled upon a glowing stone nestled among the roots of an ancient oak. Curious, she picked it up, and the stone hummed with a warm light. Remembering the legends her grandmother told her about wishing stones, Lily whispered, "I wish for the courage to climb the tallest tree."
(이하 생략)

단어 수 제한은 'word count'라고 표현하면 되지만, 정확하게 200단어를 맞추지는 못합니다. 그러나 190에서 200단어 사이라고 지정하면, 어느 정도 맞출 수는 있습니다. 또 미국의 교육기관에서 가장 많이 사용하는 리딩 지수인 GRL Guided Reading Level를 정해 주는 것도 잊지 않습니다.

이 모델 라이팅을 보고 아이가 글을 쓰면, 이제 그 글의 영어 감수를 챗GPT에게 맡겨 봅니다. 그냥 지문을 복사해서 넣어 주어도 되지만, 어디를 어떻게 고쳤는지 아이가 보고 아는 게 더 중요하기 때문에 한 줄씩 원문과 교정된 문장을 표에 넣어 달라고 하며 비교해 봅니다.

# 영어 학습에 사용할 이미지를 만들 수 있나요?

'챗달리'는 챗GPT 안에 들어온 그림 생성 AI인 'Dall-e 달리'를 이용자들이 편하게 일컫는 이름입니다. 그림 생성 AI에는 '미드저니 Midjourney'와 '스테이블 디퓨전 Stable Diffusion'이 가장 유명하고 결과의 퀄리티도 높은 편이지만, 그 외에도 '이미지 크리에이터 Image Creator', '라스코 Lasco'와 '구글 제미나이의 그림 생성 기능' 등이 있습니다. 높은 퀄리티로 상업적인 이용 가치가 있거나 출판할 만큼 높은 품질의 이미지는 그림을 잘 아는 전문가들이 여러 가지 기술적인 사양의 의미를 알고 생성 명령을 내릴 때 구현이 가능합니다. 일반인들과 어린이들은 상상을 이미지로 바로 표현해보는 장이 열렸다고 생각하면 아주 즐겁게 챗달리를 활용할 수 있습니다(챗달리는 챗GPT4.0에서만 사용할 수 있습니다).

앞 장에서 아이가 쓴 글에 곁들여지는 그림을 한번 챗달리로 그려보겠습니다. 1번 '릴리 이야기'를 넣으면서 이 이야기에 곁들여진 삽화 이미지를 생성해 달라고 하며, 프롬프트는 간단합니다.

> An image that illustrates the following story without any text in it.

생성된 이미지는 어두운 숲속에서 혼자 헤매다가 빛나는 돌을 찾은 릴리의 이야기를 잘 표현하고 있습니다.

챗GPT4.0의 올인원 모드에서는 이미지가 하나씩 생성이 되지만, 왼쪽 메뉴에 있는 [Explore GPTs]를 누르고 GPTs로 들어가면 [By ChatGPT]에 'DALL-E'를 찾을 수 있습니다. 여기에서는 이미지를 두 개씩 만들어주는 챗달리를 써볼 수 있습니다. 그밖에도 여러 이미지 생성 프롬프트를 사용해볼 수 있습니다. 그냥 챗달리에 스토리를 넣어서 생성한 것보다 이미지 생성 프롬프트를 만들어서 챗달리에 넣어 생성된 그림의 품질이 훨씬 더 좋습니다.

GPTs 중에 Cartoonize Yourself, Simsonise Me, Pixar me 등은 실

물 사진을 넣으면 각각 만화 캐릭터, 심슨 캐릭터, 픽사 만화 캐릭터로 바꾸어 그려주는 GPT들도 있습니다. 다음은 Pixar me를 이용해서 어린이 사진을 픽사 만화 캐릭터로 생성한 그림입니다.

이 기능을 이용하면 아이의 소셜 미디어 계정, 카톡 계정 등에 쓸 수 있는 픽사 버전 이미지를 만들 수 있습니다. 아이의 초상권을 보호하며 아이의 계정 프로필 사진을 넣고 싶을 때 이런 애니메이션 캐릭터로 바꾼 이미지를 활용하기 아주 좋습니다. 무엇보다 아이들은 이렇게 자기 사진을 다양하게 바꾸어 보는 과정 속에서 재미와 호기심을 통해 자연스럽게 AI의 특성을 익혀나갑니다.

# 아이가 쓴 글로 영어 비디오를 만들 수 있나요?

아이가 영어로 쓴 글을 멋진 동영상으로 만들어 주고, 놀러 가서 직접 찍은 사진이나 공연한 사진을 넣어서 아이를 주인공으로 한 영어 비디오를 만들어 주면, 영어 학습에 아주 큰 동기를 불러 일으킵니다. 아이는 자신이 주인공인 영어 비디오를 여러 번 돌려보기도 하고, 그 내용을 의미 있게 받아들이며 스스로 영어를 학습합니다. 단 비디오를 만들어 편집하는 작업은 부모님이 작업해 주어야 합니다.

비디오 생성 AI에는 여러 가지가 있는데, 챗GPT 안에도 비디오를 만들어주는 GPT가 존재합니다. 그리고 'Vrew' 생성기도 성능이 뛰어나고, '캔바 Canva'에서도 유료 버전으로 'Magic Write'를 사용하면 비디오를 만들어 줍니다. 하지만 여기서는 지문을 넣어서 비디오를 만들 때 가장 편리한 AI 중 하나인 '픽토리 pictory'를 사용해 영어 비디오를 만들어 보겠습니다.

## 픽토리로 영어 비디오 만들기

먼저 '픽토리' 사이트로 갑니다. 로그인하고 들어가면, 다음 화면이 가장 먼저 뜹니다.

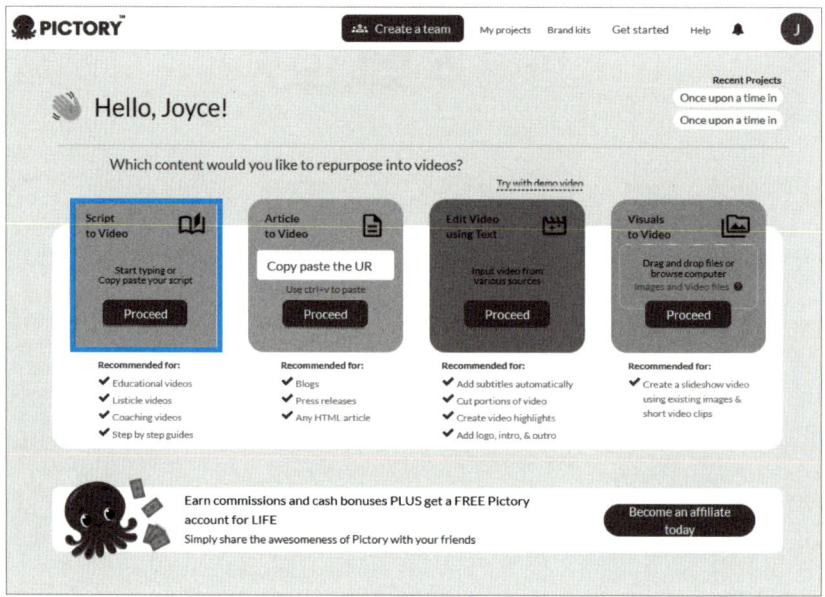

총 네 가지 모드로 작업할 수 있는데, 첫째 [Script to Video]는 글을 넣어서 비디오를 만드는 기능, 둘째 [Article to Video]는 인터넷 페이지 URL을 넣어서 그 내용으로 비디오를 만드는 기능, 셋째 [Edit Video using text]는 기존의 동영상을 올려서 편집하는 기능, [Visuals to video]는 사진 등의 이미지를 넣어서 비디오를 만드는 기능입니다. 이중 우리는 [Script to video] 기능을 선택하겠습니다.

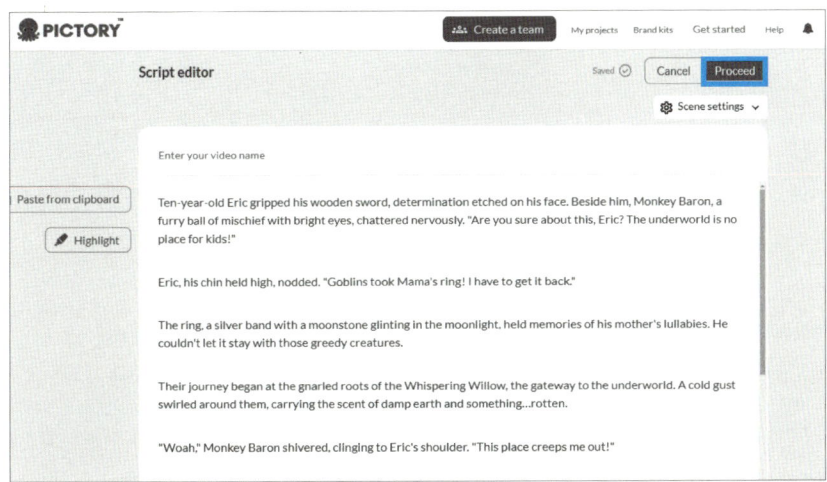

이 페이지가 뜨면 앞 장에서 만들었던 이야기 중 하나를 붙여넣습니다. 그러면 오른쪽 상단에 [Proceed] 키가 보라색이 되는데, 이를 클릭합니다.

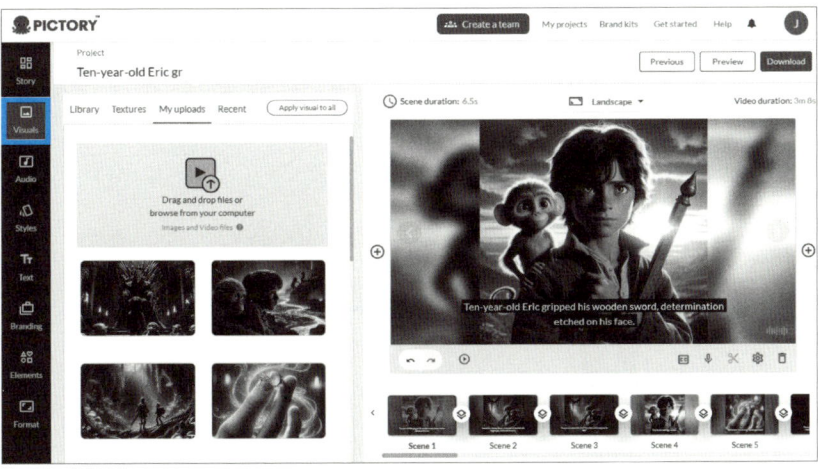

이렇게 스토리보드가 열리면 장면별로 동영상이나 이미지를 넣어 줍니다. 여기서는 약 30개 정도 나왔는데, 지문 길이에 따라 장면의 수는 다릅니다. 동영상에 글 속 키워드 중 하나를 띄워 주는데, 이게 글의 내용과 맞으면 그냥 두고, 아니면 왼쪽 메뉴에 있는 [Visuals]에서 동영상이나 이미지를 업로드한 후 수정합니다. 파일이 왼쪽에 뜨면, 드래그 해서 장면별로 오른쪽에 넣을 수 있습니다. 여기서는 스토리북 만들 때 생성한 이미지를 업로드한 후 장면별로 끌어다 넣었습니다.

이렇게 동영상과 이미지를 모두 알맞게 넣은 후에는 [Audio]로 가서 백그라운드 뮤직을 고릅니다. 'Mood/Purpose/Genre'를 지정하면 1만 5,000곡 중 범위가 많이 줄어듭니다. 노래 중 마음에 드는 곡으로 [Apply]를 눌러 지정합니다.

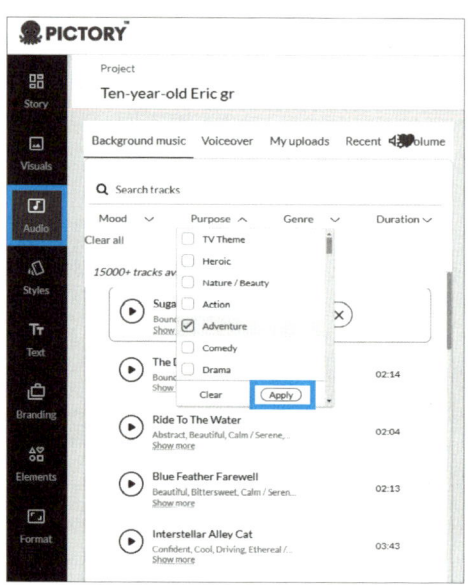

여기서는 이 노래를 눌러서 지정했습니다.

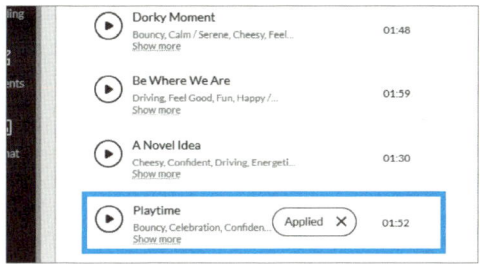

다음은 [Voice over]에서 지문을 읽을 인공지능 성우의 목소리 중 하나를 지정합니다. 언어와 억양, 남녀를 선택해 여러 가지 목소리를 들어보고 이 중 하나를 택합니다. 저는 남자 어린이 목소리인 Justin의 목소리를 택했습니다.

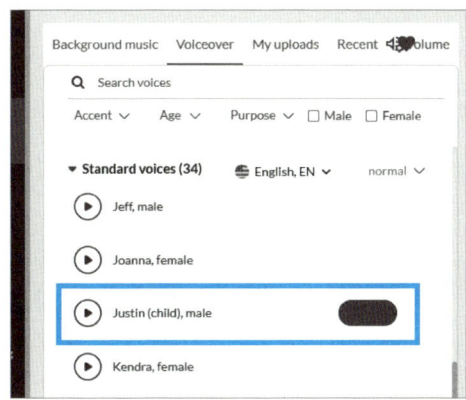

목소리를 지정한 후 [Standard voices] 옆에 [normal]에 커서를 가져다 대면 성우의 읽는 속도를 빠르게 혹은 느리게 조정할 수 있습니다.

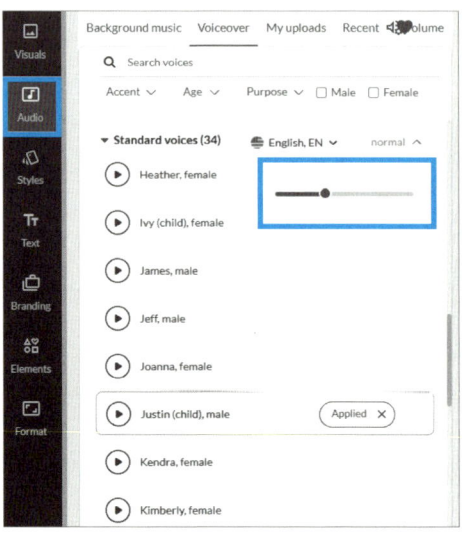

그리고 상위 메뉴의 [Volume]에서 백그라운드 뮤직의 소리를 줄이고, 성우 목소리를 키워 줍니다. 여기서 [My uploads]는 사용자가 목소리를 넣을 수 있는 곳입니다. 한국어는 아직 지원이 안 되므로 동영상을 만들 때 한국어가 필요하면 따로 음원을 만들어서 그 음성 파일을 여기에 올리거나 아니면 직접 녹음해서 음원 파일을 올려도 좋습니다.

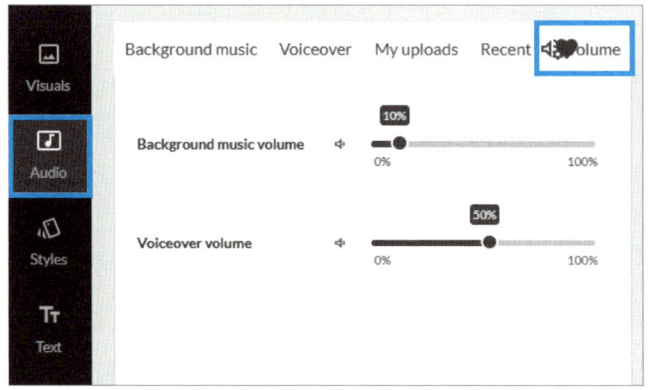

왼쪽 메뉴의 [Text]로 가면 장면에 들어간 지문의 크기와 폰트, 위치를 조정할 수 있고, 글 내용도 고칠 수 있습니다.

[Elements]는 스티커와 GIF 이미지를 넣는 메뉴이고, [Branding]과 [Styles]는 상업용이므로 건드리지 않아도 됩니다. 마지막으로 배율 조정은 일반 동영상, 정방형, 9:16의 배율로 바꿀 수 있습니다. 조정이 모두 끝나면 미리보기 [Preview]를 눌러 완성된 동영상을 확인합니다.

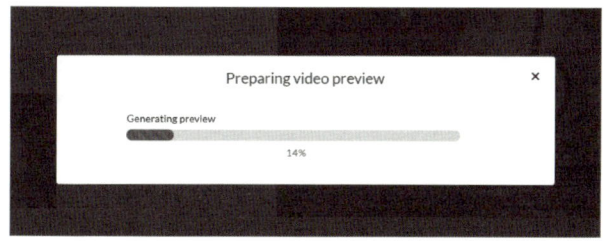

완성된 동영상이 마음에 들면 다운로드를 받습니다. 다운로드는 조금 시간이 걸립니다.

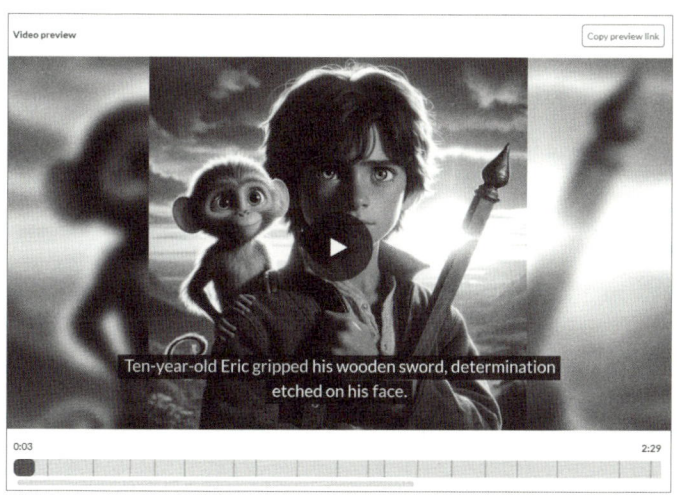

이렇게 금세 비디오 한 편이 만들어졌습니다. 아이가 쓴 내용의 이야기를 이런 식으로 비디오를 만들어 주면 영어 학습에 더욱 흥미와 재미를 느낍니다. AI로 만든 비디오는 영어 교육에서 다양하게 활용할 수 있습니다. 아이와 함께 읽은 재미있는 영어 도서를 비디오로 만들거나, 아이와 함께 쓴 간단한 영어 동화 혹은 교과서 지문을 가져와 비디오로 만들어 보여 주어도 좋습니다. 혹은 가족 여행을 다녀온 내용이나 그날의 일기를 비디오로 만들어 보여주는 것도 좋습니다. 여기서 주인공은 물론 아이가 되면 좋습니다. 이처럼 영어로 다양한 활동을 한다면, 아이는 생활 속에서 자연스럽게 영어 실력이 향상될 것입니다.

# 영어 학습용 GPTs에는 어떤 것이 있나요?

GPTs는 챗GPT의 활용과 확장성에 날개를 달아주는 추가 앱들입니다. 기존에 플러그인 등으로 사용되던 많은 도구가 이제 GPTs로 들어와 있습니다.

GPTs에는 크게 두 가지가 있습니다. 기업들이 만들어서 제공하는 '레디-메이드 GPTs'가 있고, 이용자가 직접 만들어서 사용하며 공유하는 퍼블릭 스토어의 GPTs들이 있습니다. 이제는 코드 없이 일반인들이 자신의 필요에 맞게 이런저런 GPT들을 만들어 쓸 수가 있습니다. 그래서 영어 학습에 도움이 되는 GPTs를 몇 개 만들어 보았습니다.

### 어린이 영어 단어장 GPT

영어 단어 사이에 콤마를 찍어서 입력하면 자동으로 영어 단어장을 표로 그려주는 GPT입니다.

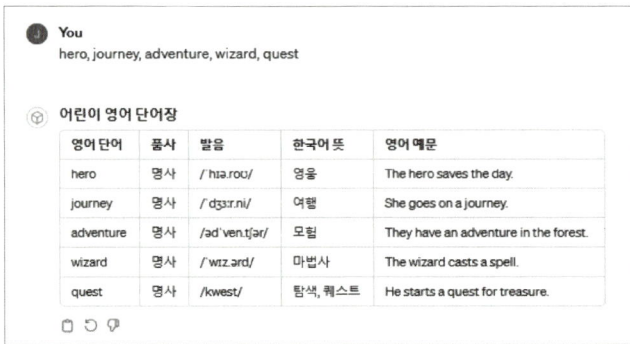

아래 QR 코드를 찍으면 어린이 영어 단어장 GPT 링크로 연결됩니다. 영어 단어장을 활용해 영어 단어 외우기에 효율성을 높이기 바랍니다.

https://chat.openai.com/g/
g-DuS463KCR-eorini-
yeongeo-daneojang

## 영문법 교정기

영어 문장을 넣으면 어느 곳이 틀렸는지를 찾아서 어디가 틀렸는지 한국어로 설명해 주고, 또 교정한 표현도 알려주는 GPT입니다.

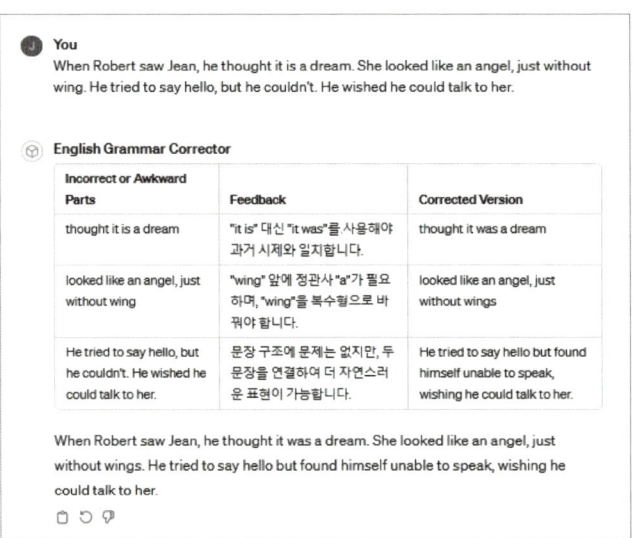

아래 QR 코드를 찍으면 영문법 교정기 GPT 링크로 연결됩니다.

https://chat.openai.com/g/
g-jqttXorD5-english-
grammar-corrector

## 영어 독해 문제 생성기

300단어가 넘지 않는 짧은 지문을 넣으면 독해 문제 다섯 개를 만들어 주는 생성기입니다. 이 다섯 문제는 메인 아이디어 문제 하나, 사실 관계를 묻는 문제 셋, 그리고 추론 문제 하나로 구성되어 있습니다. '에릭의 지하세계 모험담'이라는 이야기의 지문을 한 번 넣어보겠습니다.

> 영어독해문제 생성기
> **Reading Comprehension Questions**
>
> **Main Idea Question:**
> What is the main theme of the story?
> ① The importance of teamwork and courage in overcoming challenges.
> ② The value of possessions over personal relationships.
> ③ The dangers of venturing into unknown places.
> ④ The superiority of humans over other creatures.
>
> **Factual Questions:**
> ① What motivated Eric to enter the underworld?
> A. His desire for adventure.
> B. To retrieve his mother's ring from the goblins.
> C. To prove his bravery to Monkey Baron.
> D. To defeat the Goblin King in battle.
>
> ② Who accompanied Eric on his journey to the underworld?
> A. A knight in shining armor.
> B. A furry creature named Monkey Baron.
> C. A wise old wizard.
> D. His mother's ghost.
>
> ③ How did Eric and Monkey Baron defeat the Goblin King?
> A. By engaging in a physical fight.
> B. With the help of magic spells.
> C. Through a battle of riddles.
> D. By stealing the ring while the king slept.

**Inference Question:**

① What can we infer about Eric's character from his decision to retrieve the ring?
A. He is reckless and does not think about the consequences of his actions.
B. He values material possessions above all else.
C. He is brave and deeply values memories of his loved ones.
D. He is easily influenced by others.

### Answers and Explanations

**Main Idea Question:**
Correct Answer: ① The importance of teamwork and courage in overcoming challenges.
Explanation: The story revolves around Eric and Monkey Baron working together to retrieve Eric's mother's ring from the underworld, showcasing their bravery and teamwork throughout their adventure.

**Factual Questions:**
① Correct Answer: B. To retrieve his mother's ring from the goblins.
Explanation: Eric's primary motivation for entering the underworld is to get back his mother's ring, which was taken by goblins.

② Correct Answer: B. A furry creature named Monkey Baron.
Explanation: Monkey Baron, described as a "furry ball of mischief," accompanies Eric on his journey to the underworld.

③ Correct Answer: C. Through a battle of riddles.
Explanation: Eric and Monkey Baron defeat the Goblin King by outsmarting him in a riddle battle, as indicated by their success in answering riddles about courage, friendship, and love.

**Inference Question:**
Correct Answer: C. He is brave and deeply values memories of his loved ones.
Explanation: Eric's determination to retrieve the ring despite the dangers of the underworld reflects his bravery and the deep value he places on keeping his mother's memory alive.

프롬프트를 쓸 필요도 없이 문제 다섯 개와 답과 설명을 순식간에 생성해 줍니다.

아래 QR 코드를 찍으면 영어 독해 문제 생성기 GPT 링크로 연결됩니다.

https://chat.openai.com/g/g-M1KJA40Ty-yeongeodoghaemunje-saengseonggiQR

# 영어 리딩을 도와주는
# AI 서비스가 있나요?

영어 리딩을 도와주는 AI로 현재 무료이면서 가장 강력한 AI는 'Google read along'입니다. 구글에서 'google read along'를 검색하면 바로 사용할 수 있습니다.

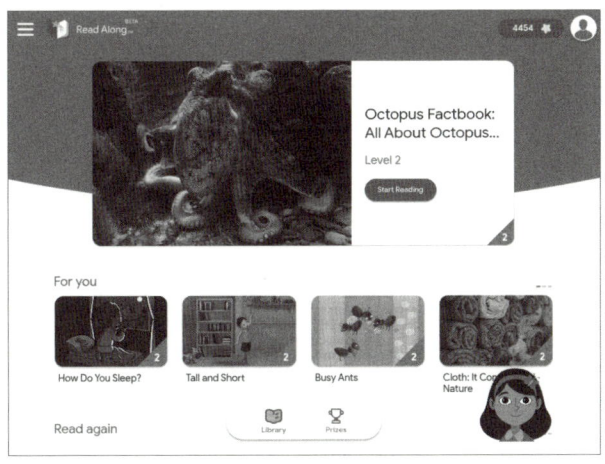

이 사이트는 아이의 레벨에 맞는 '스토리'를 찾아서 하루 10분씩 소리 내어 읽어주며 따라 읽게 해줍니다. 아이들이 제대로 읽지 못하는 단어는 색이 달라져서 한 페이지를 읽은 후에 다시 읽게 해주고, 읽기 유창도에 따라 한 스토리를 읽을 때마다 별을 줍니다. 이 별이 쌓이면 마지막에 리워드도 제공해서 아이들이 무척 재밌어 하며 잘 따라 읽습니다.

'소리 내어 읽기'가 읽기 발달에 중요하다는 연구 결과는 정말 많이 알려진 사실입니다. 그 와중에 읽기를 쉽게 도와주는 무료 사이트인 '리드 얼라우드 Read Aloud'가 등장해 큰 도움이 됩니다. 현재 아이들의 음소 인식부터 시작해서 소리 내어 읽기를 더 과학적이고 체계적으로 훈련시켜 주는 프로그램도 나와 있지만, 대부분 이런 프로그램들은 유료입니다.

세계 최초의 지능형 독서 도우미로 유명한 '아미라 러닝 www.amiralearning.com' 역시 소리 내어서 읽는 읽기 발달에 무척 좋은 프로그램을 운영하고 있습니다. 'google read along'보다 더 낮은 읽기 발달 단계에 있는 아이들에게 더욱 좋습니다. 이 사이트는 〈타임스〉 지에서 선정한 'Best Inventions 상'을 수상한 곳으로, 리딩을 미션화시켜서 게임처럼 진행할 수 있습니다. 게임을 소개하는 '블롭 Blob'이라는 캐릭터가 나오며, '아미라 Amira'라는 캐릭터를 따라 'Animal park'를 돌아다니며 아이들이 좋아하는 'animal rescue' 미션을 수행할 수 있습니다. 또한 마이크와 카메라를 통해 아이들이 목소리로 직접 참여하면서 대화하듯 리딩을 진행합니다. 'animal park'에서 동물들에게 말을 가르치는 '아미라'는 어린이 독자들에게 말을 걸며 실제 미션에 참가해서 동물들에게 글을 읽어 주도록 유도합니다. 이 프로그램은 무료로 체험해 본 후 유료로 전환하게 되어 있으니 참고합니다.

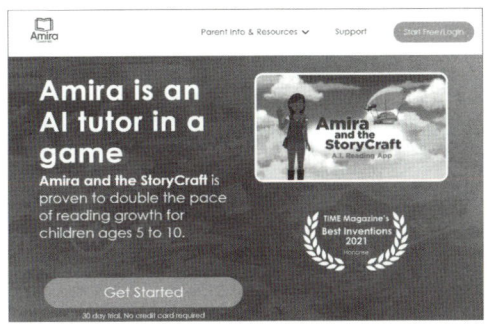

아미라와 함께 다양한 미션을 수행할 수 있다

참고로 어린이 영어 어휘 실력 테스트 사이트들이 늘고 있습니다. 하지만 대부분 원어민 어린이 사이트라서 문제와 보기 모두 영어로 되어 있어 너무 낮은 레벨의 어린이에게는 권하지 않습니다. 낮은 영어 레벨의 어린이에게는 오히려 한국어로 된 문제들이 좋습니다.

'에듀케이션 퀴즈 www.educationquizzes.com' 사이트에서 연령별, 학년별로 어휘 테스트를 해볼 수 있으니 아이의 영어 실력을 테스트해 본 후 적절한 서비스를 이용하는 걸 추천합니다.

> **TIP 클리어 플루언시 프로그램이란?**
>
> 아이들의 음소 인식부터 소리 내어 읽기를 체계적으로 훈련시켜 주는 프로그램으로 뉴로사이언스 러닝에서 운영하는 '클리어 플루언시 Clear Fluency'가 있습니다. 소리가 읽기에, 즉 음소를 구별하는 귀가 읽기에 얼마나 중요한지 뇌과학을 기반으로 설계된 프로그램입니다. 음소 구별 훈련부터 시키는 패스트 포워드 Fast Forward, 소리 내어 읽기를 시키고 분석해 측정해 주는 클리어 플루언시 Clear Flency 프로그램 등을 이용할 수 있습니다.

**김용욱**

미래 사회에는 생각하는 힘, 창조하는 능력이 무엇보다 중요하며, 이러한 힘의 원천은 바로 독서입니다. AI와 함께라면 아이들의 독서 세계는 훨씬 깊고 넓어집니다!

# 5장

# 인공지능이 도와주는 완벽한 초등 독서법

우리 아이 맞춤 독서 프로그램을
AI가 찾아줄 수 있을까?

# 인공지능 시대에
# 독서가 왜 중요할까요?

세계적인 인기를 얻은 미국 드라마 시리즈 〈왕좌의 게임〉의 원작자 조지 마틴 George R.R. Martin 은 독서에 대해 이렇게 말했습니다.

"읽는 자는 죽기 전에 천 개의 삶을 산다. 하지만 읽지 않는 자는 오로지 한 번의 삶만 살 뿐이다 A reader lives a thousand lives before he dies … The man who never reads lives only one."

2017년 12월 7일 기사에서 영국 〈가디언〉 지는 이렇게 밝혔습니다.

"언젠가 당신의 학생들은 단순히 책을 읽는 것을 넘어서 그들이 책 속에 있는 것처럼 경험하게 될 것입니다. One day your students won't just be able to read books: they'll experience what it's like to be in them."

이는 책을 읽는 양식이 과거부터 지금까지 변해왔던 것처럼 앞으로도 변할 것이라고 말하고 있습니다. 사실 인간이 이야기를 전하는 방식은 구전에서부터 두루마리 그리고 넘기는 페이지로 구성된 책으로 변했다가

지금은 컴퓨터 화면을 스크롤 하는 방식으로 변했고, 이제 또 한 차례 바꾸려고 합니다. 사실 책이라는 매체 자체가 중요하지는 않습니다. 정말 중요한 것은 스토리입니다. 책의 모양과 방식은 시간이 가면서 계속 변화하겠지만, 그 안에 스토리는 언제나 있을 것입니다.

## 점점 중요해지는 읽기 능력

이처럼 시대가 빠르게 변화하는 시점에서도 독서의 중요성은 점점 부각되고 있습니다. 종이책 페이지를 넘겨가며 읽을 때 우리 뇌에 일어나는 변화는 어마무시한데, 이렇게 변화된 뇌가 처리하는 정보의 양과 여기서 이루어 내는 정보의 질을 다른 읽기 방식으로는 아직 따라갈 수가 없기 때문입니다.

인간이 시각, 청각 등의 오감과 감각 신경을 통해 얻은 엄청난 정보들을 선별해 문자 안에 넣어 전달하는 방식을 택하면서, 우리 문명은 비약적인 발전을 이루어 냈습니다. 읽기는 인간의 뇌로 하여금 신경돌기들을 자라게 하고 연결해서 새로운 통로를 만드는 방식으로 우리의 뇌를 바꾸었습니다. 이건 문자 읽기를 통해서만 가능합니다.

미래 사회에서는 간접적으로 책에 쓰인 글을 보고 상상하는 것만이 아닌, 책 안에 들어가서 직접 체험하는 방식으로 이야기를 누리고 전달하게 될 지도 모릅니다. 하지만 이런 체험에 필요한 엄청난 데이터와 전력, 하드웨어는 물론, 결정적으로 이야기를 이해하기 위해 소비되는 시간은 결코 글자로 읽는 이야기의 힘을 대신할 수 없을 것입니다.

무엇보다 누군가는 계속해서 이야기를 쓸 것이며, 읽은 사람들이 또 쓰기 시작할 것입니다. 천 번의 삶을 읽기를 통해 살아본 사람이 하나의 삶을 창조하는 글쓰기를 할 수 있습니다. AI 시대는 문자 읽기의 힘을 가진 사람들이 콘텐츠를 만들어 내는 사람이 될 것입니다. 단순히 시간과 돈을 소비하며 콘텐츠를 소비하는 사람이 되는 일은 아주 쉽습니다.

　인공지능 시대에 산다고, AI가 다 해주는 시대이기 때문에 더는 독서할 필요가 없다고 생각하면 오산입니다. 오히려 AI를 도우미 삼아 체계적인 독서 스케줄을 세운 후 꾸준하고 폭넓은 독서 활동으로 생각의 크기를 키웠을 때, AI 시대에 콘텐츠를 단순히 소비만 하는 사람이 아닌 콘텐츠를 주도적으로 창조하는 주체적인 사람이 될 수 있습니다.

# 아이의 기능적 문해력은 어떻게 키워야 하나요?

　기술이 발전함에 따라 문해력에서의 빈익빈 부익부 현상이 심화되고 있습니다. 개인의 모국어 문해력 수준은 단순히 학업 성적뿐만이 아닌 인간관계와 직업의 선택, 사회적 성공으로까지 연결되어 한 사람의 삶에 큰 영향을 미칩니다. 그래서 초등학교 저학년 시기에 모국어 문해력의 기초를 닦아두지 않으면, 이 차이는 평생을 갈 수 있습니다. 물론 많이 읽고 써야 문해력이 자라고, 메타 인지도 발달합니다. 만약 AI를 단순한 오락 수단으로만 활용한다면 문해력 향상에 별다른 도움이 되지 않겠지만, AI를 현명하게 활용한다면 그 결과는 확연히 달라질 것입니다.

　《EBS 당신의 문해력》에는 문해력을 키우는 구체적인 방법들이 제시되어 있습니다. 글자를 음소로 분절하기, 첫소리가 같은 글자 찾기, 글자 수 확인하기, 글자의 소리값 확인하기 등의 활동을 통해 기능적 문해력을 키울 수 있는 방법들을 알려줍니다. 그러나 관련 전문가가 아니면 여기서 말하는 활동이 무엇인지 쉽게 알기 힘듭니다. 그래서 제미나이에게 위의 활동들을 만들어 달라고 요청해 보았습니다.

> **[사용자 질문 1]**
> 어린이에게 글자를 음소로 분절하는 연습을 시키려고 해. 글자를 음소로 분절하는 예를 하나 보여주고, 그 아래 글자들 다섯 개를 제시하고 그 옆에 음소로 분절할 빈칸들을 만들어서 표로 만들어줘. non-word는 제외해 줘.

그러면 제미나이는 다음과 같이 예시를 만들어 주고 표도 만들어 줍니다(non-word는 읽을 때는 맞지만, 실제 존재하지 않는 단어들을 말합니다).

**[제미나이 답변 1]**

| 글자 | 음소 분절 |
|---|---|
| 꽃 | |
| 바다 | |
| 학교 | |
| 친구 | |
| 가족 | |

이번에는 첫소리가 같은 글자 찾기 연습문제를 만들어 달라고 해보겠습니다. 이때 Analyzing의 코딩 화면으로 진행되어야 올바른 값이 나옵니다 챗GPT4.0을 이용했습니다.

[사용자 질문 2]
어린이를 위해서 첫소리가 같은 한국어 글자 찾기 연습 문제를 만들려고 해. 같은 자음으로 시작하는 단어가 있도록 단어 15개를 다양한 자음과 모음 및 받침과 결합한 단어로 만들어서 단어만 무작위로 섞어서 제시해 줘. 그 아래에는 어떤 단어가 같은 자음으로 시작하는지 분류해 줘.

그러면 다음과 같이 어린이 활동용 연습문제를 만들어 줍니다.

[제미나이 답변 2]
- **선택된 단어들:**
  눈, 나비, 미로, 라디오, 계란, 등대, 모자, 램프, 마우스, 낙엽, 돼지, 기차, 구름, 루비, 레몬
- **같은 자음으로 시작하는 단어들의 분류:**
  **ㄴ으로 시작하는 단어:** 눈, 나비, 낙엽
  **ㅁ으로 시작하는 단어:** 미로, 모자, 마우스
  **ㄹ으로 시작하는 단어:** 라디오, 램프, 루비, 레몬
  **ㄱ으로 시작하는 단어:** 계란, 기차, 구름
  **ㄷ으로 시작하는 단어:** 등대, 돼지

다음은 읽다가 소리값을 헷갈려하는 아이들을 위해, 음소별로 따로 발음하고 이 음소들을 모아서 합쳐 발음해볼 수 있도록 표를 만들어 달라고 요청했습니다. 이때 실제 아이가 잘못 읽은 단어를 제시하고 만들어 달라고 하면 더욱 좋습니다.

[사용자 질문 3]
어린이를 위해 글자를 읽다가 어려운 글자가 나오면 그 글자의 소리값을 연습하는 문제를 만들려고 해. 어려운 글자가 들어간 단어 10개를 제시하고 그 옆에 그 소리값을 음소로 풀어서 넣은 표를 만들어줘.

| [제미나이 답변 3] | |
|---|---|
| 단어 | 음소 분해 |
| 반짝 | ㅂ ㅏ ㄴ ㅉ ㅏ ㄱ |
| 찌르레기 | ㅉ ㅣ ㄹ ㄹ ㅔ ㄱ ㅣ |
| 콩나물 | ㅋ ㅗ ㅇ ㄴ ㅏ ㅁ ㅜ ㄹ |
| 깜짝 | ㄲ ㅏ ㅁ ㅉ ㅏ ㄱ |
| 짝꿍 | ㅉ ㅏ ㄱ ㄲ ㅜ ㅇ |
| 똑똑 | ㄸ ㅗ ㄱ ㄸ ㅗ ㄱ |
| 꽃밭 | ㄲ ㅗ ㅊ ㅂ ㅏ ㅌ |
| 딱지 | ㄸ ㅏ ㄱ ㅈ ㅣ |
| 빼빼로 | ㅃ ㅐ ㅃ ㅐ ㄹ ㅗ |
| 싹트다 | ㅆ ㅏ ㄱ ㅌ ㅡ ㄷ ㅏ |

 이 표를 보면서 '콩나물'이 읽기 힘들다고 하면 'ㅋㅗㅇㄴㅏㅁㅜㄹ' 소리를 하나씩 내어보고, 이 음소들을 합쳐서 글자를 발음하는 연습을 합니다. 음소 인식 활동은 영어 문자 습득에서도 매우 중요한 활동인데, 최근 한글 읽기 교육에서도 읽기를 어려워하는 아이들을 대상으로 이와 같은 음소 인식 방법을 사용하고 있습니다. 이 방법은 아이들의 문해력 발달에도 많은 도움을 줍니다.

 하지만 이렇게 해독하는 능력은 '기능적인 문해력 functional literacy'에 해당하며, 내용을 이해하고 사고력을 키우는 문해력은 '실질적인 문해력 content lietarcy'입니다. 실질적 문해력은 책을 다양하게 많이 읽음으로써 키울 수 있으며, 그 방법 외에 다른 방법이 없다는 점을 기억해야 합니다.

## AI와 함께 어휘력을 키울 수 있나요?

> 우리나라뿐만 아니라 세계 곳곳에서 벌어지는 무분별한 자연 개발은 우리 삶을 **위협**한다. 이러한 **무분별한** 개발로 우리 삶의 **터전**인 자연은 몸살을 앓고, 이제 인류의 생존까지 위협하는 상황에 이르렀다. 우리는 자연의 목소리에 귀를 기울이고 자연을 보호해야 한다. 왜 자연을 보호해야 할까?
> 둘째, 무리한 자연 개발은 생태계를 파괴한다. 생물은 서로 **유기적인 생태계**로 얽혀 있으며 주변 환경과 영향을 주고받으면서 살아간다. (이하 생략)
>
> (6학년 1학기 국어 지문 中)

위 예문은 초등학교 6학년 국어 1학기 4단원에서 나오는 글입니다. 밑줄 그은 단어들은 학생들이 어려워하는 단어들입니다. 만약 글을 읽다가 잘 모르는 낱말이 나오면 보통 앞뒤 문맥을 보고 유추하여 생각하거나, 전혀 감이 오지 않을 때는 사전을 찾아봅니다. 국어책에도 모르는 단어가 나오면 무조건 사전을 찾는 것보다 앞뒤 문맥을 살펴보라고 권합니다.

예를 들어 '위협'이라는 단어를 모른다고 할 때, 무작정 사전으로 직행하기보다 앞뒤 문맥을 살피는 게 좋습니다. 그러면 무분별한 자연개발과 연결지어 우리 삶을 괴롭히고 못살게 한다는 뜻으로 유추할 수 있습니다.

그런데 만약 '위협'이라는 말 대신 '괴롭힌다'라는 어휘를 쓰면 어떨까요? 원래 단어보다 전달하려는 의미가 조금 맞지 않는다는 느낌을 받습니다. 뜻은 비슷하지만, 맥락에 맞는 단어가 있고 그렇지 않은 단어가 있습니다. 이렇듯 어휘력은 자기 마음속에 품고 있는 생각을 표현할 때 꼭 필요한 능력입니다.

말을 하면서 '이렇게 말하려고 했던 게 아닌데…….' 하고 후회한 경험이 누구나 있을 것입니다. 속에 있는 말과 밖으로 나온 말이 일치하지 않으면 말하고 나서도 불만족스러워서 몇 번이고 다시 말하게 됩니다. 손짓, 발짓 섞어가며 비언어적인 표현을 한참 허공에 뿌려대면 상대방은 그제야 알겠다는 듯이 반응합니다. 그런데 만약 상대가 그 진땀 나는 노력을 가소롭다는 듯이 하나의 어휘로 말해 버리면 무안하기도 하고 고맙기도 합니다. 이렇듯 어휘 공부는 아이에게 학습은 물론, 관계와 사고의 확장까지도 연관이 됩니다.

## AI로 어휘력 성장시키기

아이의 어휘력을 키우기 위한 필수 조건으로는 독서, 사색 그리고 깊이 있는 대화가 기본입니다. 그런 환경을 만들어준 이후에 AI를 활용한다면, AI는 어휘력 향상에 있어 혁신적인 도구가 될 수 있습니다. 특히 책을 읽다가 모르는 단어를 만났을 때, 그 단어의 뜻뿐만 아니라 사용 예제, 동의어, 반의어 등을 제공받을 수 있어서 어휘력의 심화에 큰 도움이 될 수 있습니다.

예를 들어, 책을 읽다가 '주연이는 잘난 체하다가 코가 납작해지고 말았다'라는 문장을 보았을 때, 이 뜻을 잘 몰라서 챗GPT에게 물어보았다고 가정해 봅니다. 그러면 다음과 같은 답변을 받을 수 있습니다.

[사용자 질문 1]
주연이는 잘난 체하다가 코가 납작해지고 말았다. 라는 말이 무슨 뜻이야?

[챗GPT 답변 1]
"주연이는 잘난 체하다가 코가 납작해지고 말았다."라는 표현은 주로 자신이 뛰어나다고 과시하거나 거만한 태도를 보였다가, 결국 실패하거나 당황스러운 상황에 처해 자존심이 상하게 되었다는 의미를 담고 있습니다. 여기서 '코가 납작해진다'는 비유적인 표현으로, 실제로 코가 납작해지는 것이 아니라, 자신감이나 자부심이 크게 꺾이게 되는 상황을 의미합니다. 이는 한국어에서 흔히 사용되는 속담이나 관용구 중 하나로, 자만하거나 오만한 행동이 결국 좋지 않은 결과로 이어질 수 있음을 경고하는 뜻을 내포하고 있습니다.

그렇다면 한 걸음 더 나아가 해당 표현이 사용된 다른 문장들을 추가로 알려달라고 요청하거나, 관련된 속담이나 관용구를 추가로 요청할 수 있습니다. 반대되는 표현이나 비슷한 뜻을 가진 다른 표현이 있는지도 물어볼 수 있습니다.

[사용자 질문 2]
이 표현이 사용된 다른 문장들을 2개 더 알려주고, 코에 얽힌 속담이나 관용어구도 2개 알려줘. 그리고 반대되는 표현과 비슷한 뜻의 다른 표현도 각각 2개씩 알려줘. 글머리식으로 알려줘.

[챗GPT 답변 2]
▶사용된 다른 문장 예시:
- 김 대리는 프로젝트 성공이 자신의 공로라고 크게 잘난 체하다가, 결과가 좋지 않자 코가 납작해지고 말았다.
- 영희는 시험에서 만점을 받을 것이라고 장담했으나, 성적표를 받고 코가 납작해지고 말았다.

▶코에 얽힌 속담이나 관용어구:
코를 높이 치켜들다: 자신을 자랑하거나 거만한 태도를 취하다.
코가 석 자: 매우 거만하거나 오만한 태도를 나타내는 표현
▶반대되는 표현:
굽신굽신하다: 낮추어 조심스럽게 대하거나 아첨하다.
겸손하다: 자신의 능력이나 성취를 과시하지 않고, 낮은 자세를 유지하다.
▶비슷한 뜻의 다른 표현:
입이 삐뚤어지다: 자랑하거나 뽐내다가 결국 실패하여 당황하게 되다.
얼굴에 먹칠하다: 자신의 행동이나 말로 인해 체면을 구기거나 실망스러운 결과를 초래하다.

이렇듯 AI를 통해 자세하고 친절하며 풍성한 문장들을 순식간에 얻을 수 있습니다. 그뿐만 아니라 원하는 문장이 사용된 다섯 줄의 짧은 글을 짓거나, 그 문장이 활용된 짧은 대본도 생성해볼 수 있습니다.

집에서 책을 읽다가, 일상생활에서 모르는 단어나 문장이 나왔을 때 아이와 함께 인공지능으로 여러 가지 예시 문장들을 생성해 보며, 초등 학습의 바탕이 되는 어휘력 실력을 탄탄히 키워 주기를 바랍니다.

# 아이에게 꼭 맞는 책을
# AI가 추천해 줄 수 있나요?

 음식이라고 다 좋지만은 않듯이, 책도 마찬가지입니다. 아이의 수준보다 너무 어렵거나 쉬운 책들, 외국에서는 유명한 책이지만 알고 보니 한국 정서와 문화에 맞지 않는 책 등 여러 이유로 아이에게 보여줄 수 없는 책들이 있습니다. 물론 포털사이트에서 검색만 하더라도 이달에 추천하는 베스트셀러들을 볼 수 있습니다.

 그러나 아이에게 읽히는 책은 시대를 뛰어넘어 사람들에게 꾸준히 사랑받는 스테디셀러 steady seller 를 선택하길 추천합니다. 스테디셀러는 판매량에 상관없이 장기간 인기를 누리는 책으로, 대부분 여러 세대에 걸쳐서 공감을 얻거나 보편적인 메시지와 가치를 담고 있기 때문에 많은 사람에게 읽힙니다. 그런데 이런 책들도 너무 다양해서 우리 아이에게 맞는 책은 어떤 것일지 선택하기 어렵습니다. 이럴 때 인공지능을 활용한다면 아이에게 꼭 맞는 양질의 책들을 추천할 수 있습니다. 다만 최근에 출간된 책들을 추천하지는 못합니다. 근간을 원한다면 서점이나 온라인 서점을 활용하는 게 좋습니다.

챗GPT에서 아이에게 꼭 맞는 맞춤형 책을 추천해 달라고 요청하며, 여러 조건을 제시해 보았습니다. 만약 원하는 조건이 없다면, 이를 바탕으로 새로운 조건들을 적용해도 좋습니다.

[사용자 질문 1]
아이의 조건은 다음과 같아.
1. 초등학교 저학년, 2. 모험과 상상의 세계, 3. 간단한 문장과 이야기 이해, 4. 쉬움(단순한 이야기 구조), 5. 가족과 가정생활. 자녀에게 추천할 만한 스테디셀러를 추천해 줘. 추천하는 이유를 덧붙여 써 줘.

[챗GPT 답변 1]
"나니아 연대기"는 C.S. 루이스가 작성한 판타지 시리즈로, 모험, 상상력, 그리고 가족과 우정의 중요성을 다루는 이야기들을 포함하고 있습니다. 초등학교 저학년 아동이 읽기에 적합한 언어와 구조를 가지고 있으며, 모험과 상상의 세계에 대한 아이들의 호기심을 자극하는 동시에 긍정적인 메시지를 전달합니다.
자세한 정보나 구매를 원하시면, 해당 서점의 웹사이트를 방문하시거나 직접 검색해 보시기 바랍니다.

위의 조건으로 추천을 요청하자 챗GPT는 《나니아 연대기》를 알려주었습니다. 이 책은 모험과 상상의 세계에 적합한 스테디셀러입니다. 혹시 이 책이 마음에 들지 않는다면 다른 책들을 더 추천받아볼 수 있는데, 직접 해보니 이런 책들을 추천하였습니다.

《마법의 시간 여행》 시리즈(메리 포프 오스본), 《구름빵》(백희나 작가), 《어린 왕자》(앙투안 드 생텍쥐페리), 《이상한 과자 가게 전천당》 시리즈(히로시마 레이코), 《찰리와 초콜릿 공장》(로알드 달)

그저 그런 책 10권을 읽는 것보다 좋은 책 한 권을 읽는 것이 아이의 성장과 발달에 훨씬 도움이 됩니다. 물론 부모가 신중히 책을 읽어보고 선택해 주는 것이 가장 좋겠지만, 부모가 생각하지 못한 좋은 책들을 인공지능이 추천해 줄 수도 있습니다. 좋은 책 한 권이 아이에게 미치는 긍정적인 효과는 굉장합니다. 인공지능의 도움을 받아 아이에게 다양하고 폭넓은 독서의 세계를 경험시켜주기 바랍니다.

# 하브루타 교육, 가정에서 AI와 함께할 수 있나요?

최근 유명 학원가와 독서 토론 교육에 관심 있는 학교에서는 하브루타식 교육법을 내세우고 있습니다. 이스라엘 유대인들의 전통적인 교육방법인 하브루타는 EBS 〈다큐멘터리 K〉, MBC 〈다큐프라임〉 등에서 여러 번 소개되었습니다.

하브루타 히브리어: חַבְרוּתָא × 핫브루타, 영어: havruta는 두 사람 이상이 파트너가 되어 서로의 생각을 교환하며 깊이 있는 학습을 추구하는 토론식 공부법입니다. 이 방법의 핵심은 서로 하나의 개념을 질문과 대답을 통해 점점 깊이 알아가는 것입니다.

예를 들어, '심청이는 과연 효녀인가?'라는 주제로 서로 다른 해석을 제시하며 그 근거를 찾아볼 수 있습니다. 그러다 보면 '아버지를 극진히 사랑했지만, 아버지를 홀로 두고 그것도 자신의 목숨을 버리는 일이 진정 아버지를 기쁘게 해드리는 일일까?'처럼 다른 관점을 발견할 수 있습니다. 이 과정을 통해 학생들은 자신의 생각을 명확히 하는 동시에 친구의 관점을 존중하는 방법을 배우게 됩니다.

## AI와 하브루타 토론 수업하기

책으로 출간되었고 애니메이션으로도 제작되어 많이 알려진 《마당을 나온 암탉》을 예로 들어보겠습니다. 겉으로 보면 멋진 그림체와 성우들의 맛깔스러운 대사가 인상 깊어서 재미있는 만화영화라고만 생각할 수 있지만, 내용 이면으로 들어가 보면 개인의 자유와 삶의 의미, 생명의 존엄성과 가족의 사랑, 성장과 자아실현 등 깊이 있는 주제를 다루었습니다.

그러면 이 작품을 통해 아이와 하브루타식 토론을 펼치는 방법을 알아보겠습니다. 물론 토론 전까지 아이와 부모가 모두 책을 읽어야 합니다.

**[사용자 질문 1]**
초등학교 고학년 자녀와 같이 하브루타식 독서 교육을 하려고 해. 《마당을 나온 암탉》이라는 책을 가지고 자녀와 나눠볼 수 있는 주제를 작성해 줘.

**[챗GPT 답변 1]**
1. **자유의 의미와 가치:** 주인공 암탉 잎싹이 겪는 여정을 통해 자유란 무엇인지, 자유를 얻기 위해 감수해야 할 것들은 무엇인지 토론해볼 수 있습니다.
2. **책임과 희생:** 잎싹이 자신의 새끼들을 지키기 위해 보여주는 책임감과 희생에 대해 이야기해보세요. 책임을 진다는 것이 무엇을 의미하는지, 우리가 사랑하는 사람들을 위해 어떤 희생을 할 수 있는지 논의해 볼 수 있습니다. (이하 생략)

**[사용자 질문 2]**
책임과 희생에 대해서 나누려고 해. 엄마가 자녀에게 할 수 있는 질문 거리를 알려 줘.

**[챗GPT 답변 2]**
1. **책임이란 무엇이라고 생각해?:** 자녀의 책임감에 대한 기본적인 이해를 확인하는 질문입니다.

2. '마당을 나온 암탉'에서 잎싹이 보여준 책임과 희생에 대해 어떻게 생각해?: 책의 내용을 바탕으로 구체적인 예를 들며 자녀의 생각을 듣습니다. (이하 생략)

    이렇게 가정에서 하브루타식 독서 교육을 꾸준히 실시한다면, 아이의 사고력이 성장할 뿐만 아니라 학업 성취에도 도움이 되고, 대화 능력과 문제 상황에서의 대처 능력이 크게 발전할 것입니다. 또한 이런 시간을 함께 보내며 가족 간에 서로의 생각과 가치관을 공유한다면 더욱 친밀감이 형성되어 점차적으로 깊은 대화가 가능합니다.

    입시 위주의 경쟁 중심 교육환경에서는 배우기 힘든 이러한 질 좋은 교육들은 인공지능 시대를 살아가야 할 우리 아이들에게 절실히 필요합니다. 부모들은 아이가 인공지능과 함께 잘 살아갈 세상을 위해 비판적으로 사고하는 힘을 길러주며, 소통 능력을 강화시키고 창의적인 문제 해결력을 길러주어 어떤 상황에서도 가장 좋은 방법을 헤아려 선택할 수 있게 도와야 합니다. 이런 좋은 능력들을 키우는 데 하브루타식 독서 교육법은 매우 효과적입니다. 처음에는 조금 어려울 수 있지만, 그만큼 가치 있고 생산적인 일입니다. 더욱이 이제는 인공지능이 도와줄 수 있으니, 전문 교육기관에 가지 않고도 가정에서 충분히 시도할 수 있답니다.

# 고전 원문을 쉽게 불러와 독서 활동에 쓸 수 있나요?

인공지능을 활용해서 독서 교육을 할 때 가장 유용한 아이디어 중 하나는 '퍼블릭 도메인Public Domain'을 활용하는 방법입니다. 퍼블릭 도메인은 저작권이 만료되었거나, 저작권이 적용되지 않는 작품들을 의미합니다. 이러한 작품들은 누구나 자유롭게 사용, 복제, 배포할 수 있으며, 상업적으로 이용하거나 수정하여 새로운 창작물을 만들어 낼 수도 있습니다. 퍼블릭 도메인에 해당하는 콘텐츠들은 매우 다양합니다. 이에 속하는 작품들은 대부분 역사적으로 가치 있는 문학 작품, 고전 음악, 미술 작품들 그리고 일부 과학 연구 자료 등 입니다. 예를 들어 셰익스피어의 연극, 베토벤의 교향곡, 고흐의 그림 등은 모두 저작권이 만료되어 퍼블릭 도메인에 속합니다. 또한 일부 정부에서 발행한 문서나 보고서도 퍼블릭 도메인에 해당될 수 있습니다.

## 퍼블릭 도메인에 해당하는 고전들

| 문학 | 곰돌이 푸(A. A. 밀른), 보물섬(로버트 루이스 스티븐슨), 햄릿(윌리엄 셰익스피어), 이솝우화(이솝), 동물농장(조지 오웰), |
|---|---|
| 역사 | 민주주의의 역사(알렉시 드 토크빌), 세계사(헤로도토스), 역사(헤로도토스) |
| 과학 | 자연 철학의 수학적 원리(아이작 뉴턴), 종의기원(찰스 다윈), 프린키피아(아이작 뉴턴), 천체의 회전에 관하여(코페르니쿠스) |
| 철학 | 국가(플라톤), 도덕경(노자), 정치학(아리스토텔레스), 사회계약론(장 자크 루소) |

원문을 불러올 수 있는 원서들은 매우 제한적입니다. 하지만 이를 볼 수 있는 사이트를 연결해주어 링크를 타고 쉽게 이동할 수 있습니다. 그리고 영어나 독일어 등 외국어로 쓰인 원문들은 한국어로 번역하여 읽어볼 수 있습니다. 마우스 오른쪽을 클릭하면 '한국어로 번역' 기능이 있으니 편리합니다. 만약 보이지 않는다면 크롬 브라우저를 최신으로 업데이트해 보길 바랍니다. 〈심청전〉과 〈금오신화〉와 같이 아주 오래전 원문들은 모두 손으로 쓴 한문 원본 캡쳐본들입니다. 박물관에서 보는 것보다 더 세세하게 가정에서 살펴볼 수 있습니다.

### <퍼블릭 도메인을 볼 수 있는 사이트>

※홈페이지 내용을 한국어로 번역할 수 있습니다(마우스 우 클릭 후 한국어 번역 선택).

**1. Project Gutenberg(프로젝트 구텐베르크) www.gutenberg.org**
60,000개 이상의 무료 전자책을 제공하는 세계 최대의 퍼블릭 도메인 전자책 라이브러리입니다. 클래식 문학 작품부터 역사적 문서까지 다양한 장르의 책을 다운로드하거나 온라인으로 읽을 수 있습니다.

구텐베르크 프로젝트에 오신 것을 환영합니다
Project Gutenberg는 70,000개 이상의 무료 eBook을 보유한 라이브러리입니다.
무료 epub과 Kindle eBook 중에서 선택하여 다운로드하거나 온라인으로 읽으세요. 미국 저작권이 만료된 오래된 작품에 초점. 최고의 문학 작품을 여기에서 만나보실 수 있습니다. 수천 명의 자원봉사자들이 여러분이 즐길 수 있도록 eBook을 디지털화하고 있습니다

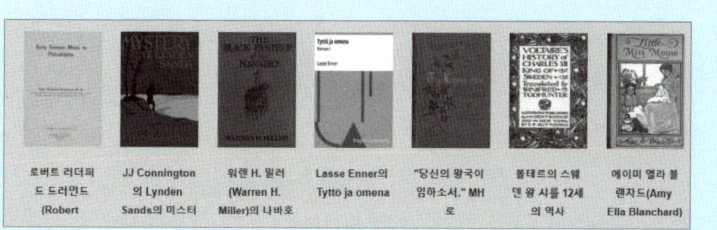

## 2. Internet Archive(인터넷 아카이브) archive.org

영화, 책, 음악, 소프트웨어 등 다양한 형태의 디지털 콘텐츠를 보관하는 비영리 디지털 도서관입니다. 수백만 권의 무료 책과 자료를 제공합니다.

3. 우리나라 퍼블릭 도메인 자료들은 국립중앙도서관 디지털컬렉션, 국립국어원, 한국고전종합DB, 디지털한국학 등의 사이트에서 검색하여 찾아볼 수 있습니다.

# IB(국제 바칼로레아) 교육을 집에서 할 수 있나요?

국제 바칼로레아 International Baccalaureate 또는 줄여서 IB 아이비 라고 부르는 교육과정이 있습니다. 바칼로레아는 사실 1968년 스위스 제네바를 기반으로 설립된 교육기관 이름입니다. IB 교육과정은 크게 PYP Primary Years Programme, 초등 교육 프로그램, MYP Middle Years Programme, 중등 교육 프로그램, DP Diploma Programme, 고등 교육 프로그램으로 이루어져 있습니다. 이 프로그램이 세계적으로 인정받으면서 우리나라도 제주도와 대구광역시에서 시범적으로 도입하여 연구하고 있습니다. 그러는 동안 IB 교육 프로그램이 미래의 교육과정으로 떠오르게 되었고, 부모들 사이에도 널리 알려지기 시작했습니다.

IB는 수능의 대안으로도 주목받는데, 그 이유는 영어를 기본으로 하며, 학생들이 스스로 공부하고 글을 쓰게 함과 동시에 현재 세계적인 이슈가 무엇인지, 그리고 그 해결책은 무엇인지 참여하도록 하기 때문입니다. 또한 논리적으로 어떻게 토론하며, 지역사회를 위해서 봉사하는 것이 IB 교육과정의 주된 흐름입니다. 고등학교 프로그램 Diploma, DP을 잘 이수하면 하버드와 같은 세계 유수의 대학 입학에도 도전할 수 있습니다. 최근에는 우리나라 30곳의 초·중·고등학교가 교육 과정으로 IB 과정을 채택 또는 연구하여 진행하고 있습니다.

초등 과정인 PYP에서는 언어 Language, 사회 Social Studies, 수학 Mathematics, 과학 Science, 예술 Arts, 개인, 사회 및 체육 교육 Personal, Social and Physical Education 여섯 가지 학문 영역을 배웁니다. 또 탐구 기반 학습을 강조하고 있어 여러 교과간 통합학습이 이루어집니다. 국제IB 본부에서는 전 세계 IB 교육 과정의 질적 관리를 위해 우리나라 IB 학교들에게도 같은 교육 과정을 요구하고 있습니다.

이런 IB 교육 과정을 집에서 초등학생이 경험해 본다면 어떨까요? AI의 도움으로 IB 교육 과정을 약간은 경험해 볼 수 있습니다. 이런 교육을 통해 아이는 스스로 배우고 생각하며, 주변 세계를 깊이 있게 이해하는 기회가 될 수 있습니다.

현실적으로 가정에서 자료를 검색하고 요약하고 정리하며 IB 교육을 진행하는 것은 어렵습니다. 특히 에세이의 경우, 첨삭이 없이는 불완전한 글쓰기에 그칠 수 있습니다. 그러나 인공지능을 효과적으로 활용한다면, 부모가 직접 가정에서 IB 교육을 진행하는 것이 가능해집니다.

**[사용자 질문 1]**
IB 교육 과정의 초등학교 과정인 PYP에서 다루는 핵심 키워드에 대해서 알려줘.

**[챗GPT 답변 1]**
국제적 마인드, 탐구, 창의성과 혁신, 행동, 반성, 소통, 협력입니다.

**[사용자 질문 2]**
가정에서 위의 핵심 사항들을 펼쳐볼 수 있는 좋은 주제를 알려줘.

**[챗GPT 답변 2]**
1. **지속 가능한 생활**: 가족이 일상에서 환경을 보호하기 위해 할 수 있는 작은 변화들에 대해 탐구합니다. 예를 들어, 재활용, 쓰레기 줄이기, 에너지 절약 방법 등을 연구하고, 이를 실천하는 행동 계획을 세워 보세요. (이하 생략)

**[사용자 질문 3]**
1번 지속가능한 생활을 주제로 가정에서 IB 교육을 할 수 있게 도와줘.

**[챗GPT 답변 3]**
1. **재활용 및 쓰레기 줄이기 프로젝트**
   - **활동 계획**: 가정에서 발생하는 쓰레기의 양을 관찰하고, 어떤 종류의 쓰레기가 가장 많이 발생하는지 기록하세요. 그런 다음, 재활용이 가능한 항목과 줄일 수 있는 쓰레기 종류를 식별합니다.
   - **실천 방안**: 재활용 가능한 물품을 올바르게 분류하는 방법을 자녀와 함께 배우고,
     (이하 생략)

**[사용자 질문4]**
위의 활동을 마치고 자녀가 활동 보고서를 글로 썼어 평가해 줘. 기준 글자 수는 500자야. 논리적 구조와 표현력을 다듬을 수 있도록 도와줘.
(글 붙임)
**제목**: 우리 가족의 작은 시작, 큰 변화
지난 주, 우리 가족은 재활용 및 쓰레기 줄이기 프로젝트를 시작했다. 처음에는 단지 쓰레기를 줄이는 작은 도전이라고 생각했지만, 일주일 동안의 경험은 나에게 많은 것을 가르쳐 주었다.
(이하 생략)

**[챗GPT 답변4]**
**피드백 포인트:**
**제목 개선**: 제목을 좀 더 명확하고 강력하게 바꿔 독자의 관심을 끌 수 있도록 했습니다.
**서론 간결화**: 프로젝트의 배경과 목적을 명확하게 하여 독자가 글의 맥락을 쉽게 이해할 수 있도록 했습니다. (이하 생략)

고급 사고력과 에세이 작성 등을 가정에서 실천하는 것은 쉽지 않지만, IB 교육을 간략히 체험해 보고자 한다면 시도해 봐도 좋습니다. 또한 인공지능을 활용한다면 전혀 불가능한 영역이 아닙니다. 아이가 미래를 잘 대비할 수 있도록 국제적으로 인정받은 교육 과정을 경험해 보게 하는 것은 큰 의미가 있습니다.

실제 IB 교육 과정의 평가방식은 전통적인 시험 형식에 의존하지 않고 학생 중심의 탐구를 실시합니다. 특히 학생들이 자신의 학습 과정을 주도하고, 실생활 문제를 해결하는 능력을 개발할 수 있습니다. 그래서 자신의 관심사와 궁금증을 바탕으로 탐구 주제를 고르게 합니다.

특히 'PYP의 꽃'이라고 불리는 전시회 Exhibition는 학생들이 그동안 자신이 직접 조사한 주제에 대해 발표하는 시간인데, 스스로 찾은 주제이면서 공들여 조사하고 만든 프로젝트이기에 너무나 애착을 가지고 수행하는 모습을 볼 수 있습니다. 단순히 평가를 위한 평가가 아니라 학생 스스로의 반성과 자기 평가가 담겨져 있어 더욱 가치 있어 보였습니다.

# 아이의 맞춤 독서
# 스케줄을 짤 수 있나요?

　우리 모두 독서가 중요하다는 것은 잘 알지만, 현실에서 실천하는 것이 쉽지 않습니다. 아무래도 미디어에 노출되는 시간이 많아지며 독서는 점점 뒷전이 되고, 특히 독서할 만한 환경을 만들어 주는 게 무엇보다 어려운 것 같습니다.

　이럴 때는 아직 책에 흥미를 느끼지 못한 아이를 위해 좀 더 체계적인 독서 및 독후 활동을 위한 계획이 필요합니다. 학습도 정해진 시간에 매일 하는 습관을 들이기 위해 노력하듯이, 독서 활동도 초등학교 때는 계획적으로 습관을 들이는 것이 좋습니다. 책도 무조건 읽으라고 강요만 해서는 아이들이 독서에 흥미를 갖기 힘듭니다.

　아이의 기질과 성격 유형, 독서 유형들을 분석하고 이에 맞는 스케줄을 세워 실천하는 것이 훨씬 효과적입니다. 아이가 앉아서 조용히 혼자 책을 읽는 것을 좋아하는지, 아니면 여러 사람이 한 곳에 모인 도서관에서 집중이 더 잘 되는지를 살펴봐야 합니다. 또 문장에 더 집중하는지 전체 맥락에 집중하는지도 아이마다 다릅니다. 한 번에 책을 몰아서 읽는지 혹은 띄엄띄엄 생각하면서 읽는 편인지도 중요한 요소 중 하나입니다.

이처럼 아이의 독서 성향을 면밀하게 파악한 후에는 구체적인 스케줄이 필요한데, 그때 바로 인공지능의 도움을 받아봅니다. 인공지능을 활용한다면 전문가의 처방 못지않은 체계적인 독서 활동 스케줄을 얻을 수 있습니다. 다음은 제가 예시로 만든 독서 성향 체크리스트입니다. 이것을 적절히 활용하면 인공지능을 통해 '맞춤 독서 전략'을 짤 수 있습니다.

> 1. 자녀의 MBTI 성격 유형은 무엇인가요? **ENFP**
> 2. 선호하는 독서 환경은 어디인가요? **조용한 카페**
> 3. 그림책과 같은 시각 중심, 또는 오디오북이나 이야기 듣기와 같은 청각 중심 중에 어느 감각을 더 선호하나요? **시각 중심**
> 4. 자녀의 일일 독서량은 어느 정도인가요? **일일 10페이지**
> 5. 선호하는 책 읽는 시간대는 언제인가요? **저녁 9~10시**
> 6. 내용 요약하기, 토론, 인물/사건에 대한 의견 나누기 등 어떤 독후 활동을 더 선호하나요? **독후 토론**
> 7. 자녀의 선호하는 책 장르는 무엇인가요? **문학**

어떤 책을 읽을지 결정되었다면 목차와 위의 일곱 가지 내용 중 전체 또는 부분을 선정해서 챗GPT에 넣고 다음과 같이 독서 스케줄을 요청합니다.

> **[사용자 질문 1]**
> 위의 내용을 바탕으로 다음 책을 읽어보려고 해. 자녀에게 적합한 독서 스케줄을 작성해 줘. 아래는 목차 제목과 쪽수야. 7가지 항목에 대한 언급을 모두 해 줘.
> **읽을 책 '마당을 나온 암탉', 목차:** 알을 낳지 않겠어! 9, 닭장을 나오다 19, 마당 식구들 32, 친구

46, 이별과 만남 63, 마당을 나오다 89, 떠돌이와 사냥꾼 103, 엄마, 나는 괜찮거릴 수밖에 없어 122, 저수지의 나그네들 140, 사냥꾼을 사냥하다 158, 아카시아꽃처럼 눈이 내릴 때, 182 작가의 말 192

**[챗GPT 답변 1]**
자녀의 선호 및 제공된 세부사항을 고려하여 "마당을 나온 암탉"을 읽기 위한 독서 스케줄을 구성하겠습니다.

**<아이 맞춤 독서 스케줄>**

**독서 환경:** 카페에서 조용한 코너를 선호하는 자녀를 위해, 저녁 시간에 카페를 방문합니다. 카페의 분위기가 독서에 몰입하는 데 도움이 될 것입니다.

**시청각 자료:** 책을 읽기 전, 해당 책의 주제나 배경에 대한 시각적 자료(예: 사진, 일러스트레이션)를 미리 보며 관련된 사전 지식을 확장합니다.

**독서량:** 일일 10페이지로 설정하여 자녀가 너무 부담스럽지 않게 책을 읽을 수 있도록 합니다.

**독서 시간대:** 저녁 9시부터 10시 사이에 독서를 합니다. 이 시간대는 자녀가 하루를 정리하고 책에 집중할 수 있는 이상적인 시간입니다.

**독후 활동:** 매주 토요일에는 그 주에 읽은 내용에 대해 가족과 함께 독후 토론을 진행합니다. 이를 통해 자녀는 읽은 내용을 더 깊이 이해하고, 의견을 나눌 수 있습니다.

**선호 장르:** "마당을 나온 암탉"은 문학 장르에 속하므로 자녀의 선호도와 잘 맞습니다.

**주별 독서 분량:**
**1주차:**
**월:** "알을 낳지 않겠어!" (9페이지)   **화:** "닭장을 나오다" (10페이지)
**수:** "마당 식구들" 시작 (13페이지)   **목:** "마당 식구들" 마무리 및 "친구" 시작 (14페이지)
**금:** "친구" 마무리 (17페이지)
**토요일:** 가족과 함께 독후 토론 시간을 가집니다. 토론 주제는 자녀가 준비한 질문에서 시작할 수 있습니다.

주별 독서 분량을 1주차에서 4주차 정도로 작성해 주었습니다. 그런데 이렇게 주르륵 나열식으로 제공해주니 이것을 어떻게 게시할지 막막합니다. 그래서 표 형식으로 제시하도록 하였습니다. 그런데 캘린더 형식이면 더 좋을 것 같아서 첫 행과 첫 열에 구체적인 요청을 추가했습니다.

[사용자 질문 2]
이것을 표 형식으로 제시하되, 첫 행은 요일을, 첫 열은 몇 주차로 써주고 각 행에는 날짜와 내용을 써 줘. 일요일은 빼 줘. 첫날의 시작은 2024년 4월 1일이야.

[챗GPT 답변 2]
아래는 요일을 첫 행으로, 몇 주차를 첫 열로 써주고 각 행에는 날짜와 내용을 기재한 표 형식의 독서 스케줄입니다. 일요일은 제외되어 있습니다.

| 주차 | 월 | 화 | 수 | 목 | 금 | 토 |
|---|---|---|---|---|---|---|
| 1 | 4월 1일 | 4월 2일 | 4월 3일 | 4월 4일 | 4월 5일 | 4월 6일 |
|  | 알을 낳지 않겠어! (1–9쪽) | 닭장을 나오다 (10–19쪽) | 마당 식구들 (20–32쪽) | 친구 (33–46쪽) | 이별과 만남 (47–63쪽) | 주간 독후 토론 |
| 2 | 4월 7일 | 4월 8일 | 4월 9일 | 4월 10일 | 4월 11일 | 4월 12일 |
|  | 마당을 나온 암탉 (64–89쪽) | 떠돌이와 사냥꾼 (90–103쪽) | 엄마, 나는 꽥꽥거릴 수밖에 없어 (104–122쪽) | 저수지의 나그네들 (123–140쪽) | 사냥꾼을 사냥하다 (141–158쪽) | 주간 독후 토론 |

(3, 4주차 표 생략)

이런 식으로 생성한 내용을 표나 캘린더 형식으로 받아볼 수 있습니다. 하루 분량이 너무 적다면 2주 안에 끝낼 수 있게 해달라고 요청하면 됩니다. 인공지능에 구체적인 정보를 알려주면 더욱 세밀하게 맞춤형 스케줄을 받아볼 수 있습니다. 인공지능이 제시한 초안을 바탕으로 아이와 함께 실천 가능한 독서 스케줄을 만들어 꾸준히 활용해 보길 바랍니다.

온라인 세상에 진위를 알 수 없는 정보가 넘쳐나고,
나만의 콘텐츠를 만들어 스스로 알리는 세상입니다.
미디어의 정보와 콘텐츠를 비판적으로 이해하고,
디지털 매체로 원활하게 소통하는 능력이 필수인
앞으로의 세상에 글쓰기 교육의 중요성은
점점 더 강조될 것입니다!

## 6장

# 재미있는 국어의 시작, AI 초등 글쓰기

AI가 도와준다면 아이의 글쓰기는
신나는 놀이 활동으로 바뀔 수 있을까?

# 글쓰기를 시작할 때 주의해야 할 점이 있나요?

　모든 학습은 글을 쓰는 것부터 시작합니다. 즉 글을 쓰는 것을 잘하고 즐길 줄 알아야 학습을 잘 따라갈 확률이 높아진다는 뜻입니다. 그래서 어른들은 아이에게 무언가를 가르치고 싶을 때 연필과 공책부터 쥐여 주고 우선 쓰게 하기 마련입니다. 하지만 아무런 준비가 되지 않은 아이를 무조건 책상에 앉혀 놓고 글쓰기를 시키면, 아이는 그때부터 몸을 비틀기 시작합니다.

　글을 쓰고자 하는 사람이 그 어느 때보다도 많은 시대에 살면서, 글쓰기가 마치 독립적인 언어 기능인 것처럼 말하는 사람들이 많습니다. 단순히 글만 쓴다고 '글쓰기'가 되는 것은 아닙니다. 언어의 다른 기능들인 듣기, 말하기 그리고 읽기를 함께 해야만 글쓰기도 가능하며, 이 네 가지 언어 기능은 함께 발전합니다.

## 아이의 운필력을 먼저 확인하기

지식의 깊이를 생각해보면, 듣기와 읽기를 통해 우리 속으로 들어온 지식은 거듭되는 노출과 깊어지는 이해를 통해 말하기와 쓰기로 전환됩니다. 그래서 듣기와 읽기는 수용적인 기능이라고 하고, 말하기와 쓰기는 표현적인 기능이라고 합니다. 일단 수용된 지식이 있어야 말할 수 있고, 더 나아가 쓸 수 있습니다. 많이 듣고, 많이 읽는 작업이 선행되지 않으면 말하기와 쓰기는 힘듭니다. 또 말하기는 성격과도 관련이 깊어서 지나치게 내향적인 성향이라면 아무리 생각이 많고 글을 잘 써도 말하기가 힘들 수 있습니다. 하지만 글이라는 표현 수단은 깊이 생각하고 고쳐 쓸 수 있어서 말보다는 성격의 영향을 덜 받습니다.

아이가 글자를 쓰기 싫어할 때 가장 먼저 살펴야 할 부분은 아이가 연필을 잡고 쓰기에 충분할 정도의 손 근육이 발달했는지 여부입니다. 이를 운필력이라고 부르는데, 소근육 발달이 이를 좌우합니다. 남자아이는 보통 소근육 발달이 여자아이들보다 늦습니다. 초등 2학년이 되어도 연필을 잡고 쓰기를 힘들어할 수 있습니다. 운필력이 부족해 글을 쓰는 행위 자체를 힘들어할 때 글쓰기를 시키면, 아이는 정말로 글쓰기가 싫어질 수 있으니 이 부분을 먼저 확인합니다.

글쓰기는 다른 활동의 연계 선상에서 확장된 활동으로 이어줄 때 가장 효과적입니다. 아무런 인풋도 주지 않고, 어떤 주제로 얼만큼의 분량으로 써 보라는 것보다는, 읽거나 보거나 즐긴 후에 이에 대한 반응으로 글쓰기가 따라오게 하는 방법이 좋습니다. 아이들이 책이나 동영상을 접하고 난 후 처음으로 보이는 반응은 무조건 감정적인 반응 emotional response입니다. 이 감정적인 반응을 표현하고 글로 옮게 쓰게 하는 일이 글쓰기의 첫걸음입니다. 즉 어린이에게 글쓰기는 단지 따라와서 정리해 주는 역할입니다.

## 그림으로 글쓰기 시작하기

아이에게 그림책 한 권을 읽은 후, 가장 인상 깊은 장면 하나만 그리라고 합니다. 아이가 이런저런 그림을 그리면 그 그림을 찍어서 이미지로 만든 후 챗GPT4.0에 넣고 묘사해 보라고 요청합니다.

직접 그림을 그려도 되지만, 손 그림을 자동으로 완성시켜 주는 AI 사이트인 '오토드로우 Autodraw, www.autodraw.com'를 활용해도 재미있습니다. 오토드로우에서는 마우스를 움직여서 간단하게 그림을 그리고 색칠도 할 수 있습니다. 왼쪽 메뉴의 반짝이는 연필 모양은 AI 기능으로 손그림을 그리면 위쪽에 여러 완성된 모양의 깔끔한 선 그림을 불러와 완성해 주는 기능입니다. 예를 들어 산을 그리려고 세모를 그리면, 위쪽 바에 여러 산 모양이 뜨며 이 중 하나를 클릭하면 완벽한 모양의 산이 그려집니다. AI 기능을 쓰지 않고 아래의 예시처럼 손그림으로만 그릴 수도 있습니다.

이렇게 동물원에 간 어린이 그림을 선으로 그린 후 캡처해서 저장한 후 챗GPT4.0에 넣어 보겠습니다. 그리고 이 그림을 어린이의 시각에서 설명하라는 프롬프트를 자세하게 지정합니다.

[사용자 질문 1]
아이가 동물원에 가서 사자를 보고 온 후 이런 그림을 그렸어. 이 그림을 들고 친구들에게 설명하려고 해. "얘들아, 나는 지난 토요일에 동물원에 갔다 왔어."로 시작할 거야.

그러면 챗GPT는 아래와 같이 결과를 만들어 줍니다.

[챗GPT 답변 1]
"얘들아, 나는 지난 토요일에 동물원에 갔다 왔어. 너희에게 내가 본 것 중에서 가장 멋진 장면을 보여주고 싶어서 이 그림을 그렸어. 여기 내가 그린 사람은 바로 나야. 사자를 보고 너무 신나서 두 팔을 벌리고 활짝 웃고 있지. 그리고 여기 이 철창 안에 있는 사자를 봐. 사자는 네 발로 서 있고, 귀여운 표정을 짓고 있어. 사자 앞에는 철창이 있지만, 그 모습이 마치 인사를 하고 있는 것처럼 보여. 이날 날씨도 좋고 사자도 굉장히 친근해 보여서 정말 기분 좋은 하루였어. 이 그림에서 내가 얼마나 즐거웠는지 느껴지지 않니?"

자신이 그린 그림을 챗GPT가 분석해서 마치 그림 속 아이인 양 말하는 것을 들으면, 아이들은 정말 신기하고 재미있어합니다. 이렇게 아이의 어조로 동물원 그림을 소개하는 챗GPT의 말을 읽거나 들은 후, 이제 아이에게 직접 글을 써서 챗GPT에 넣어 보자고 제안합니다.

"동물원에 갔던 네 진짜 경험을 한 번 편지로 써 볼까? 챗GPT는 어떤 답장을 해줄까?"

아이가 챗GPT에게 편지를 써서 동물원에 가서 봤던 것이 어떤 동물들이고, 가장 좋은 동물이 무엇인지 설명하면, 그걸 챗GPT에게 넣은 후, 답장을 받고 다시 같이 읽어봅니다.

그냥 쓰는 게 아니라 반응하는 존재에게 쓰는 것, 오가는 상호작용이 있다는 것은 아이들이 글을 쓰게 만드는 커다란 동기가 됩니다. 아이가 그린 그림과 아이가 쓴 글을 출력해서 가족 모두 볼 수 있게 식탁 근처나 거실에 붙여주고, 가족들에게 설명하는 시간을 가져도 좋습니다.

아이의 글쓰기는 상호작용을 통해 촉진되고, 읽어주고 들어주는 어른의 칭찬을 통해 성장합니다. 상호작용하는 과정을 글쓰기에 꼭 넣어 주고, 부모가 담뿍 반응해서 같이 이끌어 주면, 아이들은 더욱 쉽고 재미있게 글쓰기를 시작할 수 있답니다.

# AI가 아이의 글쓰기를 검토해 줄 수 있나요?

　AI의 높은 활용 능력 중 하나가 바로 글을 쓰고 다듬는 일입니다. AI를 잘 활용한다면 글을 훨씬 잘 쓸 수 있고 완성도도 높일 수 있습니다. AI를 글 쓰는 과정에서 도우미로 똑똑하게 사용하면, 글을 쓸 때 생각을 정리하고 조직해서 풀어내는 데 큰 도움이 되고, 쓴 글에 대한 피드백도 얻을 수 있기 때문입니다.

　실제로 AI는 글을 잘 씁니다. 그렇다고 AI에게 글을 전부 쓰라고 시키는 방법을 연구하는 것이 아니라, 이런 AI의 도움을 받아 아이의 글 쓰는 능력을 키워주는 것이 목표입니다. 아이의 생각을 어떻게 키워서 이를 표현하게 만드는가의 문제를 고민한다면, AI는 가장 좋은 글쓰기 선생이자 도우미가 될 수 있습니다.

## AI는 훌륭한 피드백 선생님

최근에는 여러 단체에서도 글쓰기에 대한 피드백 1차 작업은 컴퓨터를 이용하고 있습니다. 예를 들어, 토플 에세이 점수를 매길 때 1차 작업은 컴퓨터가 하고, 2차는 인간이 평가하는 식입니다. 마찬가지로 챗GPT나 다른 AI에게 사람이 쓴 글의 1차 감수를 맡기면, 상당히 자세한 피드백을 받을 수 있습니다. 이때 쓴 글에 대한 오류를 집어주는 피드백에 대해 많은 사람이 착각하는 부분이 있습니다. 글의 오류를 모두 다 고쳐준다고 꼭 좋은 것은 아닙니다. 지적해준 모든 내용을 글쓴이가 다 배울 수 있는 것은 아니기 때문입니다.

피드백을 받은 학습자가 모든 내용을 다 읽어보고 다음 글쓰기에 그 내용을 반영하는지 살펴본 연구가 있는데, 조사결과에 따르면 받은 피드백을 읽어보는 학습자가 절반 정도밖에 안 되고, 읽고 나서 다음 글쓰기에 반영하는 비율이 채 20%가 되지 않았습니다. 이처럼 모든 것을 다 알려준다고 그게 다 학습으로 이어지지는 않습니다. 중요한 점은 어떻게 글쓰기 피드백이 학습자의 장기 기억으로 들어가게 만드는가입니다.

이럴 때 '데이터 중심 접근 방법 data driven approach'을 사용하면 피드백을 받을 부분을 훨씬 효과적으로 기억할 수 있습니다. 원문과 수정된 부분을 직접 비교하면서 보고 적는 과정을 통해 확실히 알게 되는 과정입니다. 아이가 쓴 글을 피드백하려 한다면, 먼저 챗GPT를 활용해 봅니다. 그리고 챗GPT에 감수 내용을 표에 넣어서 무엇을 어떻게 고쳤는지 제시하라고 프롬프트를 줍니다. 그런 후 나온 결과표를 아이와 함께 보면서 어디를 고쳤는지 정리해 보는 시간을 가져봅니다. 다음은 아이의 글을 챗GPT에 넣고 피드백을 표로 그려 달라고 요청해 보았습니다.

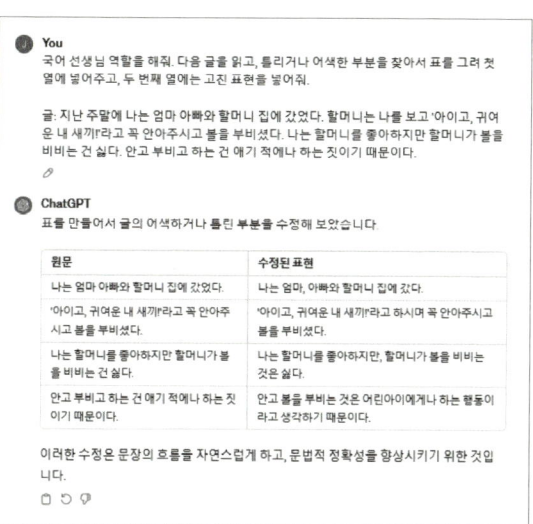

이렇게 표로 피드백을 받으면, 챗GPT가 어떤 부분을 고쳤는지 한눈에 보기가 편합니다. 이 결과물을 아이와 함께 보면서 색연필로 수정된 부분을 다시 표시해 봅니다. 수정된 부분을 보면서 '건'과 같은 입말을 '것은' 과 같이 바른 글로 써야 한다는 이야기를 나누어 봅니다. 그리고 고친 부분만 아래와 같이 정리해 봅니다.

**갔었다 =〉 갔다**
**라고 =〉 라고 하시며**
**좋아하지만 =〉 좋아하지만,**
**건 =〉 것은**
**얘기 적에나 하는 짓 =〉** 어린아이에게나 하는 행동
**이기 때문이다 =〉** 생각하기 때문이다.

아이에게 수정 사항을 반영해서 다시 써보게 하면, 잘못 쓰기 쉬운 맞춤법과 입말투의 문장 등도 한번에 공부할 수 있답니다.

## AI가 글을 모두 써 주는 시대인데, 글쓰기 연습이 필요할까요?

미래 사회에 글쓰기는 사람들의 능력을 가르는 지표가 될 것입니다. 콘텐츠를 만들어 내는 능력이 점점 중요해지는 사회에서 대부분 콘텐츠는 글로 표현되기 때문입니다. 또한 AI를 제대로 활용하는 사람들은 콘텐츠의 내용과 형식을 모두 감수할 수 있는 사람들입니다. 단순히 콘텐츠 소비자로만 사는 게 아닌, AI를 부리고 활용하는 사람으로 성장하려면, 글쓰기는 미래 사회에 필수 능력일 수밖에 없습니다.

이미 블로그나 소셜 미디어에 AI가 써주는 글들이 넘쳐납니다. 그 결과 이 글들이 다시 AI의 학습용으로 되먹임되면서 정보의 질이 점점 낮아지는 효과도 발생하고 있습니다. 자주 쓰이는 문구들을 확률로 선정해 생성한 글들은 비슷할 수밖에 없습니다. 이런 식으로 대량 생산된 콘텐츠들 사이에서 독자적인 콘텐츠를 만들어 내는 사람의 가치는 더욱 올라갈 수밖에 없습니다.

AI를 성공적으로 잘 이용하는 사람들이 하는 말이 있습니다. 그림을 그리든 글을 쓰든 이들은 이렇게 말합니다.

"상상력은 나의 몫!"

챗GPT를 이용해 어떤 글을 쓰고, 어떤 그림을 그리던 그 프롬프트에 아이디어를 넣는 것은 사람이기 때문입니다. 챗GPT는 어떤 계획이든 잘 짜줍니다. 그러면 어떤 사람은 운동 계획을 짜달라고 요청하고, 어떤 사람은 식단을 짜달라고 합니다. 누군가는 영어 단어 학습 계획표를 짜달라고 할 것입니다. 교육부에서 지정한 초중고 단어 목록을 구해 챗GPT에 넣고, 난이도 혹은 빈도수로 정렬해 달라고 한 후, 처음 100개 단어를 이용해서 50개의 예문을 만들어 달라고 할 수도 있습니다.

만일 BTS의 팬이라면, 군대에 간 BTS 멤버들의 제대 일을 카운트다운 하는 알림이를 만들고 싶을 것입니다. 이런 앱을 만들어 보고 싶다는 아이디어는 먼저 BTS를 사랑하는 마음에서 나오고, 관심과 함께 무언가에 몰두하다 보면 그게 프롬프트로 이어지게 됩니다.

하지만 무엇을 만들던 시작은 글쓰기입니다. 하다못해 나만의 GPTs를 만든다고 해도 그 설명은 글로 써야 하기 때문입니다. 글쓰기 능력에 코딩까지 할 수 있으면 날개를 달겠지만, 코딩을 모르는 사람이 글도 쓰지 못한다면 무언가를 하려고 할 때 제약이 많아질 것입니다. 그래서 글쓰기 연습은 더욱 필요합니다.

## 글의 힘을 알게 해주기

많이 읽고, 많이 들어야 쓰기도 잘할 수 있습니다. 많이 읽고 듣는다고 이에 비례해서 글을 잘 쓰는 것도 물론 아닙니다. 하지만 부모가 할 수 있는 일은 아이가 많이 듣고 읽게 한 후에 많이 써 보게 해주는 일입니다.

쓰기에도 발달 단계가 있습니다. 아이는 자기 이름 쓰기와 같이 자신에게 가장 유의미한 정보를 써 보는 일을 즐깁니다. 그래서 쓰기의 시작도 자기 이름, 가족 이름, 좋아하는 동물 이름 쓰기 등으로 시작해서 여기에 용언을 붙여서 '누구를 좋아해요', '무엇이 무서워요'처럼 문장 쓰기로 발전시키는 게 좋습니다. 글쓰기가 숙제나 꼭 해야만 하는 일이 아닌, 주고받는 게임처럼 신나는 과정으로 받아들이고 즐길 수 있게 도와주어야 합니다. 자기 방 앞에 붙이고 싶은 문구를 직접 써 보게 하는 것도 좋습니다. 동생 민우에게 보내는 글로 "민우는 내 방에 들어오지 말 것!" 혹은 "노크하고 들어오세요!" 등 자기 방에 들어갈 때 가족들이 읽게 되는 내용을 쓰라고 하면, 아이는 글자마다 신경 써서 글을 쓰게 됩니다. 글쓰기가 실제 생활에서 어떤 힘을 발휘하는지를 아이가 직접 체험하게 하는 일이 무엇보다 중요합니다.

## 글 잇기 놀이로 글쓰기

심심하면 말 잇기 놀이를 하다가 이 놀이를 글 잇기 놀이로 발전시켜 봅니다. 엄마와 아이가 번갈아서, 아니면 온 가족이 번갈아 가면서 한 줄씩 써서 하나의 이야기를 완성하는 놀이를 해보아도 좋습니다. 실제로 이런 글쓰기 연습을 '릴레이 라이팅 relay writing'이라고 합니다.

이 놀이는 한 문장으로 시작합니다.

"나는 어제 강남역에서 블랙핑크의 제니를 보았다."

그러면 가족 구성원이 한 문장씩 여기에 보태서 연이어 글쓰기를 합니다.

A: 그런데 제니의 옆에는 〈강남스타일〉의 싸이가 있었다.

B: 싸이는 제니에게 같이 〈강남스타일〉 춤을 추자고 했다.

C: 제니는 싸이와 〈강남스타일〉 춤을 추느니 박진영과 듀엣 무대를 하겠다고 했다.

D: 이 말에 싸이는 화가 나서 박진영에게 전화를 해서 제니가 너랑 듀엣을 춘다고 했다고 말했다.

E: 박진영은 신이 나서…….

⋮

이런 식으로 이어 쓰다가 마지막에 한 사람이 이 글을 멋지게 마무리해서 발표하면 더욱 재미있습니다. 마무리 문장은 '그래서 둘이 결혼해서 오래오래 행복하게 살았습니다.' 같이 흔한 마무리도 엉뚱하지만 괜찮습니다. 중요한 점은 아이가 이야기의 시작과 전개, 마무리를 끌고 갈 힘이 있는지 확인하는 일입니다. 이런 활동들은 서사 능력 narrative skills 을 키우는 훈련인데, 아이의 읽기 실력, 쓰기 실력 및 사고력 발달에 크게 도움이 됩니다.

그리고 가장 중요한 점은 항상 마무리되면 전체 글을 깨끗하게 옮겨 쓰는 과정을 거쳐야 합니다. 글을 짓는 연습은 글이라는 결과물만이 중요한 것이 아니라 정성스럽게 옮겨쓰는 과정에서 글을 대해 소중한 마음이 생기기 때문입니다. 또한, 다 쓴 글은 꼭 게시해 주도록 합니다. 쓰기는 즐겁고 또 마치고 나면 자랑스럽다는 것을 알리기 위함입니다.

# AI가 기사나 논설문 등 구조화된 글쓰기를 도와줄 수 있나요?

　기사나 논설문처럼 구성이 중요한 글을 쓰는 일은 아이들이 유독 어려워합니다. 이런 글은 생각의 흐름대로 써나가기보다는 구성을 가시화해서 흐름에 따라 글을 쓰게 하면 훨씬 쉽게 글쓰기를 할 수 있습니다. 예를 들어, 아이가 어린이 신문의 기사를 쓴다고 할 때 시작을 어떻게 해야 하는지, 글의 구성은 어떻게 이루어야 하는지 잘 모를 수 있습니다. 이럴 때 챗GPT에게 무엇에 대한 기사를 쓰려고 하는 데 단계별로 알려 달라고 요청합니다. 이에 따라 하나하나 글을 쓰거나 단계별 흐름을 다이어그램 플로 차트으로 그려 달라고 한 후, 그 플로 차트를 채워가는 방식으로 글을 쓰면 글쓰기에 많은 도움이 됩니다.

　다음은 챗GPT에 어린이 신문에 실을 페트병 재활용을 하는 벤딩 머신에 대한 기사를 쓰기 위한 글쓰기를 단계별로 알려 달라고 요청한 결과입니다.

[사용자 질문 1]
나는 10살 어린이야. 어린이 신문에 페트병 재활용을 하는 벤딩 머신에 대한 기사를 쓰려고 해. 무엇부터 어떻게 써야 하는지 모르겠어. 단계별로 글쓰기를 이끌어줄 수 있어?

[챗GPT 답변 1]
물론이죠! 페트병 재활용을 하는 벤딩 머신에 대한 기사를 쓰는 것은 흥미로운 주제입니다. 여기 단계별로 글을 쓸 수 있는 가이드를 제공할게요.

### 1. 주제 소개
**페트병 재활용의 중요성**: 환경 보호와 지속 가능한 발전을 위해 페트병 재활용이 왜 중요한지 간략하게 설명하세요.
**벤딩 머신 소개**: 재활용을 촉진하기 위해 설계된 특별한 벤딩 머신에 대한 간단한 소개를 포함하세요.

### 2. 벤딩 머신 작동 방식
**수거 과정**: 사용자가 페트병을 기계에 넣으면 어떻게 분류되고 처리되는지 설명하세요.
**보상 시스템**: 사용자가 페트병을 재활용할 때 어떤 종류의 보상을 받는지(예: 할인 쿠폰, 포인트 등) 설명하세요.

### 3. 벤딩 머신의 이점
**환경에 미치는 긍정적인 영향**: 재활용을 통해 어떻게 환경을 보호할 수 있는지 구체적인 예를 들어 설명하세요.
**사회적 영향**: 사람들이 재활용에 더 적극적으로 참여하도록 동기를 부여하는 방법과 그 결과에 대해 설명하세요.

### 4. 사례 연구 또는 인터뷰
**실제 사례**: 이러한 벤딩 머신이 설치된 지역의 사례를 조사하여 그 효과에 대해 설명하세요.
**인터뷰**: 가능하다면, 벤딩 머신을 사용해 본 사람이나 프로젝트에 관여한 사람과의 인터뷰를 포함할 수 있습니다.

### 5. 결론 및 독자 참여 유도
**독자에게 던지는 메시지**: 재활용의 중요성과 각자가 환경 보호에 기여할 수 있는 방법에 대해 강조하세요.
**행동 촉구**: 독자들이 재활용에 더 적극적으로 참여하도록 독려하는 메시지를 포함하세요.

### 6. 검토 및 수정
**내용 검토**: 정보의 정확성을 확인하고, 문장이 명확하고 이해하기 쉬운지 확인하세요.
**피드백 요청**: 선생님, 친구, 또는 가족에게 글을 읽어보게 하고, 그들의 의견을 듣고 필요한 수정을 하세요.

이 가이드를 따라 기사를 작성하면서, 독자가 쉽게 이해할 수 있도록 간결하고 명확한 문장을 사용하는 것이 중요합니다. 또한, 사진이나 그래픽을 포함하여 글을 더 흥미롭게 만들 수 있습니다. 글쓰기 과정을 즐기세요!

그런 후 챗GPT4.0의 GPTs 중 '윔지컬 다이어그램'을 활성화하고, 위에 나온 단계대로 플로 차트를 만들라고 요청합니다.

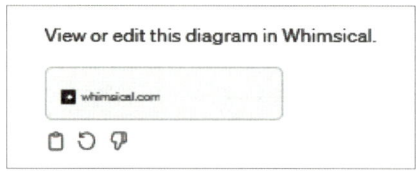

그러면 아래쪽에 링크가 나오는데, 클릭하면 '윔지컬 Whimsical' 사이트로 이동합니다. 여기서 이 플로 차트를 편집할 수 있습니다. 위의 플로 차트 옆에 빈 네모 칸들을 덧붙여서, 챗GPT가 이 단계에서 쓰라고 한 내용을 쓰는 워크시트를 만들어 보았습니다.

이제 이 빈칸들을 채우며 글을 쓰면 됩니다. 무엇으로 채워야 할지 모르겠으면 단계별로 예시를 써 달라고 챗GPT에 요청해도 좋습니다. 아이들은 이 예시를 참고해서 글을 쓰라고 하면 훨씬 쉬워 합니다. 또 구성이 중요한 논리적인 글을 쓸 때 이런 플로 차트를 제공하면, 기사나 논설문 같은 글쓰기도 어렵지 않게 써내려 갑니다.

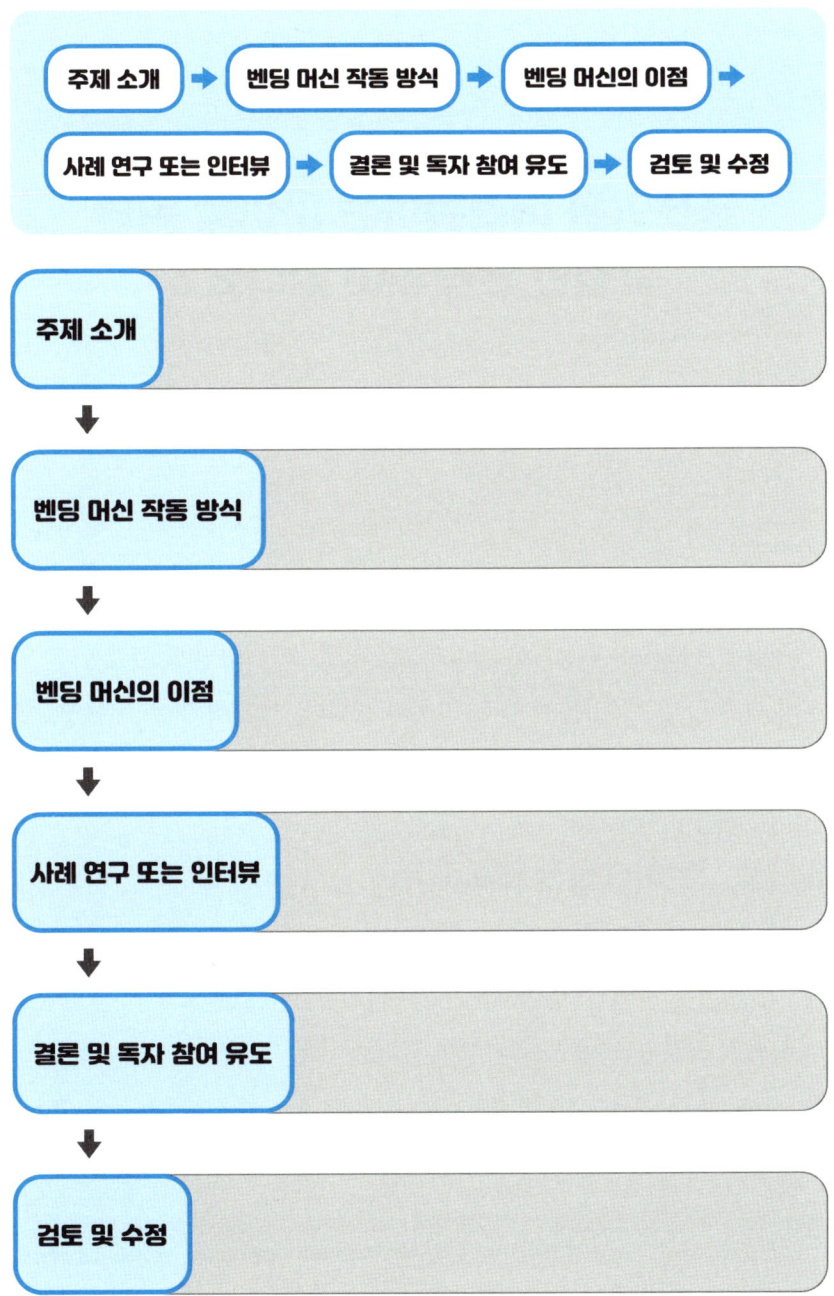

# 글쓰기를 어려워하는 아이를 위한 특별한 연습법이 있나요?

우리는 글쓰기를 과정으로 생각하고, 이 글 쓰는 과정에 AI가 어떤 도우미 역할을 할 수 있을까 늘 고민해야 합니다. 그것이 바로 AI를 잘 활용하는 방법입니다.

## 반으로 나누어진 문장 연결하기

AI를 활용해 아이와 글쓰기 연습을 할 수 있는 방법은 아주 다양합니다. 먼저 쉬운 글쓰기인, 반으로 나누어진 문장을 연결해서 쓰기 연습부터 시작해 봅시다. 프롬프트는 다음과 같습니다.

> **[사용자 질문 1]**
> 어린이 글쓰기 연습을 위한 우리말 문장들이 필요해. 작업 절차는 다음과 같아. ⑴ 자연 보호에 대한 10개의 문장을 만들어. ⑵ 이 문장들에 / 표시를 해서 반으로 나누어. 예) 나무를 심는 일은 / 지구를 더 푸르게 만든다. ⑶ 표를 만들어서 1열에 왼쪽 반을 1-10 순서대로, 2열은 빈칸으로 두고, 3열에는 오른쪽 반을 무작위로 섞어서 넣어줘.

그러면 챗GPT는 다음과 같이 결괏값을 만들어 줍니다.

> **ChatGPT**
> 어린이 글쓰기 연습을 위한 자연 보호에 대한 문장들을 준비했습니다. 아래 표는 왼쪽 열에 주어진 문장의 시작 부분, 가운데 열은 빈 칸으로, 그리고 오른쪽 열에는 문장의 끝 부분을 무작위로 섞어 놓은 형태입니다. 이 활동을 통해 어린이들이 문장을 올바르게 완성하는 연습을 할 수 있습니다.
>
> | 1열 (왼쪽 반) | 2열 (빈 칸) | 3열 (오른쪽 반, 무작위) |
> |---|---|---|
> | 나무를 심는 일은 | | 지구 온난화를 늦출 수 있다. |
> | 쓰레기를 줄이는 것은 | | 지구를 더 푸르게 만든다. |
> | 재활용을 실천하는 것은 | | 환경 오염을 방지한다. |
> | 자동차 대신 걷기를 선택하면 | | 물 부족 문제를 해결하는 데 도움이 된다. |
> | 물을 아끼는 습관은 | | 도시의 생태계를 유지하는 데 중요하다. |
> | 에너지 절약은 | | 환경에 해로운 화학 물질 사용을 줄일 수 있다. |
> | 플라스틱 사용을 줄이면 | | 바다를 보호할 수 있다. |
> | 공원과 숲을 보호하는 것은 | | 환경 오염을 줄이는 데 기여한다. |
> | 전자 제품을 올바르게 폐기하는 것은 | | 자원을 효율적으로 사용하는 방법이다. |
> | 유기농 제품을 사용하면 | | 대기 오염을 줄일 수 있다. |
>
> 이 표를 사용하여 어린이들이 각 문장의 시작 부분과 올바르게 일치하는 끝 부분을 찾아 연결하는 연습을 할 수 있습니다. [-]

> **You**
> 답을 알려줘

> **ChatGPT**
> 각 문장의 올바른 답을 아래에 나열합니다. 이를 통해 어린이들이 연습한 결과를 확인하거나 정답을 맞춰 볼 수 있습니다.
>
> 1. 나무를 심는 일은 지구를 더 푸르게 만든다.
> 2. 쓰레기를 줄이는 것은 환경 오염을 방지한다.
> 3. 재활용을 실천하는 것은 자원을 효율적으로 사용하는 방법이다.
> 4. 자동차 대신 걷기를 선택하면 대기 오염을 줄일 수 있다.
> 5. 물을 아끼는 습관은 물 부족 문제를 해결하는 데 도움이 된다.
> 6. 에너지 절약은 지구 온난화를 늦출 수 있다.
> 7. 플라스틱 사용을 줄이면 바다를 보호할 수 있다.
> 8. 공원과 숲을 보호하는 것은 도시의 생태계를 유지하는 데 중요하다.
> 9. 전자 제품을 올바르게 폐기하는 것은 환경 오염을 줄이는 데 기여한다.
> 10. 유기농 제품을 사용하면 환경에 해로운 화학 물질 사용을 줄일 수 있다.
>
> 이 정답들을 활용하여 어린이들이 문장을 올바르게 이해하고 연결하는 능력을 키울 수 있습니다.

아이에게 표만 먼저 주고, 어떤 문장의 앞쪽이 뒤쪽과 이어지는지 찾아서 모아 쓰게 하면 좋은 문맥 학습을 할 수 있습니다. 더욱이 글쓰기의 첫 단계는 따라 쓰는 것부터 시작합니다.

## 한 컷 한 문장으로 글쓰기 시작하기

책을 읽은 후, 놀고 난 후, 무언가를 만들어 본 후 경험한 활동의 내용을 그리거나 사진으로 찍어서 붙이고 그 아래 한 문장으로 써 보기 활동을 해보면, 아이들은 의외로 쉽게 한 줄을 완성한답니다.

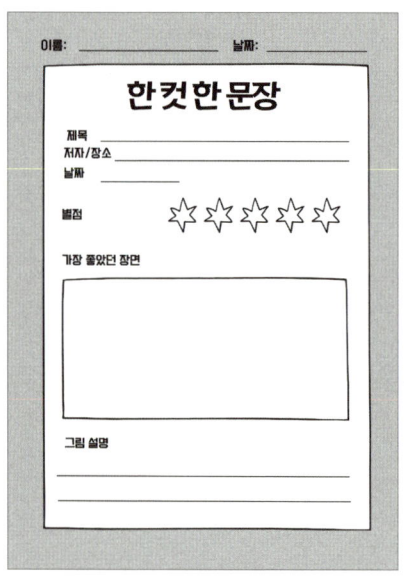

'캔바'로 만든 활동지

정확히 무엇을 써야할지 주제가 정해진 상태에서 한 줄을 쓰는 것은 아이들도 크게 어려워 하지 않습니다. 특히 자신이 경험한 것 안에서 쓰는 활동은 다른 글쓰기보다 쉽게 시작할 수 있습니다. 이렇게 일주일 동안 매일 한 컷 한 문장을 쓴 다음, 그동안 쓴 문장들을 모아서 연결어를 붙여주는 작업을 하면, '지난 한 주간 한 일'이라는 제목으로 한 편의 글이 완성됩니다. "지난 한 주는 ~~했다. 월요일에는…. 그리고 수요일에는…. ~~한 한 주였다."처럼 써보게 지도해줍니다.

## 이야기 바꿔 쓰기와 편지 쓰기

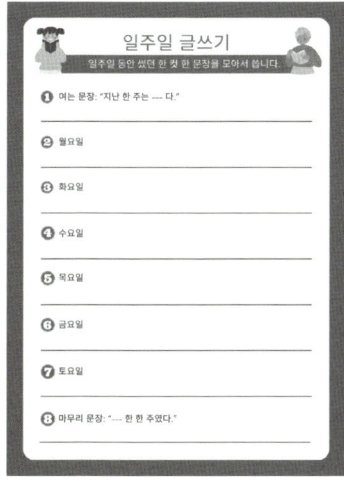 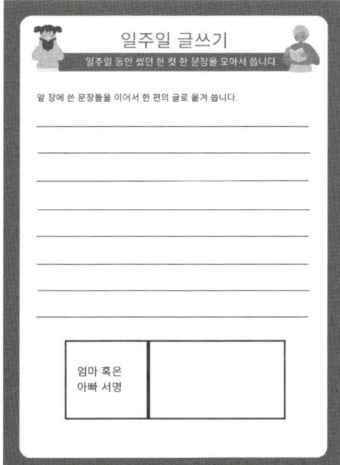

'이야기 바꿔 쓰기'는 읽었던 이야기의 주인공 입장에서 이야기의 결말 이후의 이야기를 쓰기, 주인공에게 편지 쓰기, 주인공이 어떤 사건이 일어난 날 일기를 써보기와 같은 주제 글쓰기를 해보는 방법입니다. 이렇게 글쓰기를 하면 책의 내용을 더욱 깊이 이해하고, 알게 된 배경지식과 관련 어휘를 활용해 글을 쓸 수 있어서 글쓰기가 훨씬 수월해집니다.

여기에 AI까지 이용하면 더욱 흥미진진한 글쓰기 연습을 해볼 수 있습니다. 먼저 책 속의 주인공이 되어 아이에게 편지를 써 달라고 AI에게 요청합니다. 그리고 그 편지를 받아본 아이에게 답장을 써 보라고 하면 됩니다. '제미나이'에게 책의 주인공인 것처럼 초등학생 아이 아람이에게 편지를 써 보라고 요청했습니다.

[사용자 질문1]
해리 포터의 허마이오니 역할을 해 줘. 우리 집 아홉 살 여자 어린이 아람에게 편지를 써 줘. 아람이는 책 읽기를 별로 좋아하지 않아. 어떻게 하면 책을 재미있게 읽을 수 있는지 어린 허마이오니 입장에서 호그와트 마법 학교에서 있었던 일을 언급하면서 써 줘.

[제미나이 답변1]
## 호그와트 마법 학교에서 온 특별한 편지

**친구 아람에게,**
나는 호그와트 마법 학교에서 네 나이 때 친구들과 함께 신나게 지내던 허마이오니 그레인저야. 너는 책 읽기를 좋아하지 않는다고 들었어. 그래서 오늘은 너에게 호그와트에서 있었던 특별한 이야기를 들려줄게.
호그와트에는 엄청나게 큰 도서관이 있어. 그곳에는 세상에 존재하는 모든 책이 있다고 해도 과언이 아니야. 어느 날 나는 그 도서관에서 '마법 생물의 비밀'이라는 책을 발견했어. 그 책은 정말 신기했어. 책을 펼치면 마치 살아있는 그림처럼 생생하게 움직이는 그림과 함께 마법 생물들의 흥미로운 이야기가 나왔거든.
나는 그 책을 읽으면서 마치 직접 마법 생물들을 만나보는 것 같았어. 책 속에서 용의 불길에 휩싸이기도 하고, 독수리 봉황과 함께 하늘을 날기도 했지. 심지어 귀여운 요정들과 춤을 추기도 했어. 책을 읽는 것이 이렇게 재미있을 줄 몰랐어.

아람아, 너도 책을 읽으면 마법 같은 경험을 할 수 있어. 책 속에서 새로운 세상을 탐험하고, 상상도 못했던 모험을 떠날 수 있거든.
우리 호그와트에도 너처럼 책 읽기를 좋아하지 않는 친구가 있었어. 그의 이름은 네빌 롱바텀이야. 네빌은 처음에는 책을 읽는 것이 힘들어했지만, 친구들과 함께 책을 읽으면서 점점 재미를 느끼기 시작했어. 결국 네빌은 마법 약초학 분야에서 최고의 전문가가 되었지.
아람아, 너도 네빌처럼 책을 통해 새로운 세상을 경험하고, 너만의 특별한 재능을 발견할 수 있어. 지금 바로 흥미로운 책을 찾아 읽어보는 건 어때? 혹시 어떤 책을 읽어야 할지 모르겠다면, 언제든지 나에게 편지를 보내줘. 너에게 딱 맞는 책을 추천해줄게.
호그와트에서 너를 응원하고 있어.
친구, 허마이오니 그레인저가

이 편지를 받고 아이들은 재미있게 답장을 쓰며 글쓰기 연습을 합니다. AI와 편지를 주고받는 글쓰기는 단순히 책을 읽고 독후감을 쓰는 것보다 훨씬 재미있게 글쓰기에 참여하게 만드는 방법입니다.

## 스토리 스타터로 연습하기

본격적으로 글쓰기를 연습할 때는 글의 첫 문장을 무작위로 뽑은 후, 그 문장에 이어서 글을 써 보는 것도 상상력을 기를 수 있는 좋은 방법입니다. 이런 첫 문장을 '스토리 스타터 Story starter' 혹은 '글쓰기 프롬프트 writing prompt'라고 부르는데, 이것을 챗GPT4.0에 만들어 달라고 할 수 있습니다.

**[사용자 질문 1]**

9–10세 아이들이 스토리 창작 연습을 할 수 있도록 글의 첫 문장, 그러니까 story starter를 10개 만들어 줘. 스토리의 장르는 골고루 섞어 줘. 장르별로 표를 만들고 번호를 붙여서 표에 넣어서 제시해 줘.

**[챗GPT 답변1]**

| 장르 | 번호 | 스토리 스타터 |
|---|---|---|
| 판타지 | 1 | 밤하늘에 떠오른 거대한 붉은 용이 마을을 향해 날아오고 있습니다. 용의 목표는 무엇일까요? |
| 판타지 | 2 | 숲 속 오두막집에서 사는 할머니는 마법 능력을 가지고 있습니다. 할머니는 어떤 마법을 사용할 수 있을까요? |
| 판타지 | 3 | 학교 도서관에서 낡은 책을 발견했습니다. 책 속에는 신비한 세계로 가는 지도가 숨겨져 있습니다. 지도를 따라 어떤 모험을 떠나게 될까요? |
| SF | 4 | 우주 여행 중 우주선이 고장 나서 외계 행성에 불시착했습니다. 이 행성에는 어떤 생명체들이 살고 있을까요? |
| SF | 5 | 미래 세계에서는 로봇이 인간의 모든 일을 도와줍니다. 하지만 어느 날, 로봇들이 인간에게 반란을 일으킵니다. 왜 로봇들은 반란을 일으켰을까요? |
| SF | 6 | 인공지능 칩을 착용하면 원하는 모든 것을 상상만 하면 현실로 만들 수 있습니다. 당신은 어떤 것을 상상해볼까요? |
| 추리 | 7 | 학교에서 귀중한 보석이 도난당했습니다. 탐정단을 結成하여 도둑을 찾아야 합니다. 누가 보석을 훔쳤을까요? |
| 추리 | 8 | 어두운 밤, 텅 빈 고택에서 이상한 소리가 들려옵니다. 용감한 아이들은 고택에 잠입하여 비밀을 밝혀내기로 결심합니다. 고택에는 어떤 비밀이 숨겨져 있을까요? |
| 추리 | 9 | 친구가 실종되었습니다. 친구를 찾기 위해 숨겨진 단서들을 따라 추적을 시작합니다. 친구는 어디로 사라졌을까요? |
| 일상 | 10 | 어느 날 아침, 눈을 뜨니 세상이 완전히 바뀌어 있었습니다. 사람들은 모두 동물로 변해 있고, 동물들은 사람으로 변해 있었습니다. 당신은 어떤 동물로 변했을까요? 그리고 어떻게 살아갈까요? |

Sheets로 내보내기

이 중에서 9번 스토리 스타터를 골라서 글쓰기 연습을 해보겠습니다.

추리 이야기에는 어떤 요소들이 들어가야 하는지 먼저 알아보았습니다. 챗GPT4.0에 이야기를 쓰기 전에 무엇을 정하고 써야 하는지 알려달라고 요청합니다.

> **[사용자 질문 2]**
> 다음 스토리 스타터를 가지고 어린이가 추리 이야기를 쓰려고 해. 스토리 라이팅에 필요한 단계별로 표를 만들어서 설명하고 예시를 주고 아이가 쓴 빈 칸도 만들어 줘.
>
> **스토리 스타터:** 친구가 실종되었습니다. 친구를 찾기 위해 숨겨진 단서를 따라 추적을 시작합니다. 친구는 어디로 사라졌을까요?

그러면 다음과 같이 표를 그려서 글쓰기에 들어가기 전에 정해야 하는 요소들을 알려줍니다.

주인공을 설정하고, 친구를 설정하고, 배경을 설정하고, 사건을 설정하고, 결말을 정하고, 여기서 구성을 시작, 단서 찾기, 추적, 조사, 결말로 이어지도록 쓰라고 알려줍니다.

> **[챗GPT 답변 2]**
> 어린이가 추리 이야기를 단계별로 쓸 수 있게 표를 만들었어요. 각 단계에는 그 단계를 설명하는 내용과 예시가 있고, 아이가 스스로 내용을 채울 수 있는 빈 칸도 준비했어요.
>
> | 단계 | 설명 | 예시 | 아이가 쓴 빈칸 |
> |---|---|---|---|
> | 스토리 개요 | 스토리의 주요 사건 및 문제를 개략적으로 설명합니다. | 제이의 친구 알렉스가 학교에 나타나지 않았어요. 마지막으로 본 사람은 어제 학교 뒤뜰에서였어요. | |

| | | |
|---|---|---|
| 등장인물 소개 | 주요 등장인물과 그들의 특징을 소개합니다. | 제이는 호기심 많고 총명한 학생이며, 알렉스는 항상 미스터리 소설을 읽는 조용한 아이입니다. |
| 추리 과정 | 주인공이 사건을 해결하기 위해 겪는 과정을 서술합니다. | 제이는 알렉스의 가방을 찾아 그의 발자취를 따라가기 시작합니다. 가방에서는 미스터리 소설 한 권이 발견되었어요. |
| 결정적 단서 | 사건 해결의 키가 되는 결정적 단서를 찾습니다. | 책 사이에서 제이는 학교 뒤뜰로 가는 지도와 알 수 없는 기호가 그려진 종이를 발견합니다. |
| 해결 | 단서와 추리를 통해 사건을 해결하는 과정을 서술합니다. | 기호를 해독한 제이는 숨겨진 지하실 입구를 찾아 알렉스를 구해냅니다. 알렉스는 지도를 그리며 자신만의 모험을 즐기고 있었어요. |

이 표를 사용하여 아이는 자신만의 추리 이야기를 창작할 수 있어요. 각 단계마다 아이가 채워넣을 수 있는 부분을 넣어주셔서 상상력을 발휘할 수 있도록 해주세요.

위의 단계를 따라 빈칸을 채운 후 이 내용을 정리해서 써 봅니다. 그런 다음 여기에 살을 붙이면 추리 이야기 한 편을 완성할 수 있답니다.

# 초등 글쓰기에 활용할 수 있는 AI 앱은 어떤 것이 있나요?

 최근 인공지능이 발달하며 여러 글쓰기 AI 서비스가 등장하고 있습니다. 이중에는 글쓰기에 정말 도움이 되고 참신한 기능을 가진 서비스들도 많이 눈에 띕니다. 이런 프로그램만 잘 활용해도 가정에서 아이들의 글짓기 실력을 충분히 키울 수 있을 것입니다.

글쓰기 첨삭 AI 서비스를 제공하는 키위티 사이트

## 글을 첨삭 지도해주는 '키위티'

글쓰기 AI 서비스를 제공하는 투블럭AI에서 개발한 키위티 keewi-t.korean.ai를 추천합니다. 글을 쓴 학생의 정보를 입력하고, 평가할 글을 입력하면 보기 쉽게 글을 첨삭합니다. 평가점수로 피드백을 바로 제공해 주고 맞춤법과 문장의 성분을 분석해 줍니다.

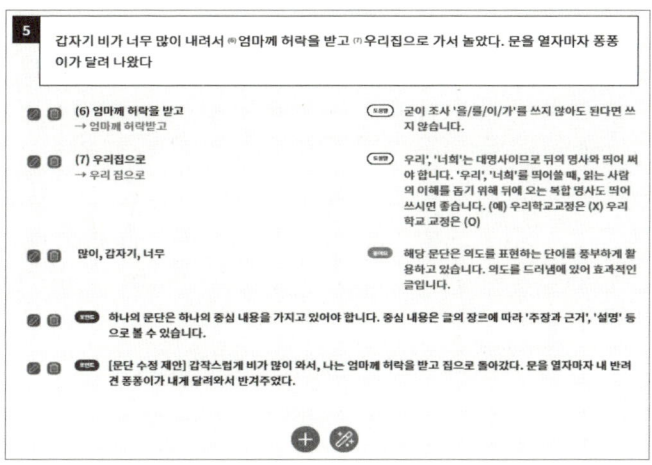

세부 기능으로 학생이 사용한 문장마다 첨삭할 수 있으며, 인공지능을 이용해 새로운 문장을 제안해 주기도 합니다. 하지만 첨삭 리포트를 보기 위해서는 1회당 비용을 지불해야 합니다.

## 어휘력을 키워주는 '문해력 더하기'

같은 회사에서 제공하는 '문해력 더하기 www.korean.ai/train/main'라는 서비스도 매우 유용합니다. 원하는 지문을 바탕으로 문법적 정확성, 어휘의 풍부성, 의도의 표현 등 6가지의 학습지표를 기준으로 한 빈칸을 생성해 줍니다. 교과서 지문을 넣어서 바로 활용할 수 있으며, 글감이 없다면 챗

GPT를 이용해 생성하는 기능도 제공해 줍니다. 빈칸 옆에는 워드 클라우드 기능이 있어 빈칸에 들어갈 단어의 힌트를 제공합니다. 빈칸에 입력한 답에 만약 오답이 있다면, 오답이 있는 단어만 남겨두어 다시 풀어볼 수 있게 안내합니다.

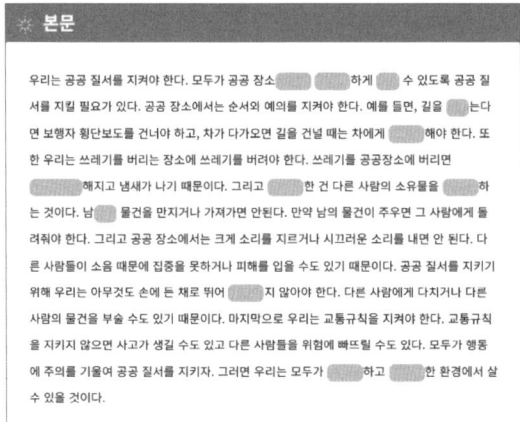

'문해력 더하기'의 빈칸 생성 기능

# AI로 문해력 수준을 테스트해 볼 수 있나요?

AI는 문해력을 향상시키는 데도 도움을 주지만, 문해력의 수준을 알아보는 데도 매우 유용합니다. 문해력이란 단어의 의미를 이해하고 문장을 해석하며 다양한 텍스트에서 중요한 정보를 추출하고 분석하는 능력을 의미합니다. 이는 논리적인 사고, 비판적인 분석, 창의적인 표현과 같은 다양한 기술을 포함합니다.

## AI 앱으로 하는 문해력 테스트

인공지능을 활용하면 아이들에게 다양한 읽기 자료를 제공할 수 있습니다. 내용과 주제를 유지한 채 난이도를 조절하여 읽기 자료를 재구성할 수도 있고, 같은 난이도에 여러 주제의 읽기 자료를 만들어 보여줄 수도 있습니다. 이렇게 제공한 읽기 자료를 눈동자 추적 기술을 활용하여 보다 정확하게 글을 잘 읽고 이해하는지 평가할 수도 있습니다.

'리드 readapp.io'라는 앱은 카메라를 이용해서 눈동자의 움직임을 추적하고 이를 통해 글을 읽는 속도와 읽은 내용을 잘 이해하는지, 한번 읽고 이해하지 못하는 경우를 찾아서 피드백을 제공합니다. 이 기술은 눈동자의 움직임을 파악하여 오래 머무른 글자에 주목하여 한 번에 읽고 이해했는지, 두세 번 다시 읽고 이해했는지 학습자의 독해력을 평가합니다.

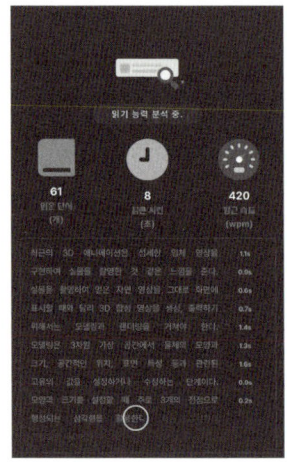 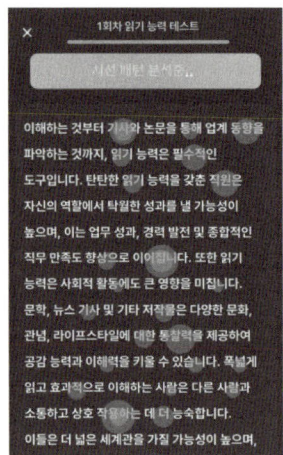

독해력을 테스트하는 '리드' 앱

　AI를 활용하여 글을 쓰는 과정에서도 문해력은 향상될 수 있으며, 아이들은 자신의 아이디어를 보다 깊고 명확하게 표현하는 방법을 배웁니다. 예를 들어 아이가 역사적인 인물에 대해 에세이를 작성한다고 했을 때, AI가 제공한 그 인물의 배경, 업적, 역사적 중요성에 대한 정보를 먼저 확인하게 됩니다. 그리고 자신이 사용하는 문장에 대해서 잘못된 표현은 없는지, 어색함은 없는지 AI에게 물어보며 글을 다듬어 나갑니다. 이처럼 AI가 글을 평가하고 피드백을 제공함으로써 아이들이 자신의 글을 좀 더 객관적으로 바라보고 개선할 기회를 얻게 됩니다.

## 기본 글쓰기 역량을 갖추는 게 우선

무엇보다 인공지능을 활용하기 위해서는 기본적인 글쓰기 능력이 필요합니다. 글쓰기는 단순히 문자를 배열하는 행위가 아닙니다. 생각을 정리하고, 아이디어를 표현하며, 자신의 의견을 남에게 전달하는 과정입니다. 그래서 어린이와 청소년이 성장하면서 반드시 갖추어야 할 기본적인 소통 능력입니다. 글 쓰는 힘이 부족한 아이들이 AI를 이용한 글쓰기를 너무 이른 시기에 경험하면, 그 시기에 갖추어야 하는 기본적인 글쓰기 능력을 잃게 됩니다. 무 비판적으로 AI가 제시한 문장이나 단어를 사용하여 자신의 글을 가득 채우게 될 수 있습니다. 반면 글 쓰는 힘이 단단한 아이들은 AI를 통해 자신의 글을 더욱 개선하고 문해력을 키워 급속도로 발전해 나갈 것입니다. 인공지능의 등장으로 이런 두 아이 사이의 격차는 점점 더 벌어지게 됩니다.

AI를 활용한 글쓰기 학습은 확실히 아이들의 국어 능력 향상에 매우 효과적입니다. AI는 정보와 아이디어의 광범위한 원천을 제공하고, 글쓰기의 과정을 풍부하게 만들며, 다양한 방식으로 사고하는 능력을 키울 수 있도록 도와줍니다. 하지만 이 모든 것이 효과적이려면, 아이가 기본적인 글쓰기 능력을 갖추고, AI를 비판적으로 활용할 수 있어야 합니다. 그러기 위해서는 부모와 선생이 먼저 인공지능에 대한 많은 이해를 갖추어야 하고, 적절한 시기와 방법으로 AI를 접하게 해야 합니다. 어른의 지도 아래 올바른 방법으로 AI와 함께하고 그 활용법을 익혀 나간다면, 어느 순간 아이들은 미래 인재로 성장해 있을 것입니다.

# AI를 활용해 쓴 글의 저작권은 누구에게 있나요?

　인공지능을 이용해 다양한 방법으로 글쓰기를 했을 때 그 산출물에 대한 저작권은 어떻게 되는지 많은 사람이 궁금해합니다. 현재의 법적 관점에서, 인간의 개입이 전혀 없는 AI에 의해 생성된 산출물은 저작권으로 보호받기가 어렵습니다. 저작권법은 인간의 사상이나 감정이 표현된 창작물에 대해서만 보호하고 있습니다. 이는 창작물이 인간의 창의력과 정신적 노력의 결과물이라는 것을 전제로 하고 있습니다. 즉 인공지능을 활용한 글에 인간의 창의력과 정신적인 노력이 들어갔는지를 입증해야 그 창작물이 보호받을 수 있습니다.

　그러니 AI를 이용해 생성된 글에 인간의 창의력과 정신적인 노력이 들어갔다는 점을 입증한다면, AI 서비스를 활용해 창작 활동을 한 개인이나 단체가 저작권자로 인정받습니다. 즉 AI가 도구로 사용되었을 뿐, 실질적인 창작의 주체는 인간입니다.

실제로 국내에서 생성형AI를 사용하여 만든 〈AI 수로부인〉이라는 영화가 세계에서 두 번째로 저작권을 인정받았습니다. 이 영화를 만들기 위해 다수의 AI 프로그램을 제작에 활용했습니다. 대형 언어모델을 이용해서 시나리오를 만들고 이미지를 생성하고 이를 비디오로 만들기 위해 노력하고 인물의 목소리를 만들기 위해 인공지능을 사용했습니다. 배경음악까지 인공지능으로 만들었습니다.

하지만 생성 과정과 편집 과정에서 고대가요인 '수로부인'을 표현하기 위해 많은 노력을 기울인 점, 인공지능 모델이 대부분 외산으로 한국, 동양적인 이미지가 적어 별도의 리터치 작업을 한 점을 인정받아 한국저작권위원회로부터 최종 '편집저작물' 등록을 허가받았습니다.

정리해 보면 인공지능 도구를 이용한 개인이나 단체가 저작권자로 인정받을 수 있다는 것입니다. 하지만 한 가지 주의할 점은, 이렇게 만든 저작물이 기존의 저작물을 침해하지 않으면서 학습되었는지, AI 서비스 제공자가 책임져야 한다는 뜻입니다. 예를 들어, AI가 인터넷상의 다양한 자료를 참고하여 글을 작성했을 때, 그 과정에서 허락 없이 저작권이 있는 자료를 사용했을 수 있습니다. 이때는 해당 자료의 사용이 저작권법을 위배하지 않도록 반드시 조치해야 합니다. 즉, 저작권자의 허락을 받거나 저작권법에서 허용하는 범위 내에서만 사용해야 합니다.

특히 이미지 생성 모델의 경우 인터넷에 있는 다양한 작가의 작품을 학습하여 모델을 구성합니다. 이때 허락받지 않은 데이터로 모델이 학습된 경우에는 그 작가의 화풍과 유사한 그림이 생성될 수 있습니다. 그러면 자신도 모르게 저작권을 침해하는 행위가 될 수 있습니다. 이에 일부 이미지 생성 서비스는 인터넷에 공개된 자료 또는 저작권으로부터 자유로운 자료만으로 모델을 학습했음을 명시하고 있습니다.

이와 같은 모호한 상황에서 우리가 인공지능을 활용해서 산출물을 만들 때는 나름의 기준을 가지고 저작권에 대해 대비해야 합니다. 첫 번째로, AI를 이용해 생성된 콘텐츠를 사용할 때는 항상 저작권 문제를 염두에 두어야 합니다. 또한, AI가 생성한 콘텐츠를 사용할 때는 그 출처를 명확히 밝히는 것이 좋습니다. 이런 문제는 저작권뿐만 아니라, 정보의 정확성과 신뢰성을 확보하는 데에도 중요한 역할을 합니다.

둘째로, AI가 생성한 콘텐츠를 저작권법의 테두리 안에서 안전하게 사용하기 위해, 관련 법률과 규정에 대한 지속적인 확인과 이해가 필요합니다. 인공지능 기술의 시계는 매우 빠르게 흐르지만, 관련 법률의 시계는 느리게 흘러갑니다. 하지만 여러 요구사항에 따라 법률이 점차 업데이트되고 있으니 해당하는 법률과 규정을 꾸준히 확인해야 합니다.

마지막으로, AI를 활용한 산출물 제작, 특히 글쓰기에 있어서 인간의 창의성과 개입은 여전히 중요한 요소입니다. AI는 매우 강력한 도구이지만, 결국 창작물의 질과 가치는 인간의 사고와 감성에 의해 크게 좌우됩니다. 그래서 AI의 도움을 받더라도, 우리의 창의적인 노력과 개성을 글쓰기에 반영하는 것이 중요합니다.

  이처럼 AI를 활용한 글쓰기와 저작권은 매우 복잡한 주제이지만, 이를 이해하고 올바르게 대처하는 것은 우리 모두에게 필요한 일입니다. 기술의 발전이 우리 생활에 가져다주는 변화를 잘 활용하면서, 동시에 법과 윤리의 테두리 안에서 안전하게 활동하는 일은 매우 중요합니다. 우리의 창의적인 글쓰기 활동이 AI의 도움을 받아 더욱 풍요롭고 다채로워지기를 바랍니다.

### 김용욱

초등학생이 되고 아이의 사회생활이 확대되는 만큼 감정과 생각도 매우 복잡하고 예민해집니다. 그러한 아이들의 생활에서 일어나는 다양한 문제들을 AI가 효과적으로 보완할 수 있습니다.

# 7장

# AI와 함께하는 초등 생활의 모든 것

발표하기, 친구에게 말걸기가 어렵다면
AI에게 먼저 연습해 보면 어떨까?

# 친구와 친해지기 힘든 아이가
# 말 거는 연습을 할 수 있나요?

학교에서 아이들을 가르치다 보면 왁자지껄 잘 떠들면서 성격이 쾌활한 아이들이 있습니다. 친구도 금방 사귀고 말도 쉬지 않고 하는 편입니다. 하지만 반대로 한쪽에서 조곤조곤 조용히 생활하는 아이들도 있습니다. 친구 관계가 넓지 않으며, 종일 몇 마디 하지 않고 집에 돌아가는 날이 많습니다. 보통 선생님들은 앞 유형의 아이들을 '에너지가 높다'라고 말하고, 뒤 유형의 아이들을 '에너지가 낮다'라고 표현합니다. 이는 아이들의 성향이기 때문에 좋고 나쁘다고 말할 수 없지만, 부모나 교사의 입장에서는 아이들이 좀 더 활발하게 교우 관계를 맺었으면 하는 바람이 있습니다. 또 실제로 조용히 지내는 아이들도 적당한 기회가 주어진다면, 친구들과 신나게 이야기하며 놀고 싶어 하는 아이들이 많습니다.

이처럼 의욕은 있으나 표현하는 것을 어려워하는 아이들을 AI가 살짝 도와준다면 어떨까요? 관계는 언어의 소통력에 대부분 의지하기 때문에 소통하는 연습을 많이 하면 상당 부분 해결할 수 있습니다. 부모가 연습 상대가 되어 주어도 좋지만, 요즘은 챗GPT의 음성 기능(7p 참고)을 활용하면 부모 외의 익숙하지 않은 사람과도 말하기 연습을 해볼 수 있습니다. 챗GPT3.5 버전도 가능하지만, 챗GPT4.0이 훨씬 내용을 잘 알아듣습니다. 챗GPT를 활용할 때는 항상 어른이 함께하고, 말하기 연습을 할 때는 아래와 같이 프롬프트를 설정하면 됩니다. 프롬프트는 부모가 해준 후, 그 이후부터는 아이가 직접 말해 보도록 합니다.

> **[사용자 질문1]**
> 나는 초등학교 2학년 학생인데 친구에게 말을 잘 못 걸어. 지금부터 역할놀이를 해보자. 학교에서 연필을 빌려 달라고 말하는 장면이야. 한 번에 다 말하지 말고, 내가 답할 때까지 기다려 줘. 먼저 나에게 말을 걸어 줘.
>
> **[챗GPT 답변1]**
> 안녕! 오늘 수업 준비 다 됐어?
>
> **[사용자 답변]**
> 아니 아니……. (아이 답변입니다.)
>
> **[챗GPT 답변]**
> 그렇구나. 혹시 연필이 필요하면 내가 하나 빌려줄 수 있어. 연필이 필요해? 연필을 빌려주면 도움이 될까? 필요하면 말해 줘.
>
> **[사용자 답변]**
> 그럼 연필을 좀 빌려 줘. (아이 답변입니다.)

음성 기능은 시끄러운 곳에서는 잘 안 되니 되도록 조용한 곳에서 스마트폰에 가까이 대고 말하도록 합니다. 이번에는 거절하는 연습을 해봅니다. 성격이 조용하고 내성적인 아이라고 해서 친구가 말을 걸 때 무조건

'그래' 하고 수락하는 습관은 좋지 않습니다. 어떻게 하면 정중하게 '아니'를 말할 수 있는지 연습하게 합니다.

> **[사용자 질문2]**
> 친구가 화장실을 같이 가자고 해. 그런데 나는 숙제를 마저 하고 싶어. 어떻게 정중하게 거절하면 되는지 예시 문장을 5개 알려 줘.
>
> **[챗GPT 답변 2]**
> "미안해. 나는 지금 숙제를 마저 해야 해. 다음에 같이 가도 괜찮을까?"
> "너무 고마워. 근데 지금은 숙제를 마저 해야 할 것 같아. 나중에 같이 가자."
> (이하 생략)

음성 기능을 사용할 때는 챗GPT3.5를 먼저 사용해보고, 더 높은 수준의 대화를 원할 때는 챗GPT4.0으로 바꾸어서 사용해 봅니다. 챗GPT4.0은 사용 횟수의 제한 3시간 동안 40번이 있어서 금방 소진될 수 있습니다. 챗GPT4.0 유료 사용자는 챗GPT3.5 음성 기능이 무제한입니다. 아이와 챗GPT가 나눈 대화는 챗창에 모두 텍스트로 기록되기 때문에 나중에 다시 살펴볼 수도 있습니다.

그밖에도 아이가 챗GPT 보이스 기능을 켜고 다양한 주제로 친구와 대화하는 연습을 많이 해보게 합니다. 챗GPT는 또래 친구가 되어 아이와 두루두루 다양한 대화를 잘 받아줍니다. 그러는 사이에 아이의 말하기 능력과 듣기 능력이 향상되면서 의사소통 능력이 점차 성장하는 것을 느낄 수 있습니다.

# AI와 함께 발표 연습을
# 제대로 할 수 있나요?

요즘은 인스타그램과 틱톡에 자기의 모습을 찍어 올리는 등 스스로 사람들 앞에서 표현하고 그들의 관심을 얻는 것이 트렌드인 세상입니다. 유튜브도 마찬가지입니다. 사람들의 구독이나 팔로워 수를 얻으면 저절로 광고 효과가 생기고, 이를 통해 수익을 창출할 수 있기 때문입니다. 대기업들도 정규 방송에 등장하는 연예인뿐만 아니라 SNS 유명 인플루언서들과 제품 홍보에 나서기도 합니다. 이제 적극적으로 자신을 표현해야 하는 세상이 되었습니다.

그런데 사실 이런 흐름은 아주 오래전부터 시작되었습니다. 그 옛날 그리스의 소크라테스나 아리스토텔레스와 같은 철학자들도 자기 의견을 '아고라'라는 큰 광장에서 설득적 말하기를 통해 사람들에게 전달했으며, 부유한 사람들은 그들을 고용하여 자기 자녀들의 멘토로 모셨습니다.

사람들 앞에서 말을 잘할 수 있는 능력은 과거에도 그렇지만 지금도 여전히 갖춰야 하는 소양이고, 모두 부러워하는 능력입니다. 말을 잘하기로 유명한 사람들을 살펴보면 자신감을 가지고, 하고자 하는 말을 명확하게 표현합니다. 하지만 대부분 처음부터 말하기를 타고난 사람들은 몇 되지 않습니다. 상황에 따라 계속 발표를 하다 보니 잘하게 된 경우가 대부분입니다. 즉 발표하는 것도 연습이 필요하다는 것입니다. 머릿속에 아무리 많은 지식과 생각이 있어도, 자신감 있게 남들 앞에서 말하는 것은 많은 연습 없이는 어렵습니다.

인공지능을 활용한다면 아이들에게 발표가 필요한 상황을 연출하여 미리 연습시켜볼 수 있습니다. 학교에서 조별 과제를 할 일이 있거나, 개인 발표를 할 일이 있다면, 적극적으로 챗GPT를 활용해 미리 발표 연습을 해보도록 합니다. 다시 말하지만, 연습을 많이 해볼수록 발표할 때 떨지 않고 정확하게 자기 의견을 표현할 수 있습니다.

## 전문 성우의 목소리로 발표 연습하기

아이가 발표를 위해 만든 글을 챗GPT에 넣고 어색한 부분은 고쳐 달라고 요청합니다. 그러면 아이는 발표하기 좋은 정리된 스크립트를 받아 볼 수 있습니다. 물론 주제만 주면 챗GPT가 스크립트를 직접 작성해 줄 수도 있지만, 아이가 직접 쓴 글을 수정하면서 자기만의 발표 스크립트를 만들어 나가는 것이 자신감 있는 발표에 더욱 도움이 됩니다. 이렇게 완성된 스크립트를 전문 성우의 목소리로 읽어 달라고 요청합니다. 그러면 아이는 발표할 때 말하는 속도, 목소리 톤, 강조해야 할 부분 등 전반적인 흐름을 먼저 파악할 수 있습니다.

다음은 설득적 말하기에 대한 연습으로 아이가 쓴 글인 '초등학생이 킥보드를 타고 학교에 오면 안 되는 이유'를 챗GPT에 넣고, 스크립트 다듬기 요청과 함께 설득력 있는 성우의 목소리로 읽어 달라고 해보았습니다.

단, [사용자 질문1]에서 '교정'이란 단어를 써서 질문해야 합니다. 그렇지 않으면 완전히 새로운 문장을 생성하니 주의합니다.

> **[사용자 질문 1]**
> 다음은 글은 설득적 말하기를 위한 스크립트야. 발표자는 6학년 학생이고, 듣는 사람은 같은 반 친구들이야. 이 글을 새로 쓰지 말고 교정해주는데, 초등학생 수준으로, 문장의 끝은 ~습니다.로 공식적인 말하기 톤으로 써 줘.
>
> "초등학생이 킥보드를 타고 학교에 오지 않았으면 좋겠습니다. 왜냐하면 첫째, 위험하기 때문입니다. 많은 차들이 오가는 학교 정문 앞에서 우리들을 보지 못할 수도 있습니다. 또 우리가 앞을 잘 보지 않고 달린다면 부디쳐서 다칠 수도 있습니다. 둘째, 너도 나도 따라하면 엄마가 힘들어지기 때문입니다. 그러치않아도 힘드신 엄마 아빠께 킥보드를 사달라고 조른다면 부모님은 매우 슬퍼지실 겁니다. 그래서 초등학생이 킥보드를 타고 학교에 오지 않았으면 좋겠습니다."
>
> **[챗GPT 답변 1]**
> 여러분, 저는 우리가 킥보드를 타고 학교에 오는 것을 다시 생각해 보았으면 합니다. 왜냐하면 첫째, 킥보드 타기가 위험할 수 있기 때문입니다. 학교 정문 앞은 차들이 많이 다니는 곳이어서, 우리가 킥보드를 타고 있다면 차들이 우리를 보지 못할 수도 있습니다. 또한, 우리가 주의 깊게 앞을 보지 않고 달리다가는 부딪혀서 다칠 수도 있습니다.
>
> 둘째, 모두가 킥보드를 타고 오고 싶어 하면 부모님께 부담이 될 수 있습니다. 엄마 아빠는 이미 많은 일로 바쁘신데, 우리가 킥보드를 사달라고 조르면 부모님은 슬퍼하실 수도 있습니다.
>
> 그래서 제 생각에는 우리가 킥보드를 타고 학교에 오는 것을 피하는 것이 좋겠습니다.

설명하기 위한 말하기도 같은 방식으로 진행해 봅니다. 초등학생 발표는 대부분 '설득적 말하기'와 '설명하기 위한 말하기' 두 가지 유형에 속합니다. 두 가지 유형을 꾸준히 연습하면 학교에서 하는 발표에서 어렵지 않게 자신의 의견을 표현할 수 있을 것입니다.

스크립트가 완성되었다면, 이제 성우 목소리로 변환해 보도록 하겠습니다. 챗GPT에도 음성 변환을 위한 'ElevenLabs'라는 GPTs가 있어 무료로 사용해 볼 수 있지만, 이 기능은 영어에 더 적합하고 감정 표현에 있어서 아쉬운 면이 있습니다. 그래서 한국어에 특화된 인공지능 보이스인 '타입캐스트'를 이용해 보겠습니다.

### '타입캐스트'로 음성 변환하기

1. 검색창에 '타입캐스트 typecast.ai'라고 입력합니다. 구글 계정으로 연계하면 쉽게 로그인할 수 있습니다.

2. 스크립트대로 성우 목소리를 생성해 봅니다. 원하는 스타일을 찾아 마음껏 성우의 목소리를 들어보며 연습할 수 있습니다.

3. 이것으로 릴스나 숏츠와 같은 숏폼 영상들도 만들어 볼 수 있습니다.

# 우리 아이 기초 학력 수준을
# 알아볼 수 있나요?

최근 기초 학력 저하 문제가 계속 이슈가 되고 있습니다. 코로나19 이후 기초 학력 미달 비율이 계속 증가했기 때문입니다. 한 신문 매체에 따르면 2022년 국가학업성취도평가 국어 시험에서 중학교 3학년의 '기초 학력 미달' 비율이 역대 최악인 11.3%로 진단되었다고 합니다. 코로나19 전인 2019년의 4.1%와 비교해 2.7배에 달하는 수치입니다. 물론 국어뿐만 아니라 다른 과목들도 미달 비율이 증가했습니다.

다시 말해서 국어 시험을 본 100명의 학생 중 기초 학력 커트라인 60점에 못 미치는 사람이 12명 가까이 된다는 것입니다. 기준 경계선의 학생들이 많은지 아니면 더 바닥권인 학생들이 많은지는 다른 통계 자료를 확인해야겠지만, 확실한 것은 기초 학력 수준에 못 미치는 학생들이 점점 많아지고 있다는 것입니다.

더군다나 이제는 초등학교에서 중간고사나 기말고사와 같은 형태의 시

힘을 보지 않습니다. 지금의 평가는 점수를 내기보다 과정중심평가라고 해서 수업을 받는 과정 자체를 평가로 연결하여 실시합니다. 그런데 문제는 평가의 표현 방법에 있습니다. 우리 아이가 무엇을 알고 무엇을 모르는지 정확히 알기 어렵게 되어 있어서 학부모는 자녀의 학습 지도에 어려움을 느낄 수 있습니다. 이를테면 예전에는 '국어는 몇 점이고, 수학은 몇 점이니까, 무슨 공부가 더 필요하겠다.'라고 점수가 기준이 되었다면, 이제는 무엇이 부족한지 도무지 알기가 쉽지 않습니다. 게다가 학기당 한 번 집으로 발송되는 통지표에는 '어떤 것이 부족하다, 불량하다'라는 표현은 쓰지 못하게 되어 있습니다. 학생들의 발달과 성장 가능성을 보고 긍정적인 관점에서 작성해야 하므로 아무리 산만한 아이라도, 어떤 과목의 공부가 부족한 아이라도, 부정적인 용어를 사용하기 어렵습니다.

결국 더 큰 문제는 초등학교를 졸업하고 중1 자유학기제를 지나 중2가 되어 첫 시험을 치른 후에 나타납니다. 그제야 '우리 아이 공부 성적이 이 정도구나!'하고 알게 되는 경우가 많습니다. 물론 교육부가 과도한 서열 위주, 입시 위주의 문제를 해결하고자 한 것은 긍정적이라고 생각하지만, 아이들이 얼마나 공부를 하고 있는지 한눈에 알기 어려운 지금의 상황은 어느 정도 보완해야 할 정책이라고 생각합니다. 결국 대입 수능을 버리지 않는 이상, 이도 저도 아닌 교육정책 속에서 학부모들과 아이들만 힘들 뿐입니다.

## 아이의 기초 학력 수준 진단하기

그래서인지 초등생 학부모들은 아이들의 기초 학력 수준을 무척 궁금해합니다. 이때 활용할 수 있는 아주 좋은 도구가 있습니다. 바로 '베이스

캠프'와 '국가기초학력지원센터'입니다.

배이스캠프 www.plasedu.org는 '배우고 이루는 스스로 캠프'의 준말로 흔히 쓰는 베이스캠프를 떠올리면 쉽게 기억할 수 있습니다. 원래 이 사이트는 17개 시도교육청의 지원으로 비상업적이고 교육적인 목적으로 구축되었습니다. 학생들의 기초 학력 수준을 진단하고 보정하기 위해 충남대학교 응용교육측정평가연구소에서 제작했습니다. 교사, 학부모, 학생의 자격으로 모두 가입할 수 있으며, 무료로 이용할 수 있습니다. 초등학생뿐만 아니라 중고등학생들도 이용할 수 있는 아주 양질의 콘텐츠들이 많이 있습니다. 특히 영어 듣기 평가 녹음이 무척 잘 되어 있답니다.

〈베이스캠프 안내 유튜브 영상〉

국가기초학력지원센터 k-basics.org는 한국교육과정평가원에서 운영하는 무료 사이트로 기초 학력 진단 자료와 학습 자료 그리고 기초 학력 정책 사업에 대한 정보를 알 수 있는 유용한 곳입니다. 특히 사회 정서 역량과 학습 저해 요인 진단 검사 등 시중에서 비싼 값을 주고 실시해야 하는 여러 검사 도구도 무료로 테스트해 볼 수 있어 적극 활용하길 추천합니다.

또 비교적 최근에 만들어진 사이트여서 최신 자료들이 많이 올라와 있습니다. 국어, 수학, 영어, 학습준비도, 교과융합 등 초·중·고등학생들에게 필요한 기초 학력 지원 관련 자료들이 많으니 꼭 확인해 보기 바랍니다.

# 친구 관계로 상처받은 아이의 자존감을 높일 방법이 있나요?

인간관계에서 상처받고 힘들어하는 일은 어른이나 아이나 마찬가지입니다. 하지만 이제 막 사회생활을 시작한 어린아이들이 친구들과의 관계에서 좋지 않은 일로 상처받고 위축될 때, 그것을 지켜보는 어른들은 한없이 안타까운 마음을 느낍니다.

아이가 또래보다 연약해 보이고, 늦되어 친구들과 잘 어울리지 못하거나 따돌림을 받는다면, 부모는 일단 이를 무시해서는 안 됩니다. 아이가 힘들어하는 부분이 무엇인지 정확하게 파악하고 이를 보완해 주기 위해 노력해야 합니다. 모든 아이가 사회성이 좋을 수는 없습니다. 하지만 아이가 너무 힘들지 않게 학교생활을 해낼 수 있도록 관심을 가져야 합니다.

안타깝게도 초등학생이라고 해서 아이들이 모두 착하고 순진하지만은 않습니다. 어떤 아이는 약한 아이만 골라서 괴롭히며 즐거워하기도 하고, 친한 친구를 통제하며 힘을 과시하기도 합니다. 그러니 우리 아이가 이런 친구들의 놀림감이 되지 않도록 아이에게 나름의 전략을 알려주는 것도 좋은 방법입니다.

첫 번째 전략은 아이가 회복탄력성을 든든하게 장착하는 것입니다. 회복탄력성은 어떠한 상황에서도 스스로 무너지지 않는다는 확고한 신념을 말합니다. 이것은 사실 단기간에 길러지는 것은 아니지만, 그렇다고 불가능한 것도 아닙니다.

두 번째 전략은 상대의 말에 수긍해주면서 내 생각 말하기와 은근히 상대를 칭찬하기입니다. 그리고 이 전략들에는 규칙이 있는데 절대 언성을 높이지 않기입니다.

다음은 '친구의 놀리는 듯한 말'에 대한 '지는 답변', '이기는 답변'의 예시를 제시해 보았습니다. 아이가 평소에 '지는 답변'과 가깝게 말한다면 '이기는 답변'을 연습하게 합니다.

---

### 친구의 말에 대한 답변 예시

**【전략1】상대의 말에 수긍해주면서 내 생각 말하기**

**친구의 놀리는 말:** 너 때문에 우리 편이 시합에서 졌거든! 그러니까 너는 급식 먹지 마!

**지는 답변:** (흥분하며)뭐? 내가 뭘 잘못했다고? 그리고 네가 무슨 상관인데 급식을 먹으라 말라 해!

**이기는 답변:** (여유롭게)미안해, 내가 실수를 하지 않았다면 우리가 이길 수 있었을 텐데, 정말 아쉬워. 하지만 축구에서 진 건과 내가 급식을 먹는 것과는 관련이 없어. 만약 네가 나중에 우리 팀이 지는 이유가 되더라도, 나는 너와 함께 밥을 먹을 거야.

> **【전략2】은근히 상대 칭찬하기**
> **친구의 놀리는 말:** 너는 난쟁이야. 세상에서 너보다 조그만 애는 없을걸?
> **지는 답변:** (화를 내며)뭐라고? 너 지금 뭐라고 했어? 너 선생님한테 이른다!
> **이기는 답변:** (낮은 톤으로)나도 알아. 내가 좀 작긴 하지. 하지만 그것 때문에 불편한 점은 없었어. 나도 너처럼 키가 크고 싶어. 부럽다.

위의 예시를 바탕으로 아이와 함께 미리 역할극을 해보는 것도 많은 도움이 됩니다. 그리고 위의 예를 프롬프트로 활용하면 다른 상황에 대한 예시도 쉽게 만들어 낼 수 있습니다.

다음은 아이가 어느 날 학교에서 '뚱뚱해서 돼지 같다'라는 말로 친구들에게 놀림을 받았다고 가정하고, 챗GPT에게 이렇게 요청해 보았습니다.

> **[사용자 질문 1]**
> **친구의 놀리는 말:** 너 때문에 우리 편이 시합에서 졌거든! 그러니까 너는 급식 먹지 마!
> **지는 답변:** (흥분하며)뭐? 내가 뭘 잘못했다고? 그리고 네가 무슨 상관인데 급식을 먹으라 말라 해!
> **이기는 답변:** (여유롭게)미안해. 내가 실수를 하지 않았다면 우리가 이길 수 있었을 텐데, 정말 아쉬워. 하지만 축구에서 진 건과 내가 급식을 먹는 것과는 관련이 없어. 만약 네가 나중에 우리 팀이 지는 이유가 되더라도, 나는 너와 함께 밥을 먹을 거야.
>
> **친구의 놀리는 말:** 너는 난쟁이야. 세상에서 너보다 조그만 애는 없을걸?
> **지는 답변:** (화를 내며)뭐라고? 너 지금 뭐라고 했어? 너 선생님한테 이른다!
> **이기는 답변:** (낮은 톤으로)나도 알아. 내가 좀 작긴 하지. 하지만 그것 때문에 불편한 점은 없었어. 나도 너처럼 키가 크고 싶어. 부럽다.
>
> 와 같이 다음 놀리는 말에 이기는 답변을 할 수 있게 해 줘.
> **친구의 놀리는 말:** 너는 너무 돼지같이 뚱뚱해.

> **[챗GPT 답변 1]**
> **이기는 답변:** (침착하게) 몸매에 대한 비판은 사람을 상처입힐 수 있어. 중요한 건 외모가 아니라 내가 어떤 사람인지야. 그리고 나는 건강하고 행복하게 살아가고 싶어. 너도 건강하고 행복하게 살아가길 바랄게. 우리 모두 서로의 다름을 존중하며 지내면 어떨까?

이렇게 하면 사용자 질문이 조금 길어지지만, 예시가 두 개나 들어가 있어서 답변이 정확합니다. 만약 답변이 아이의 대화 스타일과 너무 맞지 않는다면, 부모님이 아이의 말투에 맞게 조금 다듬어 줍니다. 이런 식으로 무뢰한 친구의 말에 기죽지 않고 대꾸할 수 있는 말들을 연습하다 보면 아이는 실전에서 좀 더 지혜롭게 대처할 수 있게 됩니다.

미국의 학교폭력예방 전문 강연가 브룩스 기브스 Brooks Gibbs 는 유튜브 채널을 운영하고 있습니다. 미국도 마찬가지로 학교에서 일어나는 따돌림 현상으로 골머리를 앓고 있습니다. 브룩스 기브스는 미국 전역에서 이 문제에 탁월한 해법을 제시하는 유명 강연자입니다. 영상은 한국어로 번역하여 자막으로 볼 수 있습니다. 이런 영상을 통해 혹시라도 아이가 누군가에게 놀림을 받았다면 어떻게 대응해야 하는지 좋은 답을 얻길 바랍니다. 그리고 혹시나 아이가 신체적으로 폭행을 당했다면, 그것은 더 이상 아이들끼리 장난이나 마찰이 아니며 범죄입니다. 반드시 학교폭력으로 신고해야 합니다. 담임 선생님과 먼저 상의하고, 이것이 안 되면 117로 도움을 요청하기 바랍니다.

##  상담 고양이 인공지능 챗봇 '상냥이'

국내에서 개발한 상담 전용 인공지능 챗봇 '상냥이'를 소개합니다. 이 챗봇은 생성형 AI 기반 청소년 멘탈 케어 서비스로 청소년들의 마음 건강을 대화로 진단하고 지속적으로 마음을 관리하는 챗봇 서비스입니다. 만족도도 높고 학교에 상담 프로그램으로 많이 활용하고 있습니다. 2024년 5월부터 학부모 계정으로 아이들의 무료 체험이 가능하니, 아이의 멘탈 케어 서비스 '상냥이'를 만나보길 추천합니다.

# 아이의 학급 선거 운동을 AI가 도와줄 수 있나요?

3월이면 초등학교가 떠들썩합니다. 바로 반장 선거와 전교 회장 선거가 있기 때문입니다. 학급 인원이 20명이 넘으면 반장과 부반장, 회장과 부회장까지도 뽑을 수 있고, 소규모 학급이면 반장만 뽑을 수도 있습니다. 초등학생 반장 선거라고 대수롭지 않게 생각하는 어른들도 많지만, 사실 아이들에게 선거는 나름 자기 존재를 확인받을 수 있는 절호의 기회이기 때문에 아주 열심히 준비하고 참여한답니다.

아이가 학급 반장 선거나 전교 회장 선거에 나간다고 했을 때 가장 먼저 만들어야 하는 것이 선거 벽보입니다. 일주일 정도 유세를 하려면 자신을 알리는 홍보 전단이 필요합니다. 아이는 자신이 내세울 선거 공약과 벽보의 콘셉트 그리고 홍보 방안을 적극적으로 구상해야 합니다. 아이가 자신을 알리기 위해 적극적으로 노력하는 것은, 선거에 당선되든 그렇지 않든, 아이의 인생에서 정말로 소중한 경험이 됩니다. 부모는 최대한 응

원하며 꼭 필요한 부분에 조언을 아끼지 말고, 아이 스스로 선거를 준비할 수 있게 도와주면 됩니다. 만약 아이가 선거에 처음 나간다면 무엇부터 해야 할지 막막할 수 있습니다. 이럴 때 챗GPT를 적극적으로 활용해 아이가 선거를 성공적으로 이끌 수 있게 도와줍니다.

첫 번째, 챗GPT를 아이의 강점과 공약 목록 작성에 활용합니다.

> **[사용자 질문 1]**
> 학교나 학급 대표에게 필요한 중요한 강점은 뭐야?
>
> **[챗GPT 답변 1]**
> 리더쉽, 소통 능력, 책임감, 창의성과 문제해결 능력, 공감 능력, 결정력, 팀웍과 협력 등이 있습니다. (이하 생략)
>
> **[사용자 질문 2]**
> 내가 가지고 있는 강점은 리더쉽과 창의성 그리고 공감 능력 정도야. 우리 학교는 100명이 다니는 도시형 초등학교인데 문제점으로 아침을 거르는 학생들이 많은 것과 스마트폰 게임 중독 학생이 많은 것이야. 내가 내걸 수 있는 공약 3가지를 작성해 줘.
>
> **[챗GPT 답변 2]**
> **"건강한 아침 프로젝트" 실행:** 아침 식사의 중요성을 강조하고 학생들이 학교에서 함께 건강한 아침을 먹을 수 있는 프로그램을 마련하겠습니다.
> (이하 생략)

이렇게 챗GPT가 제안한 공약에 아이의 생각을 덧붙여 공약을 완성해 보도록 합니다.

두 번째, 선거 벽보에 넣을 자신의 캐리커처 사진을 만들어 봅니다. 챗GPT는 현재 개인의 초상권과 관련된 법적 문제를 피하기 위해 직접 캐리커처 이미지를 만들지는 못합니다. 대신 챗GPT에게 캐리커처 사진을 그려볼 수 있는 무료 사이트를 찾아달라고 하면, 서너 가지 잘 골라줍니다 (lightxeditor, fotor, lasco 등을 추천합니다). 아이 사진 중 잘 나온 것을 업로드하고 캐리커처 사진을 얻습니다. 그냥 사진을 넣고 싶다면 이 단계는 넘어가도 됩니다.

위의 사진은 'lightxeditor'에서 무료로 생성한 히어로 사진입니다. 자신의 이미지를 바탕으로 원하는 이미지를 만들어 선거 벽보를 만들 때 활용한다면 학교 아이들에게 훨씬 깊은 인상을 남길 수 있습니다.

세 번째, 멋진 연설문을 작성해 봅니다.

> **[사용자 질문 3]**
> 아이가 자신의 비전과 공약을 효과적으로 전달할 수 있도록 연설문을 작성해 줘. A4 한쪽 분량이고, ~합니다 로 문장을 종결해 줘. 문장을 효과적으로 전달할 수 있도록 필요한 곳에 (행동이나 어조)를 표시해 줘.
>
> **[챗GPT 답변 3]**
> 안녕하세요, 친구들과 선생님들! 저는 기호 2번, (여기에 자녀의 이름을 넣으세요)입니다. 오늘 이 자리에 서게 되어 정말 영광이며, 여러분 앞에서 제 비전과 공약을 나눌 수 있어 기쁩니다. (단호하고 자신감 있는 어조로) 먼저, 저는 우리 학교가 하나의 큰 가족이라고 믿습니다. (중략) 저를 믿고 지지해 주신다면, 우리는 함께 더 밝고, 더 건강하며, 더 연결된 학교를 만들 수 있습니다. (이하 생략)

네 번째, 그밖에 자기만의 노래를 만들어 홍보에 활용하거나 동영상을 제작해 선거 운동에 사용할 수도 있습니다. 이 중 아이와 논의해 원하는 방법을 선택합니다.

> **[사용자 질문 4]**
> 나의 공약을 노랫말로 지어 줘.
>
> **[챗GPT 답변 4]**
> [Chorus]
> 아침을 시작해, 힘찬 하루의 첫걸음,
> 함께 나누는 밥상, 우리의 웃음.
> 스마트폰 너머를 보며, 새로운 세상을 꿈꾸고,
> 공감의 다리를 놓아, 마음을 열어 줘.
>
> [Verse]
> 아침밥 프로젝트, 건강한 시작의 약속,
> 스마트 사용 캠페인, 새로운 취미를 찾아서.
> 공감과 소통으로, 우리의 마음을 잇고,
> 같이 꿈꾸는 세상, 손에 손을 잡고.

'소노suno'를 활용해 음원을 제작해 mp3로 다운받아볼 수도 있고, '캡컷capcut'을 이용하면 동영상도 뚝딱 만들어 친구들에게 보낼 수 있습니다. 인공지능을 알고 활용한 아이와 그렇지 않은 아이의 선거 방식은 많은 차이가 있을 것입니다. 인공지능을 알수록 시간과 노력은 줄이고, 그 효과는 극대화시킬 수 있습니다.

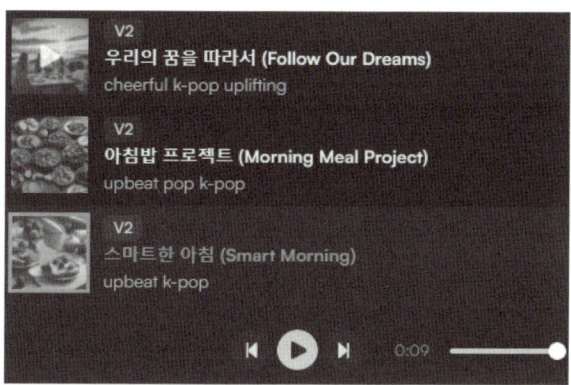

'소노'에 가사를 넣어 만든 선거송

이 밖에도 고학년이라면 AI에 소셜미디어에서의 선거 홍보 방법을 추가로 물어보거나, 투표 당일에 마지막 스팟을 올릴 수 있는 창의적인 방법들을 요청해 볼 수 있습니다. 모든 준비 과정 중 아이가 자기 역량을 충분히 발휘하여 준비하는 것이 가장 중요하고 의미가 있습니다. 거기에 인공지능을 적절히 활용하는 디지털 활용 능력까지 배울 좋은 기회가 된다면, 더없이 좋은 경험이 될 것입니다.

# 아이와 부모의 의견이 다를 때 AI가 중재자가 될 수 있나요?

유아기 아이들이 무조건 고집을 부리고 떼를 썼다면, 아이가 초등학생이 되고 나서는 구체적인 자기 생각을 밝히며 부모의 의견에 반박하는 경우가 많습니다. 점점 학년이 올라갈수록 부모의 말에 순순히 따르기보다는 왜 그래야 하는지 반문하며 합리적으로 이해하길 원합니다. 사실 이런 아이들의 모습은 건강하게 성장하고 있다는 증거입니다. 때로는 '우리 아이가 언제 이렇게 컸나' 하고 기특한 생각이 들기도 하지만, 별일도 아닌 일상생활 문제로 사사건건 부딪칠 때는 아이를 어떻게 설득하고 이해시켜야 할지 고민으로 다가옵니다. 한편 아이들은 부모에게 유독 따지고 반문하면서도, 오히려 학교 선생님이나 동네 어른들 말씀은 잘 받아들이기도 합니다. 이런 점을 활용해 일상생활에서 아이와 의견 차이가 있을 때 AI를 참여시켜 객관적인 시각에서 어떤 부분이 옳고 그른지 의견을 구해 보면 어떨까요?

## 서로 의견이 다를 때 AI에 묻기

엄마는 밖에서 신나게 운동을 하고 돌아온 아이에게 꼭 씻으라고 하지만, 땀이 다 식은 아이는 오늘 꼭 안 씻어도 된다고 합니다. 이럴 때는 챗GPT에게 한번 물어보고 결정하자고 제안해 봅니다. 이럴 때 챗GPT는 우리 일상생활과 관련해서는 합리적인 수준의 대답을 해준답니다.

> **[사용자 질문 1]**
> 초등학교 5학년 아이가 운동장에서 축구를 2시간 동안 하고 왔어. 지금은 땀이 식었지만 샤워를 하는 게 좋을까, 안 하는 게 좋을까?
>
> **[챗GPT 답변 1]**
> 운동을 한 후에는 샤워를 하는 것이 좋습니다. 운동을 하면 땀을 많이 흘리게 되고, 이로 인해 피부에 땀과 먼지가 남아있을 수 있습니다. 특히 축구와 같은 활동은 몸 전체를 움직이며 땀을 많이 흘리므로 샤워를 하는 것이 좋습니다. 땀이 식었다고 해도 피부 위에 남은 땀이나 먼지가 피부를 자극하거나 피부 문제를 일으킬 수 있으므로 깨끗하게 샤워하여 피부를 관리하는 것이 중요합니다.

또 매일 부모가 아이에게 하는 잔소리 중에는 청소와 관련된 부분이 있습니다. 예를 들어 엄마는 방을 치우라고 말하고, 아이는 자기 방이 적당히 깨끗하니 치우지 않아도 된다고 합니다. 이럴 때는 아이의 방 사진을 직접 찍어 챗GPT에 올려보고 물은 후 결정하자고 제안해 봅니다. 그리고 모호한 결과가 나올 수 있으니, 지저분한 결과를 수치로 환산해 달라고 요청합니다. 단, 아이와 먼저 얼마 이하의 단계가 나오면 '아이는 방을 치우겠다', 혹은 '엄마는 잔소리하지 않겠다'로 그 기준을 합의해 둡니다(이미지 업로드는 챗GPT4.0에서 가능합니다).

**[사용자 질문 2]**
방의 지저분한 상태를 1-10단계로 설정하고 싶어. 다음 방의 이미지를 볼 때 레벨 몇에 해당하는지 판단해 줘.

**[챗GPT 답변 2]**
이 방의 지저분함 상태를 1부터 10까지의 단계로 설정한다면, 약 8단계로 평가할 수 있겠습니다. 방 전체에 여러 물건이 무질서하게 흩어져 있으며, 바닥은 거의 보이지 않습니다. 가구 위와 서랍 역시 물건으로 가득 차 있고, 정리가 필요해 보입니다.

이렇게 챗GPT와 함께했을 때 아이와 입씨름을 하지 않아도 부모는 아이와 적절한 합의점을 찾아갈 수 있습니다. 무조건 부모의 강요라고 느껴질 때 아이들은 반감을 갖기 마련입니다. 챗GPT를 중재자로 잘 활용한다면, 아이와 불필요한 마찰은 줄이고 가정에서 나누는 일상 대화를 객관적인 시각에서 바라볼 기회를 얻기도 합니다.

더 나아가 학습 시간을 결정하는 일, 게임 시간을 정하는 일, 아침에 일어나는 시간을 정하는 일 등 일상 여러 상황에 이 방법을 적용해 보길 바랍니다.

# 우리 아이의 도덕적 수준을 알아볼 수 있나요?

역지사지易地思之라는 사자성어는 '입장을 바꿔 생각한다'라는 뜻입니다. 상대방과 내가 있는 그 자리를 떠나 더 높은 차원에서 바라볼 수 있는 능력 즉, 메타인지를 사용할 수 있다는 것입니다. 하지만 아이들은 종종 이기적인 모습을 보입니다. 자신의 것을 양보하기는커녕 친구나 동생의 것을 당연한 듯 빼앗고 심지어 놀리기까지 합니다. 인공지능 시대에 무엇보다 강조되는 능력은 인간이 인간다울 수 있는 조건인 '인성'입니다. 도덕적으로 아이의 인성을 기르기 위해서는 어떻게 해야 할까요? 학교에서 도덕 수업을 하지만, 가정에서는 이것을 어떻게 뒷받침하고 협력할 수 있을지 그리고 어떻게 하면 인공지능을 통해서 더 쉽고 효과적으로 내 아이를 도덕적으로 나은 사람으로 기를 수 있을지 생각해 보았으면 합니다.

EBS 다큐프라임에서 제작한 〈아이의 사생활 – 제2부 도덕성2008〉에서 볼 수 있듯이, 도덕적으로 성숙한 아이들은 일반적으로 학업 성취도가 높고 자기 존중감이 강합니다. 도덕성과 학업 성취도 사이에는 긍정적인 상관관계가 있으며, 도덕적으로 성숙한 아이들은 자신감과 자신에 대한 효능감이 더 높아 인생에서 성공할 가능성이 더 높습니다.

가정에서 아이의 도덕성 발달을 위해서 할 수 있는 노력은 먼저 부모가 모범을 보여주는 것입니다. 거울 이론 모델링 이론에 따르면 아이들은 말보다 행동에 더 영향을 받는 것으로 나타났습니다. 말로는 횡단보도를 이용해 건너라고 알려 주지만, 부모가 실제로 무단횡단을 하는 모습을 보여주면 자녀도 무단횡단을 하게 된다는 의미입니다. 부모는 딜레마적인 상황에서도 꿋꿋하게 옳은 행동을 보여주는 것이 중요합니다.

아이의 인성을 키우기 위해 인공지능을 활용해볼 수 있는 좋은 예시가 있습니다. '막연하게 착하게 살아라, 정직하라'라고 말하는 것은 아이에게 너무 피상적입니다. 만약 부모의 노력과 함께 인공지능을 활용하면, 이전보다 효과적으로 아이의 도덕적인 성장을 이끌 수 있습니다.

**[사용자 질문 1]**
아이에게 도덕성을 기르기 위한 딜레마 상황을 제시하려고 해. 이를테면 트롤리 기차나 하인츠 딜레마와 같은 딜레마를 제시해 줘. 그리고 자녀의 답변에 대한 피드백을 콜버그의 도덕발달 단계에 비추어 평가해 줘.

**[챗GPT 답변 1]**
학교에서 집으로 돌아가는 길에, 당신은 무거운 짐을 들고 걷고 있는 노인을 보았습니다. 당신의 부모님은 혼자 낯선 사람과 말을 섞거나 따라가지 말라고 항상 말씀하셨습니다. 이 상황에서 당신은 어떻게 할 것인가요?

**[사용자 질문 2]**
아이가 말한 답변은 '그래도 할머니를 도와드린다'야. 왜냐하면 무거운 짐을 들고 가시는 할머니가 불쌍하기 때문이야. 이 답변을 콜버그 도덕성 발달 단계에 따라 평가해 줘.

> **[챗GPT 답변 2]**
> 위 대답은 콜버그의 도덕 발달 단계 중 '인습적 단계'(3-4단계)에 해당하는 반응으로 볼 수 있습니다. "할머니가 불쌍하기 때문에" 도와주겠다고 한 것은 타인에 대한 공감과 배려를 기반으로 한 반응입니다. 이는 '착한 아이' 단계에 속하는데 (이하 생략)
>
> **[사용자 질문 3]**
> 가장 높은 도덕성 발달 단계에서 할 수 있는 행동과 그 행동에 대한 이유를 예시를 들어서 알려줘.
>
> **[챗GPT 답변 3]**
> 아이는 부모님이 말한 안전 수칙을 기억하면서도, 보편적인 도덕적 원칙인 '타인에 대한 도움'이 중요하다고 생각합니다. 그래서 할머니에게 다가가기 전에 주변을 살피고, 할머니와 대화하며 상황을 파악합니다. 이후, 안전을 확보한 상태에서 할머니의 짐을 돕기로 결정합니다.

이렇게 인공지능을 통해서 도덕적 딜레마 상황을 요청하고 아이에게 이 딜레마적인 상황을 들려줄 수 있습니다. 그리고 아이의 답변을 듣고 인공지능에 입력하면 아이의 도덕적 발달 단계가 어느 정도인지 알 수 있습니다. 그러면 부모는 아이의 수준에 맞추어 깊이 있는 대화가 가능하며, 아이의 인성과 도덕적 성향에 알맞은 책과 지식이 어떤 방향인지 가늠할 수 있습니다.

그밖에도 이러한 딜레마적 상황에서 자신에게 피해가 있지만, 옳은 결정을 내려 다른 사람의 생명과 재산을 구한 위인들의 예를 챗GPT에 요청해보는 것도 좋습니다. 이러한 과정 속에서 아이는 인공지능이 하지 못하는 판단이 무엇이고, 사람만이 할 수 있는 역할이 무엇인지 자연스럽게 알게 됩니다.

##  트롤리 문제와 하인츠 딜레마란?

**트롤리 문제**(Trolley Problem)는 윤리학에서 널리 사용되는 사고 실험입니다. 상황은 다음과 같습니다. 한 트롤리가 레일을 따라 내려오고 있고, 그 앞에는 다섯 사람이 묶여 있습니다. 트롤리가 그대로 가면 이 다섯 사람은 모두 죽게 됩니다. 그러나 당신은 레버를 당겨 트롤리의 방향을 바꿀 수 있습니다. 만약 그러면 다른 레일로 방향을 틀게 되며, 그 레일에는 한 사람이 묶여 있습니다. 이 선택은 도덕적 판단의 복잡성을 드러내는데, 한 사람을 희생시켜 다섯 사람을 구할 것인가, 아니면 아무것도 하지 않고 다섯 사람이 죽게 둘 것인가에 대한 결정을 내려야 합니다. 이 문제는 개인이 도덕적 상황에서 어떻게 결정을 내리는지에 대한 중요한 통찰을 제공합니다.

**하인츠 딜레마**(Heinz Dilemma)는 한 남자(하인츠)가 그의 아내를 살리기 위해 필요한 약을 훔칠지 말지에 대한 윤리적 문제를 다룹니다. 하인츠의 아내는 특정 약을 통해서만 살 수 있는데, 이 약은 매우 비싸서 하인츠가 감당할 수 없는 가격입니다. 약사는 가격을 낮춰주기를 거부하고, 하인츠는 다른 방법으로 돈을 마련할 수 없습니다. 이 상황에서 하인츠는 아내를 살리기 위해 약을 훔치는 것이 옳은 것인지, 아니면 법을 지키고 아내를 잃는 것이 옳은 것인지 결정해야 합니다. 이 딜레마는 개인이 사랑과 정의, 도덕적 의무 사이에서 어떻게 균형을 잡는지를 탐구합니다. 하인츠 딜레마는 개인의 도덕적 발달 단계를 이해하는 데 중요한 역할을 합니다.

이러한 딜레마들은 부모가 아이와 함께 윤리적 사고와 도덕적 판단력을 발달시키기 위한 훌륭한 도구로 활용할 수 있습니다. 부모는 이러한 상황을 아이들에게 설명하고, 그들의 생각과 반응을 듣는 것을 통해 아이들의 도덕적 사고 과정을 이해하고 촉진할 수 있습니다. 또한, 인공지능을 활용하여 이러한 유형의 딜레마를 다양한 시나리오로 구성하고 아이들이 이를 해결해 보도록 하는 것은 아이들의 도덕적 성숙도를 높이는 데 큰 도움이 됩니다.

인공지능이 나날이 발전해 이제는 '이런 기능까지 되다니!' 하고 놀라는 일이 일상이 되었습니다. 아이의 학습뿐만 아니라 우리 생활 다방면에 도움이 되는 여러 AI 서비스를 소개합니다.

# 실생활에 활용하는 똑똑한 인공지능 프로그램

때로는 비서처럼, 때로는 선생처럼
AI가 할 수 있는 일들은 어디까지일까?

# 인공지능이 우리 일을 어떻게 도와주나요?

인공지능을 일상에서 활용할 때는 복잡한 기기를 다룬다기보다, 도움을 주는 비서처럼 생각하는 것이 좋습니다. 예를 들어, 챗GPT 같은 인공지능은 우리의 일상적인 질문에 답하고 도움을 줄 수 있습니다. 하지만 인공지능은 사람과 달리 구체적인 지시가 필요합니다. 예를 들어, 인공지능에 세탁을 부탁한다면, 옷의 종류, 세탁기의 유형, 사용할 세제의 양 등을 상세히 알려주어야 합니다. 또 "청소해 줘"라고 요청할 때는 청소할 공간 선정, 필요한 도구 확인, 먼지 제거, 바닥 닦기, 정리 등의 단계를 고려해야 하는 식입니다.

이처럼 사람에게 지시하는 것이라면 막연하게 생각하고 말했던 일을 인공지능에 말할 때는 여러 단계로 나누고 각각의 단계에서 해야 할 일을 보다 분명하게 제시하는 것이 필요합니다. 이런 인공지능을 이용해서 아이의 학습 자료를 만들거나, 어려운 문제 해설에 도움을 받을 수 있습니다. 또한 사춘기나 세대 차이로 인해 자녀와 소통이 어려울 때 인공지능에게 상대방의 역할을 부여하고 대화해봄으로써 각자의 입장을 이해하는 데 도움을 받는 등 여러 방면에 활용할 수 있습니다.

## 효과적인 프롬프트 엔지니어링을 하는 법

이런 다양한 일들을 인공지능이 효과적으로 도우려면, 무엇보다 정확한 질문을 던지는 것이 핵심입니다. 이것을 우리는 '프롬프트 엔지니어링 PE,Prompt Engineering'이라고 합니다. 효과적인 프롬프트 엔지니어링을 위해서 기본적으로 지켜야 할 몇 가지 규칙이 있습니다.

첫째, 원하는 것을 명확하게 지시해 작성합니다. '500자로, 전문가 수준으로, 기사문, 소설, 시, 편지글'처럼 원하는 답변을 구체적으로 요청하면 정확한 답변을 얻을 수 있습니다.

| 기존 질문 | 개선된 질문 |
| --- | --- |
| [사용자 질문 1]<br>생일축하 편지를 작성해 줘. | [사용자 질문 2]<br>너는 편지 작성을 도와주는 글쓰기 선생님이야. 나의 가장 친한 친구 "동동이"에게 13번째 생일을 축하한다는 편지를 작성해 줘. |
| [챗GPT 답변 1]<br>당신의 생일을 축하드립니다!<br>생일 축하 메시지를 보내서 정말 특별한 날을 함께 나눌 수 있어 기쁩니다. 당신은 특별한 사람이며, 이날을 맞아서 행복한 순간을 모두 함께 만들 수 있어서 영광입니다.<br>당신의 미래에는 더 많은 성취와 행운이 기다리고 있을 것입니다. 당신은 훌륭한 사람이며, 항상 노력하고 열심히 일하며 주변 사람들에게 영감을 주고 있습니다. 이런 당신의 미래가 | [챗GPT 답변 2]<br>친애하는 동동이,<br>생일 축하해! 오늘은 너의 특별한 날이야! 13번째 생일을 맞아서 정말 기뻐해. 너와 함께한 모든 순간은 나에게 소중한 추억이 되었어.<br>너는 정말 특별한 친구야. 네 낙천적인 성격과 항상 밝은 미소는 주변 사람들에게 힘이 되어줘. 너와 함께 시간을 보내는 것은 항상 즐거워요. 13살이 되면서 더 많은 모험과 기회가 널 기다리고 있어. 항상 꿈을 향해 달려가고, 어려움을 |

| | |
|---|---|
| 더 밝고 풍요로울 것을 믿습니다.<br>생일을 축하하며 당신의 행복과 건강을 기원합니다. 특별한 날을 즐겁게 보내고, 앞으로도 항상 행복과 성공이 함께하기를 기대합니다. 생일 축하해요!<br>사랑과 축하의 마음을 담아,<br>[당신의 이름] | 극복하는 데에도 두려움 없이 도전해봐. 너는 정말 멋진 모든 것을 가지고 있어!<br>생일 선물은 물론이고, 너의 생일을 특별하게 만들어주는 순간들이 많이 있을 거야. 네 가족과 친구들이 함께하는 파티에서 즐거운 시간을 보내길 바라고, 미래의 모든 꿈을 이루길 기대해. 동동이, 넌 정말 특별하고 소중한 친구야. 항상 내 곁에 있어 줘서 고마워. 생일 축하해 다시 한번 말하고 싶어!<br>사랑하는 친구,<br>[당신의 이름] |

명확한 지시 작성 예시

둘째, 인공지능에 참조 텍스트를 제공합니다. 특히 예시를 여러 개 주면 그만큼 예시를 참고하기 때문에 원하는 답변을 얻을 수 있습니다. 이렇게 예시를 주는 방법을 '퓨샷 Few-shot'이라고 합니다.

| 기존 질문 | 개선된 질문 |
|---|---|
| [사용자 질문 1]<br>이순신 장군에 대한 퀴즈 문제를 만들어 줘. | [사용자 질문 2]<br>이순신 장군에 대한 퀴즈 문제를 만들어 줘. 예시 형식을 참고해서 문제와 답을 만들어 줘.<br>(…)<br>문제: 훈민정음을 창제하신 조선 제4대 국왕은 세종대왕이다.<br>정답: O<br>(…) |
| [챗GPT 답변 1]<br>물론이죠! 이순신 장군에 관한 다양한 난이도의 퀴즈 문제를 몇 가지 만들어 드리겠습니다.<br><br>초급 난이도: 이순신 장군이 명량해전에서 사용한 유명한 전술은 무엇입니까? | [챗GPT 답변 2]<br>알겠습니다! 이순신 장군에 관한 문제를 예시 형식에 맞추어 제작하겠습니다.<br><br>문제: 이순신 장군은 조선 시대 최고의 해전 전략가로, 임진왜란 당시 12척의 배로 일본군 133척을 무찌른 명량대첩을 이끌었다. |

| A) 크레센트 전술 | 정답: O |
| B) 화력 집중 전술 | |
| C) 거북선 전술 | |
| D) 해협 전술 | |

예제를 주는 퓨샷

셋째, 복잡한 전체의 작업을 단순한 여러 개의 작업으로 나누는 것입니다. 이렇게 하면 좀 더 각각의 작업에 집중할 수 있어서 실수나 환각 현상 없이 단계별로 원하는 결과가 나왔는지 확인하면서 좋은 결과를 얻을 수 있습니다.

| 기존 질문 | 개선된 질문 |
| --- | --- |
| 회의록을 요약해 줘. | 회의록을 한 문단으로 요약해 줘. 그런 다음 발표자와 각 핵심 사항에 대해 목록을 작성해. 마지막으로 발표자가 제안한 사항이 있다면 나열해 줘. |

넷째, 모델에게 생각할 시간을 줍니다. 즉시 답변을 요청하기보다는 천천히 생각해볼 수 있게 요청하는 것이 좋습니다. 간단하게 '차근차근 생각해 봐'라는 요청도 좋습니다. 이렇게만 해도 답변 품질이 우수해진다는 연구 결과가 있습니다 let's think step by step. '생각 나무 기법 CoT, Chain-of-Thought'이나 '생각의 사슬 기법 ToT, Tree of Thought' 등과 같이 차근차근 생각하도록 유도하는 고급 기술도 있습니다.

| 문제 |
| --- |
| 공책 한 권은 1000원, 연필 한 타는 6000원입니다. 준기가 5000원으로 공책 한 권과 연필 한 자루를 샀습니다. 준기가 받은 거스름돈이 얼마인지 하나의 식으로 나타내어 구해 보세요. (연필 한 타는 12자루입니다.) |

| 기존 질문 | 개선된 질문 |
|---|---|
| [사용자 질문 1]<br>다음 문제를 풀어 줘. | [사용자 질문 2]<br>다음 문제를 풀어 줘. 먼저 단계를 나누고, 차근차근 계산해서 결과물을 확인해. 계산된 결과가 맞는지 다시 생각해 봐. |
| [챗GPT 답변 1]<br>문제를 풀기 위해 먼저 주어진 정보를 정리하겠습니다:<br><br>공책 한 권 가격: 1000원<br>연필 한 타(12자루) 가격: 6000원<br>준기가 가지고 있는 돈: 5000원<br>준기가 공책 한 권과 연필 한 타를 샀으므로, 이를 구매한 가격은 다음과 같이 계산할 수 있습니다:<br><br>공책 한 권 가격: 1000원<br>연필 한 타(12자루) 가격: 6000원<br>총 가격: 1000원(공책) + 6000원(연필) = 7000원<br>하지만 준기가 가지고 있는 돈이 5000원 밖에 없기 때문에, 거스름돈을 구해야 합니다. 거스름돈은 다음과 같이 계산됩니다:<br><br>거스름돈 = 총 가격 − 준기가 가지고 있는 돈<br>거스름돈 = 7000원 − 5000원 = 2000원<br>따라서 준기가 받은 거스름돈은 2000원입니다. | [챗GPT 답변 2]<br>이 문제를 해결하기 위해 다음 단계를 따를 수 있습니다.<br><br>단계 1: 공책 한 권과 연필 한 자루의 가격을 더합니다.<br><br>공책 한 권: 1000원<br>연필 한 자루: 6000원 / 12 = 500원<br>공책 한 권과 연필 한 자루의 가격: 1000원 + 500원 = 1500원<br>단계 2: 준기가 5000원으로 구매한 공책 한 권과 연필 한 자루의 가격을 빼서 거스름돈을 계산합니다.<br><br>5000원 − 1500원 = 3500원<br>따라서, 준기가 받은 거스름돈은 3500원입니다. 하나의 식으로 나타내면 다음과 같이 나타낼 수 있습니다.<br>5000원 − (1000원 + 500원) = 3500원 |

챗GPT를 사용해보면 '아, 이런 부분은 좀 아쉬운데······.' 할 때가 종종 있습니다. 그럴 때는 고유의 장점이 있는 인공지능 서비스나 앱을 활용할 수 있습니다. 어려워할 필요 없이 앞에서 설명한 것처럼 원하는 것을 골라서 사용하기만 하면 됩니다. 로그인이 가능한 개인 구글 계정만 있다면 이것저것 편하게 눌러볼 수 있으니 마음껏 시도해봅니다. 설령 잘못 눌렀

다고 해도 크게 문제 되지 않습니다.

최근 사람들이 자주 사용하는 서비스는 PPT를 작성해 주는 서비스, 사진이나 비디오를 만들어 주는 서비스, 음성을 생성하는 서비스, 음악을 만들어 주는 서비스 등이 있습니다. 지금부터 다양한 인공지능 서비스를 알아보며 아이의 학습은 물론 어른들의 생활을 편리하게 하는 측면에서도 이를 적극적으로 활용해 봅시다.

# 어렵고 복잡한 글을
# 이해하기 쉽게 바꿀 수 있나요?

　챗GPT를 이용하면 복잡하고 어려운 글도 아이들이 이해하기 쉬운 글로 바꿀 수 있습니다. 아이들이 공부할 때나 일상생활 속에서 이해하기 어려운 문장이 있다면, 챗GPT에 요청해 쉬운 말로 바꾸어 줄 수 있습니다. 이렇게 하면 아이가 자료를 이해하는 데 도움이 될 뿐만 아니라, 일반적인 독서 이해력을 향상시키는 데도 큰 도움이 됩니다. 복잡한 개념을 단순화하여 설명하고 중요한 정보를 강조하여 아이가 쉽게 이해하고 기억할 수 있도록 도와줍니다.

　다음 예시는 아이들에게는 어려운 내용의 기사를 이해하기 쉽게 바꾸어본 결과입니다. 먼저 챗GPT에 다음과 같이 요약하고 싶은 내용을 넣은 후에 "세 문장으로 요약해 줘", "이해하기 쉽게 글을 바꿔 줘." 등과 같은 요청을 통해 원하는 결과를 얻을 수 있습니다.

[사용자 질문 1]

미국 연방준비제도(Fed·연준)가 올해 미국 대통령 선거 이후 금리 인하를 시작할 것이란 전망이 제기됐다.

2일(현지시간) 비즈니스인사이더에 따르면 영국 산탄데르 은행의 스티븐 스탠리 수석 애널리스트는 주요 외신과의 인터뷰에 나서 "(연준이) 선거 시즌의 열기 속에서 신문 헤드라인을 장식하고 싶어하진 않을 것"이라며 이같이 내다봤다.

올해 연준의 기준금리 인하는 단 두 번, 인하폭은 총 50bp에 불과할 것이라고 스탠리는 전망했다.

(이하 생략)

(출처 : 연합인포맥스)

세 문장으로 요약해 줘.

[챗GPT 답변 1]

미국 연방준비제도(Fed)는 올해 대통령 선거 이후 금리 인하를 시작할 것으로 전망됩니다. 스티븐 스탠리 수석 애널리스트는 연준이 선거 시즌 동안 금리 인하를 주의할 것이며, 올해 기준금리 인하는 2회로 50bp에 그칠 것으로 예측했습니다. 선거 직전에 금리를 낮추는 것은 현직 대통령에게 도움을 줄 수 있으며, 이후 금리 인하는 정치적 위험이 낮아질 것으로 언급되었습니다.

이어서 최근 10개년 수능 비문학 지문 중 정답률이 매우 낮았던 지문 2016년 국어 B형을 넣고 다음과 같이 요청해 보았습니다.

[사용자 질문 2]

어떤 물체가 물이나 공기와 같은 유체 속에서 자유 낙하할 때 물체에는 중력, 부력, 항력이 작용한다. 중력은 물체의 질량에 중력 가속도를 곱한 값으로 물체가 낙하하는 동안 일정하다. 부력은 어떤 물체에 의해서 배제된 부피만큼의 유체의 무게에 해당하는 힘으로, 항상 중력의 반대 방향으로 작용한다. (중략)

이 지문을 문단별로 요약하고 전체 내용을 초등학생이 이해할 수 있는 형태로 설명해 줘.

[챗GPT 답변 2]

이 지문은 물체가 물이나 공기와 같은 유체 속에서 움직일 때 작용하는 힘에 대해 설명하고 있어요. 초등학생들을 위해 각 문단을 간단하게 설명해 볼게요.

1. 물체의 낙하:
- 어떤 물체가 물이나 공기 안에서 자유로이 떨어질 때, 중력, 부력, 항력이 작용해요.
- 중력은 물체의 무게에 영향을 주고, 항상 같은 크기로 작용해요.
- 부력은 물체가 물 속에서 떨어질 때 물체의 부피에 따라서 작용하는 힘이에요. 공기의 밀도가 작아서 빗방울이 공기에서 떨어질 때 부력은 큰 영향을 주지 않아요.

(생략)

이렇게 하면 챗GPT는 지문을 문단별로 요약하며 각 문단의 내용을 초등학생이 이해할 수 있는 설명으로 바꾸어 줍니다. 그러면 이번에는 원본 지문의 내용을 유지한 채로 하나의 글로 바꾸어 보겠습니다.

[사용자 질문 3]

너는 초등학교 국어 교과서를 집필하는 선생님이야. 앞의 지문을 초등학생들이 읽는 교과서에 넣고 싶어. 문단의 내용은 그대로 유지하되, 설명을 이해하기 쉽게 다시 써 줘. 어려운 용어는 쉬운 용어로 바꿔 줘.

다음은 어렵고 복잡한 내용의 원문입니다.

## 원문

어떤 물체가 물이나 공기와 같은 유체 속에서 자유 낙하할 때 물체에는 중력, 부력, 항력이 작용한다. 중력은 물체의 질량에 중력 가속도를 곱한 값으로 물체가 낙하하는 동안 일정하다. 부력은 어떤 물체에 의해서 배제된 부피만큼의 유체의 무게에 해당하는 힘으로, 항상 중력의 반대 방향으로 작용한다. 빗방 울에 작용하는 부력의 크기는 빗방울의 부피에 해당하는 공기의 무게이다. 공기의 밀도는 물의 밀도의 1,000분의 1 수준이므로, 빗방울이 공기 중에서 떨어질 때 부력이 빗방울의 낙하 운동에 영향을 주는 정도는 미미하다. 그러나 스티로폼 입자와 같이 밀도가 매우 작은 물체가 낙하할 경우에는 부력이 물체의 낙하 속도에 큰 영향을 미친다.

물체가 유체 내에 정지해 있을 때와는 달리, 유체 속에서 운동 하는 경우에는 물체의 운동에 저항하는 힘인 항력이 발생하는데, 이 힘은 물체의 운동 방향과 반대로 작용한다. 항력은 유체 속에서 운동하는 물체의 속도가 커질수록 이에 상응하여 커진다. 항력은 마찰 항력과 압력 항력의 합이다. 마찰 항력은 유체의 점성 때문에 물체의 표면에 가해지는 항력으로 유체의 점성이 크거나 물체의 표면적이 클수록 커진다. 압력 항력은 물체가 이동할 때 물체의 전후방에 생기는 압력 차에 의해 생기는 항력으로 물체의 운동 방향에서 바라본 물체의 단면적이 클수록 커진다.

안개비의 빗방울이나 미세 먼지와 같이 작은 물체가 낙하 하는 경우에는 물체의 전후방에 생기는 압력 차가 매우 작아 마찰 항력이 전체 항력의 대부분을 차지한다. 빗방울의 크기가 커지면 전체 항력 중 압력 항력이 차지하는 비율이 점점 커진다. 반면 스카이다이버와 같이 큰 물체가 빠른 속도로 떨어질 때 에는 물체의 전후방에 생기는 압력 차에 의한 압력 항력이 매우 크므로 마찰 항력이 전체 항력에 기여하는 비중은 무시할 만 하다.

빗방울이 낙하할 때 처음에는 중력 때문에 빗방울의 낙하 속도가 점점 증가하지만, 이에 따라 항력도 커지게 되어 마침내 항력과 부력의 합이 중력의 크기와 같아지게 된다. 이때 물체의 가속도가 0이 되므로 빗방울의 속도는 일정해지는데, 이렇게 일정해진 속도를 종단 속도라 한다. 유체 속에서 상승하거나 지면과 수평으로 이동하는 물체의 경우에도 종단 속도가 나타나는 것은 이동 방향으로 작용하는 힘과 반대 방향으로 작용 하는 힘의 평형에 의한 것이다.

원문과 출력 결과를 비교해보면 다시 쓴 글이 훨씬 읽기 편하고 이해하기에도 좋다는 것을 알 수 있습니다.

| [챗GPT3.5 답변] | [챗GPT4.0 답변] |
|---|---|

**[챗GPT3.5 답변]**

물체가 물이나 공기와 같은 액체나 기체 안에서 떨어질 때, 그 물체에는 세 가지 힘이 작용합니다. 첫 번째로 중력은 물체의 무게에 비례하여 작용하는 힘으로, 물체가 떨어지는 동안 항상 일정한 크기로 작용합니다. 두 번째로 부력은 물체가 액체나 기체 안에서 떨어질 때, 그 물체의 부피에 비례하여 작용하는 힘으로, 항상 물체를 위로 밀어주는 역할을 합니다. 부력은 빗방울과 같이 크기가 작은 물체의 경우에는 별로 영향을 주지 않지만, 스티로폼 입자와 같이 밀도가 작은 물체의 경우에는 큰 역할을 합니다.

물체가 액체나 기체 안에서 움직이는 경우에는 물체의 움직임을 억제하는 항력이 발생합니다. 항력은 물체의 움직이는 방향과 반대 방향으로 작용합니다. 이 항력은 물체의 속도가 높아질수록 커지며, 마찰 항력과 압력 항력의 합으로 구성됩니다. 마찰 항력은 액체나 기체의 점성 때문에 물체의 표면에 작용하는 항력이며, 물체의 표면이 크거나 점성이 큰 경우에 크게 작용합니다. 압력 항력은 물체가 움직일 때 앞과 뒤에 생기는 압력 차에 의해 발생하는 항력으로, 물체의 단면적이 클수록 크게 작용합니다.

안개비의 빗방울이나 미세 먼지와 같이 작은 물체가 떨어질 때, 압력 차가 작아서 마찰 항력이 가장 큰 역할을 합니다. 그러나 빗방울의 크기가 커질수록 압력 항력의 비중이 높아집니다. 반면에 큰 물체가 빠른 속도로 떨어질 때, 압력 항력이 크게 작용하여 마찰 항력은 거의 영향을 미치지 않습니다.

**[챗GPT4.0 답변]**

물체가 공기나 물속에서 떨어질 때, 세 가지 힘이 작용해요. 첫 번째는 '중력'이에요. 중력은 물건이 지구로 끌려오는 힘을 말해요. 물체가 떨어질 때, 이 힘은 항상 같아요. 두 번째는 '부력'이에요. 부력은 물체가 물이나 공기를 밀어내는 힘인데요, 항상 중력과 반대 방향으로 작용해요. 예를 들어, 빗방울이 공기 중을 떨어질 때, 부력은 빗방울이 밀어내는 공기의 무게만큼 생겨요. 그런데 공기는 물보다 훨씬 가벼워서 빗방울에는 별로 영향을 주지 않아요. 하지만 스티로폼처럼 가벼운 물체가 떨어질 때는 부력이 물체의 떨어지는 속도에 큰 영향을 줄 수 있어요.

세 번째 힘은 '항력'이에요. 항력은 물체가 공기나 물 속을 움직일 때 생기는 반대 방향의 힘인데, 물체가 빠르게 움직일수록 더 커져요. 항력은 두 가지로 나뉘어요. '마찰 항력'은 물체가 유체를 밀고 나갈 때 생기는 힘으로, 유체가 끈적거리거나 물체의 표면이 넓을수록 커져요. '압력 항력'은 물체가 움직일 때 앞뒤의 압력 차이 때문에 생겨요. 물체의 앞면이 클수록 이 힘도 커져요.

작은 빗방울이나 먼지처럼 작은 물체가 떨어질 때는 앞뒤의 압력 차이가 작아서 마찰 항력이 더 중요해요. 하지만 빗방울이 커지면 압력 항력이 더 중요해져요. 큰 물체가 빠르게 떨어질 때, 예를 들어 스카이다이버가 하늘에서 떨어질 때는 압력 항력이 더 큰 역할을 해요.

빗방울이 떨어질 때, 처음에는 중력 때문에 속도가 빨라지지만, 항력이 커져서 마침내 중력과 부력의 크기가 균형을 이룹니다. 그 때 빗방울은 더 이상 가속되지 않고 일정한 속도로 떨어지게 됩니다. 이것을 종단 속도라고 부릅니다. 물체가 액체나 기체 안에서 올라가거나 수평으로 움직일 때도 종단 속도가 나타납니다. 이것은 물체가 움직이는 방향과 반대 방향의 힘이 균형을 이루기 때문입니다.

빗방울이 떨어질 때 처음에는 중력 때문에 속도가 빨라져요. 하지만 빠르게 떨어질수록 항력도 커지고, 결국 중력과 항력 및 부력의 합이 같아져서 빗방울의 속도가 일정해져요. 이 일정한 속도를 '종단 속도'라고 해요. 유체 속에서 물체가 위로 올라가거나 옆으로 움직일 때도 이 종단 속도가 나타나는데, 이는 움직이는 방향의 힘과 반대 방향의 힘이 균형을 이루기 때문이에요.

이 복잡한 내용의 지문과 함께 제시된 29번 문제도 풀어보겠습니다.

## 문제

**29. 윗글을 통해 알 수 있는 내용으로 가장 적절한 것은?**

1. 스카이다이버가 낙하 운동할 때는 마찰 항력이 전체 항력의 대부분을 차지하게 된다.
2. 물체가 유체 속에서 운동할 때 물체 전후방에 생기는 압력 차는 그 물체의 속도를 증가시킨다.
3. 낙하하는 물체의 속도가 종단 속도에 이르게 되면 그 물체의 가속도는 중력 가속도와 같아진다.
4. 균일한 밀도의 액체 속에서 낙하하는 동전에 작용하는 부력은 항력의 크기에 상관없이 일정한 크기를 유지한다.
5. 균일한 밀도의 액체 속에 완전히 잠겨 있는 쇠 막대에 작용하는 부력은 서 있을 때보다 누워 있을 때가 더 크다.

| [챗GPT3.5 답변] | [챗GPT4.0 답변] |

**[챗GPT3.5 답변]**

주어진 지문을 토대로 다음 문제를 풀어보겠습니다:

스카이다이버가 낙하 운동할 때에는 마찰 항력이 전체 항력의 대부분을 차지하게 된다. – 잘못된 설명입니다. 스카이다이버와 같이 큰 물체가 빠른 속도로 낙하할 때에는 압력 항력이 매우 크며, 마찰 항력은 무시할 만 하다고 설명되어 있습니다.

물체가 유체 속에서 운동할 때 물체 전후방에 생기는 압력 차는 그 물체의 속도를 증가시킨다. – 옳은 설명입니다. 지문에서는 물체가 빠른 속노로 낙하할 때 압력 항력이 크게 작용한다고 설명되었습니다.

낙하하는 물체의 속도가 종단 속도에 이르게 되면 그 물체의 가속도는 중력 가속도와 같아진다. – 잘못된 설명입니다. 종단 속도에 이르면 물체의 가속도는 0이 되며, 중력 가속도와 같아지는 것이 아니라 물체의 속도가 일정해진다고 설명되었습니다.

균일한 밀도의 액체 속에서 낙하하는 동전에 작용하는 부력은 항력의 크기에 상관없이 일정한 크기를 유지한다. – 옳은 설명입니다. 지문에서는 부력이 낙하하는 물체의 부피와 액체의 무게에 비례하며, 물체의 밀도와 항력의 크기와는 관련이 없다고 설명되었습니다.

**[챗GPT4.0 답변]**

문제에서 제시된 선택지를 윗글의 내용을 바탕으로 분석해보겠습니다.

스카이다이버가 낙하 운동할 때에는 마찰 항력이 전체 항력의 대부분을 차지하게 된다.

이 설명은 정확하지 않습니다. 윗글에 따르면, 큰 물체가 빠른 속도로 떨어질 때 (예: 스카이다이버)는 압력 항력이 전체 항력에서 큰 비중을 차지하며 마찰 항력의 기여는 상대적으로 작습니다.
물체가 유체 속에서 운동할 때 물체 전후방에 생기는 압력 차는 그 물체의 속도를 증가시킨다.

이 역시 잘못된 설명입니다. 압력 차이는 속도 증가를 유발하는 것이 아니라 항력의 한 형태 (압력 항력)를 생성합니다. 속도 증가는 중력에 의해 주로 일어납니다.
낙하하는 물체의 속도가 종단 속도에 이르게 되면 그 물체의 가속도는 중력 가속도와 같아진다.

이 설명은 잘못되었습니다. 종단 속도에 도달하면, 물체의 가속도는 0이 되며, 이는 중력, 부력, 항력이 균형을 이루는 상태를 의미합니다.
균일한 밀도의 액체 속에서 낙하하는 동전에 작용하는 부력은 항력의 크기에 상관없이 일정한 크기를 유지한다.

이 설명은 올바릅니다. 부력의 크기는 물체가 배제하는 유체의 무게에 따라 결정되며, 항력의 크기와는 독립적입니다.
균일한 밀도의 액체 속에 완전히 잠겨 있는 쇠 막대에 작용하는 부력은 서 있을 때보다 누워 있을 때가 더 크다.

균일한 밀도의 액체 속에 완전히 잠겨 있는 쇠 막대에 작용하는 부력은 서 있을 때보다 누워 있을 때가 더 크다. – 잘못된 설명입니다. 완전히 잠긴 쇠 막대의 경우 부력은 물체의 부피와 액체의 무게에 비례하며, 쇠 막대의 방향에 영향을 미치지 않습니다. 따라서 쇠 막대가 서 있을 때와 누워 있을 때의 부력은 같습니다.

따라서 옳은 설명은 2번이며, 정답은 "2. 물체가 유체 속에서 운동할 때 물체 전후방에 생기는 압력 차는 그 물체의 속도를 증가시킨다." 입니다.

이 설명은 잘못되었습니다. 부력은 물체가 배제하는 유체의 부피에 따라 결정되며, 물체의 방향성과는 무관합니다.

따라서, 윗글을 통해 알 수 있는 가장 적절한 내용은 '4. 균일한 밀도의 액체 속에서 낙하하는 동전에 작용하는 부력은 항력의 크기에 상관없이 일정한 크기를 유지한다' 입니다.

여러 번 시도한 결과, 아쉽게도 챗GPT3.5는 정답을 맞추지 못했습니다. 그러나 챗GPT4.0은 정답을 정확하게 맞추었는데, 이를 통해 챗GPT4.0이 추론 능력에 있어서 훨씬 더 우수하다는 사실을 알 수 있었습니다. 어려운 글, 수능 지문, 논문 등을 자주 다룰 때는 챗GPT4.0을 사용하는 것을 추천합니다.

# 자료를 넣으면 파워포인트로 만들어 줄 수 있나요?

　최근 파워포인트 형식뿐만 아니라 문서나 웹페이지까지 만들어주는 서비스가 등장했습니다. 바로 '감마 gamma.app'라는 서비스입니다. 사용자가 키워드를 입력하면 그것에 어울리는 목차를 생성해 주고 목차를 기준으로 슬라이드를 만들어 줍니다. 목차를 잘 구성하는 것이 좋은 파워포인트를 만드는 핵심인데, 이 서비스를 이용하면 아주 편리하게 정리된 목차를 얻을 수 있습니다. 목차 아래에는 세부 내용이 들어가는데, 이 세부 내용이 글자나 그림 형태로 기존의 슬라이드 양식에 맞춰 배치됩니다.

## '감마'로 파워포인트 만들기

　'gamma.app'을 주소창에 치거나 검색하여 감마 웹페이지에 접속합니다. 구글 계정으로 바로 로그인할 수 있습니다.

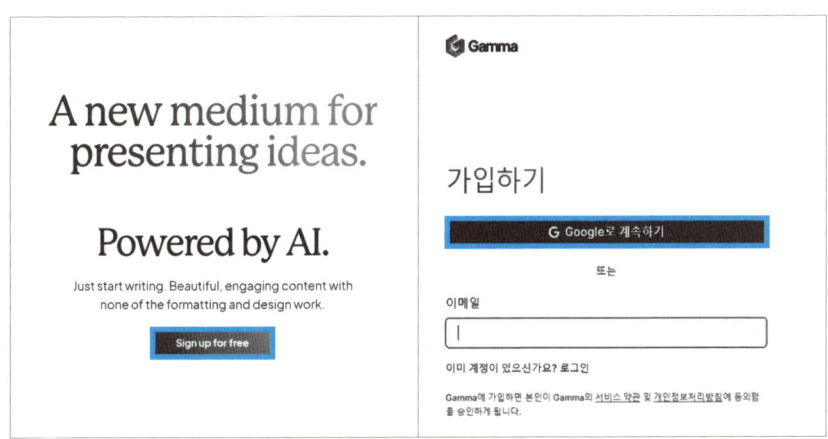

[sign up for free]를 누른 후 [Google로 계속하기]로 로그인합니다.

개인정보 제공에 동의하고, 작업 공간을 어떻게 사용할지 지정합니다.

'감마'를 어떤 목적으로 사용하는지까지 체크하면 모든 준비가 완료되었습니다.

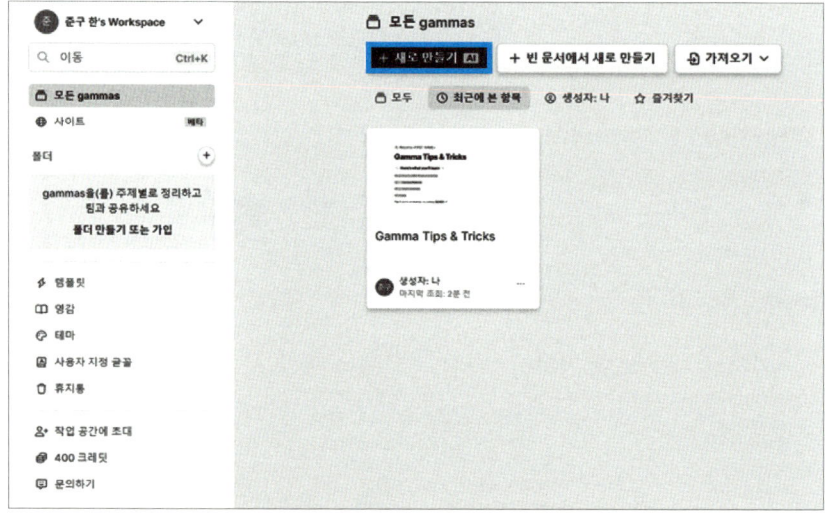

전체 화면이 다음과 같이 보이면, [새로 만들기 AI]를 클릭하여 파워포인트 생성으로 넘어갑니다.

이제 〈메뉴 텍스트로 붙여넣기〉, 〈생성〉, 〈파일 가져오기〉 중에서 원하는 기능을 선택합니다. 여기에서는 〈생성〉을 선택해서 프롬프트로만 정보를 입력해 보겠습니다.

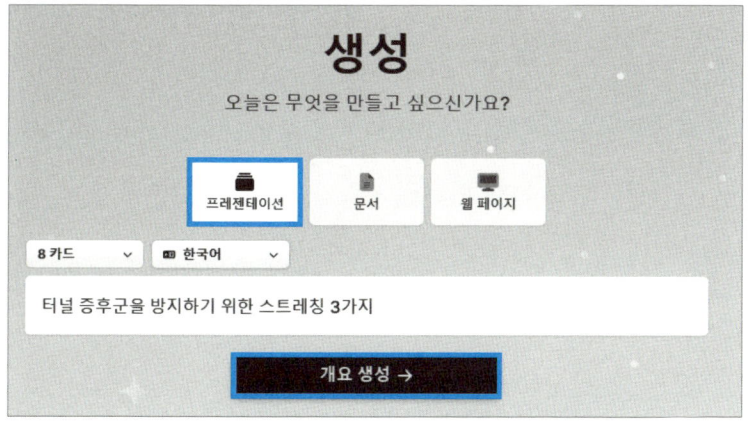

문서의 종류를 〈프레젠테이션〉으로 지정하고, 원하는 슬라이드 수를 지정합니다. [개요 생성] 버튼을 누르면 프롬프트를 기반으로 생성된 목차가 보입니다.

　이 목차는 각각이 하나의 슬라이드를 담당하게 됩니다. 내용을 수정하고 싶은 경우, 슬라이드 생성 전에 목차를 수정하면 수정된 목차가 슬라이드에 반영됩니다. 목차를 확인했다면, 이제 [계속] 버튼을 눌러 다음 단계로 넘어갑니다.

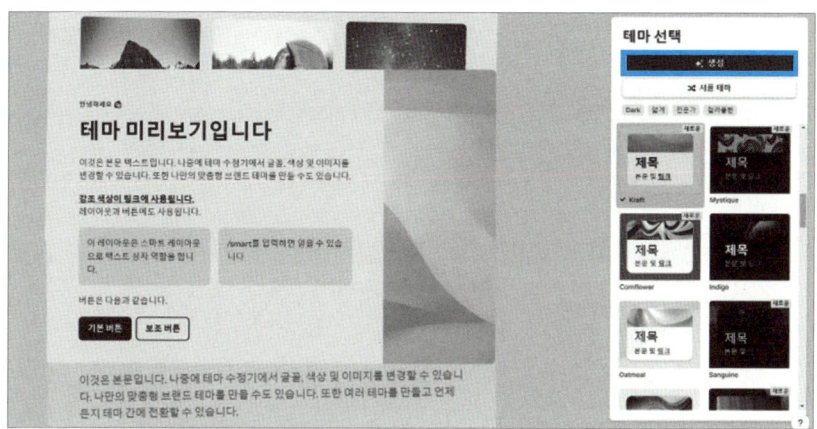

원하는 테마를 골라 [생성]을 눌러주면 생성을 위한 모든 준비가 끝났습니다.

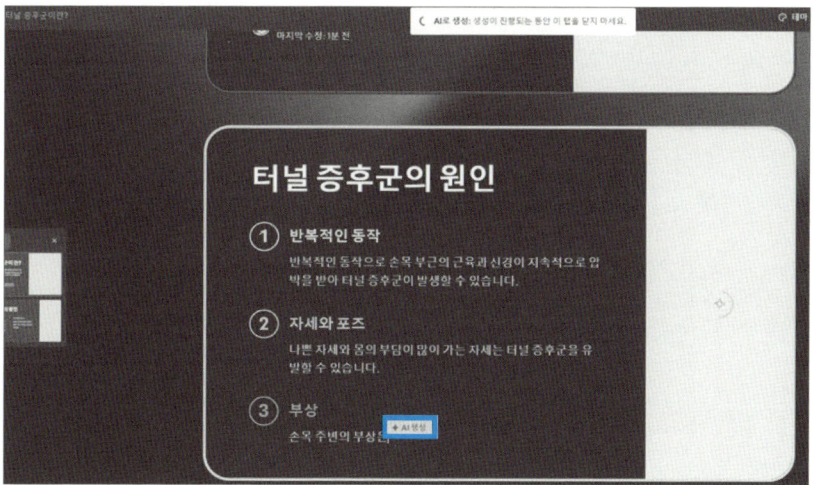

이처럼 자동으로 슬라이드를 생성하고 있는 모습을 볼 수 있습니다.

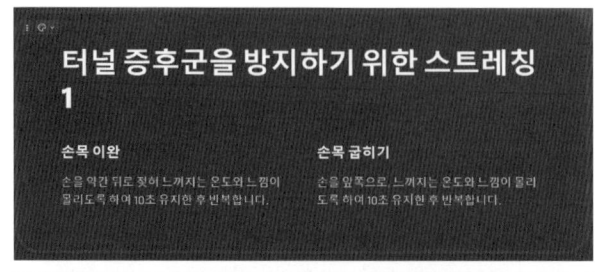

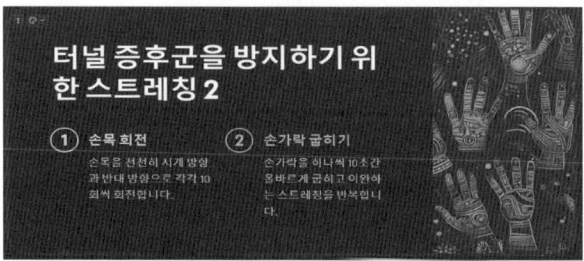

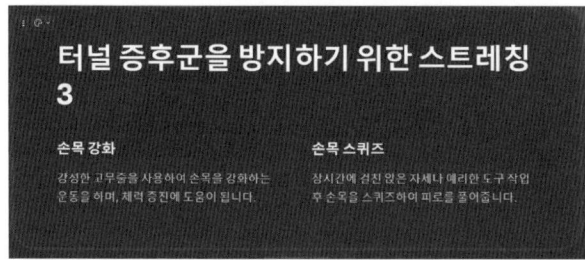

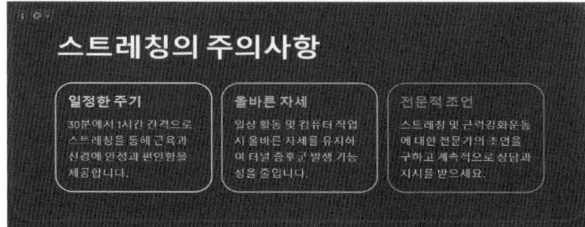

　가끔 아이들이 학교 발표 수업 등을 목적으로 파워포인트 자료가 필요할 때가 있습니다. 이때 부모와 함께 감마 서비스를 이용해 파워포인트를 만들어 본다면, 아이들에게 AI 서비스를 경험하게 해주는 새로운 기회가 될 수 있으니 적극적으로 활용하길 추천합니다.

# 가사를 넣어서 노래를 만들 수도 있나요?

'수노 suno, app.suno.ai'라는 서비스를 이용하면 실제로 가사를 넣어 노래를 만들 수 있습니다. 공식 웹사이트나 코파일럿 copilot에 제휴 서비스로 등록되어 있으며, 마찬가지로 구글 계정을 통해 빠르게 로그인할 수 있습니다.

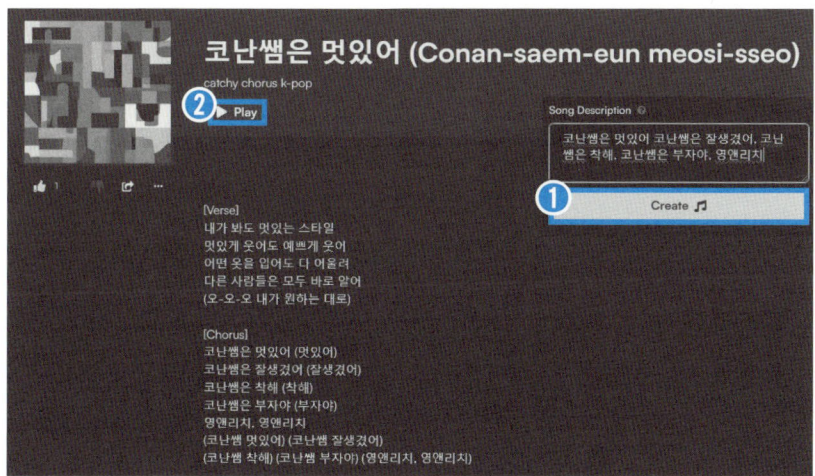

기본 사용법은 굉장히 단순합니다. ❶가사나 노래의 내용과 스타일을 지정하고 생성하면 사용자 요청에 따라 ❷노래를 뚝딱 만들어 줍니다.

이때 커스텀 버튼을 누르면 직접 가사를 입력하고 장르와 세부사항을 설정할 수 있습니다. 이렇게 생성한 노래는 1분 정도 분량입니다. 중간에 가사가 끊기거나 멜로디가 이어지지 않아서 어색할 수도 있는데, 이를 해결하는 방법으로 기존의 노래를 이어서 만드는 기능을 알려드리겠습니다. 먼저 기존 노래 가사를 챗GPT에 넣고 다음과 같이 요청합니다.

### [사용자 질문 1]

[Verse]
내가 봐도 멋있는 스타일
멋있게 웃어도 예쁘게 웃어
어떤 옷을 입어도 다 어울려
다른 사람들은 모두 바로 알아
(오-오-오 내가 원하는 대로)

[Chorus]
코난쌤은 멋있어 (멋있어)
코난쌤은 잘생겼어 (잘생겼어)
코난쌤은 착해 (착해)
코난쌤은 부자야 (부자야)
영앤리치, 영앤리치
(코난쌤 멋있어) (코난쌤 잘생겼어)
(코난쌤 착해) (코난쌤 부자야) (영앤리치, 영앤리치)
…
이거 내가 만든 노래가사인데, 이 뒤에 올 가사를 만들어줘.
후크송이나 aba 형식이면 좋겠네.

| [챗GPT 답변 1] | |
|---|---|
| 후크송 | ABA 형식 |
| [Verse]<br>세상 누구보다 빛나는 스타일<br>눈부시게 웃어도 매력 넘쳐<br>무슨 옷을 입어도 반짝이게<br>우린 특별한 걸 다 알아<br>(오-오-오 너와 함께하면)<br><br>[Chorus]<br>코난쌤은 멋있어 (멋있어)<br>코난쌤은 잘생겼어 (잘생겼어)<br>코난쌤은 착해 (착해)<br>코난쌤은 부자야 (부자야)<br>영앤리치, 영앤리치<br>(코난쌤 멋있어) (코난쌤 잘생겼어)<br>(코난쌤 착해) (코난쌤 부자야) (영앤리치, 영앤리치)<br><br>[Bridge]<br>함께하는 모든 순간이<br>따뜻하게 빛나고 있어<br>너와 함께라면<br>세상 어디든 행복해<br><br>[Chorus]<br>코난쌤은 멋있어 (멋있어)<br>코난쌤은 잘생겼어 (잘생겼어)<br>코난쌤은 착해 (착해)<br>코난쌤은 부자야 (부자야)<br>영앤리치, 영앤리치<br>(코난쌤 멋있어) (코난쌤 잘생겼어)<br>(코난쌤 착해) (코난쌤 부자야) (영앤리치, 영앤리치) | [Verse]<br>내가 봐도 멋있는 스타일<br>멋있게 웃어도 예쁘게 웃어<br>어떤 옷을 입어도 다 어울려<br>다른 사람들은 모두 바로 알아<br>(오-오-오 내가 원하는 대로)<br><br>[Chorus A]<br>코난쌤은 멋있어 (멋있어)<br>코난쌤은 잘생겼어 (잘생겼어)<br>코난쌤은 착해 (착해)<br>코난쌤은 부자야 (부자야)<br><br>[Verse]<br>세상 누구보다 빛나는 스타일<br>눈부시게 웃어도 매력 넘쳐<br>무슨 옷을 입어도 반짝이게<br>우린 특별한 걸 다 알아<br>(오-오-오 너와 함께하면)<br><br>[Chorus B]<br>코난쌤은 멋있어 (멋있어)<br>코난쌤은 잘생겼어 (잘생겼어)<br>코난쌤은 착해 (착해)<br>코난쌤은 부자야 (부자야) |

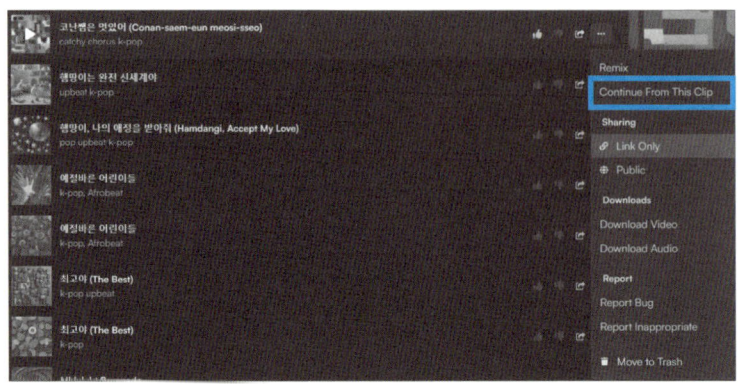

[더보기]로 들어가 [Continue From This Clip] 버튼을 눌러 끊긴 음악을 이어서 만들어 줍니다.

끊긴 부분에서 이어지게 가사를 넣고 음악의 스타일과 제목을 지정해 줍니다. 그리고 이어서 음악을 생성합니다. 생성된 음악을 들어보고 맘에 들지 않으면, 다시 생성하는 작업을 반복합니다.

이렇게 만든 노래를 [더보기] ▶ [Get Whole Song] 버튼을 눌러 하나로 합칠 수 있습니다. 저는 이 과정을 거쳐서 3분 정도의 가사가 담긴 제 노래를 만들었습니다.

만약 가사 없는 음악을 만들고 싶다면 다음과 같은 프롬프트를 넣어 작성해봅니다.

[Intro] (instrumental) (instrumental), jazz

이렇게 하면 재즈풍의 가사 없는 음악이 만들어집니다.

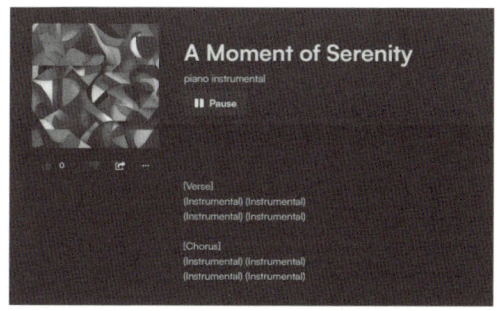

음악을 좋아하는 아이들에게 수노 서비스는 색다른 놀이터가 될 수 있습니다. 자기만의 노래를 만들기 위해 가사를 열심히 쓰는 아이도 있고, 새로운 장르의 음악을 만들어 보고 싶어 음악 공부를 열심히 하는 아이도 있습니다. AI가 만들어주는 음악에 아이의 창의성이 녹아든다면 어떤 결과물이 나올지 궁금하지 않나요?

# 직접 작업한 이미지로
# 크리스마스씰 도안을 만들 수 있나요?

'이미지 크리에이터 Image Creator'에서 간단한 프롬프트를 넣어 크리스마스씰을 생성하는 방법을 알아봅시다.

이미지 크리에이터는 마이크로소프트ms에서 제공하는 이미지 생성 서비스인데, Dall-E라는 이미지 생성 인공지능을 기반으로 합니다. 이 서비스를 활용하면 간단히 프롬프트를 입력하여 다음과 같은 결과물을 얻을 수 있습니다.

다양한 산타클로스 이미지 스티커

## 이미지 크리에이터로 이미지 만들기

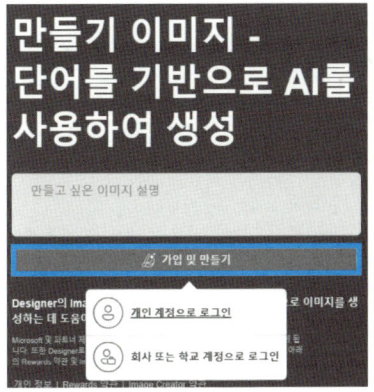

이미지 크리에이터를 이용하려면 마이크로소프트 계정이 필요합니다. 'www.bing.com/images/create'에 들어가서 [가입 및 만들기]를 눌러 개인 계정으로 로그인합니다. 로그인 후 초기화면을 보면 입력창이 보이고, 옆에 '부스트'라고 부르는 번개 모양의 아이콘이 보입니다. 이미지를 생성할 때마다 번개가 하나씩 줄어드는데, 이 부스트를 모두 사용하면 이미지를 생성하는 데 매우 오래 걸릴 수 있습니다. 부스트는 매일 '새로고침' 됩니다.

이제 이미지를 생성해보겠습니다. 먼저 텍스트 영역에 프롬프트를 입력하고 [만들기]를 눌러봅니다.

> 행복한 교사 {안경을 쓴 남자}, 행복한 학생들 {집중하는}, 행복한 교실, 한국 웹툰 스타일

총 네 장의 생성된 이미지를 확인할 수 있습니다. 일부 이미지는 자체적인 필터에 의해 보이지 않을 수도 있습니다. 생성된 이미지 중에서 하나를 클릭하면 이미지와 프롬프트를 함께 볼 수 있습니다.

다음 프롬프트에서 키워드 부분에 원하는 스티커의 주제를 입력하여 이미지를 생성합니다.

> stickers of multiple [키워드] in various action poses

이처럼 이미지 크리에이터를 이용하면 챗달리를 사용하지 않고도 간단한 크리스마스씰과 같은 스티커 모음 이미지를 쉽게 생성할 수 있습니다.

# 이미지를 수정할 수 있는 AI도 있나요?

AI를 활용하면 이미지의 배경을 바꾸거나 주변 사물을 지우고, 이미지의 크기를 더 키우는 등 다양한 작업을 할 수 있습니다. '마이크로소프트 디자이너 Microsoft Designer'는 이미지 크리에이터 기능이 내장된 디자인 툴이기 때문에 이미지 생성 또한 가능합니다.

다음 '마이크로소프트 디자이너 사이트 designer.microsoft.com'에 들어가서 오른쪽 상단에 [Get started for free] 버튼을 누른 후 마이크로소프트 계정으로 로그인을 합니다.

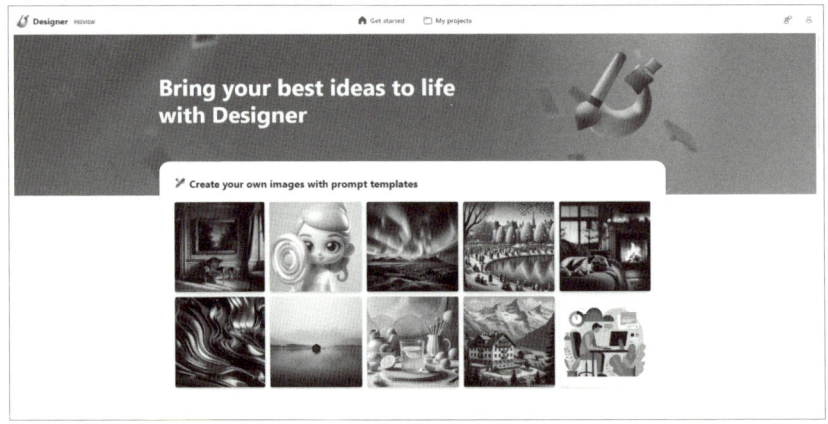

초기 화면에서 아래로 스크롤을 내려보면 인공지능 기능을 바로 사용할 수 있도록 별도로 정리해 두었습니다. 이미지를 생성할 수도 있고, 사진을 올리면 자동으로 물체의 배경을 지워주고, 프롬프트를 이용해 디자인이나 스티커를 만들어 주는 기능도 있습니다.

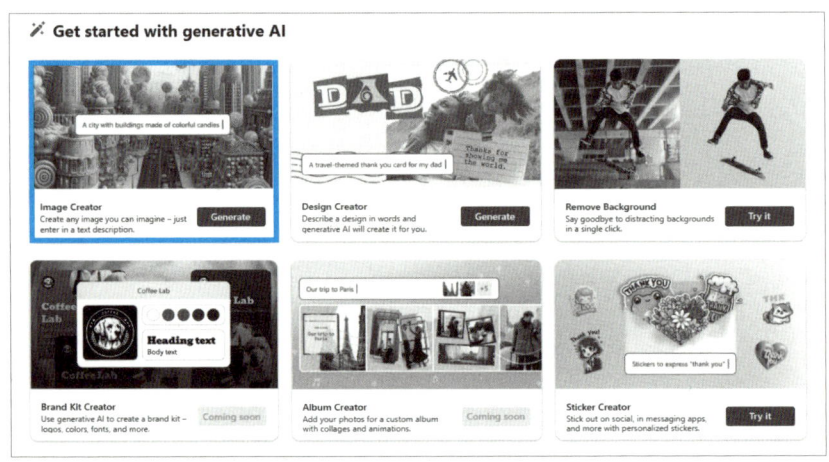

먼저 이미지를 생성하기 위해 '이미지 크리에이터' 기능을 사용하겠습니다.

앞 챕터에서 사용한 이미지 크리에이터처럼 키워드를 입력하면 바로 이미지 생성이 가능합니다. 다만 '마이크로소프트 디자이너'는 아직 프롬프트에서 한글이 제대로 지원되지 않습니다. 원하는 결과를 얻기 위해서는 영어로 입력해야 합니다. 저는 'bird'라는 키워드로 이미지를 다음과 같이 생성했습니다.

이중 마음에 드는 이미지를 선택하고, 세부 화면에서 [Edit image] 버튼을 눌러 줍니다.

이미지 에디터가 실행되었습니다. 방금 생성한 사진이 자동으로 선택되고 사진 상단에 여러 메뉴가 보입니다.

여기에서 [Remove background] 기능을 찾아서 눌러줍니다.

그러면 다음과 같이 배경이 깔끔하게 지워진 것을 볼 수 있습니다. 이제 아름다운 배경을 만들어 주겠습니다.

이번에는 영어로 조금 길게 프롬프트를 작성해야 하니, DeepL이나 네이버 파파고 같은 번역기의 도움을 받는 것도 좋습니다. 번역한 프롬프트를 복사하고 왼쪽 메뉴에서 [Visual] ▶ [Generate]를 눌러 붙여넣기 후 생성해 줍니다.

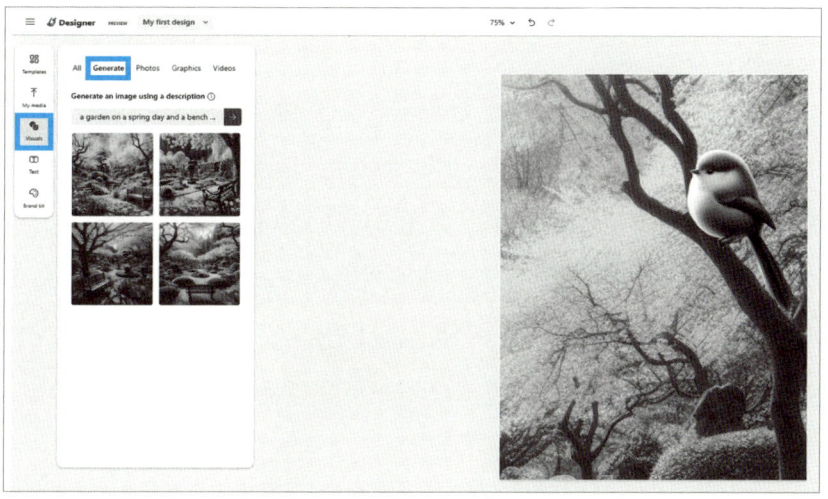

생성한 이미지 중 하나를 배경으로 선택하고 새를 적절히 배치해서 다음과 같이 새가 나무 위에 있는 그림을 얻었습니다. 이렇게 '마이크로소프트 디자이너'를 사용하면 이미지를 생성할 뿐만 아니라 생성한 이미지를 쉽게 편집하고 수정하여 원하는 디자인을 만들어낼 수 있습니다.

# AI가 유튜브도 요약해 주나요?

'위스퍼 Whisper'라는 서비스를 이용하면 음성 대화를 글자로 바꿀 수 있는데, 이 기술을 STT speech to text라고 합니다. 이것과 챗GPT 등의 LLM을 활용하여 유튜브 영상을 요약할 수 있습니다. 여러 회사에서 유튜브 요약 서비스를 출시하고 있고, 유튜브 자체 기능으로도 출시를 앞두고 있습니다. 추천하고 싶은 서비스는 '릴리즈 lilys.ai'입니다. 유튜브를 요약해줄 뿐만 아니라 블로그 글 형식으로도 만들어주기 때문에 다양하게 활용할 수 있습니다.

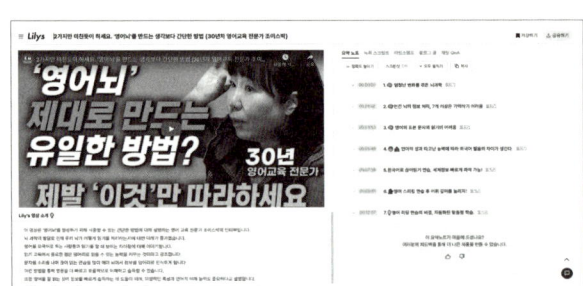

유튜브 요약 화면

만약 유튜브 채널과 블로그를 동시에 운영한다면 함께 활용하기에 정말 좋습니다. 그밖에도 회의록 요약 기능, pdf 문서 기반 챗봇, 요약 기능 등도 제공합니다. 다음으로 스마트폰에서 바로 사용 가능한 방법을 알아보겠습니다.

먼저 카카오톡에서 'LilysAI' 채널을 검색한 후, '친구 추가'를 합니다. 다음으로 'LilysAI' 카카오톡 채팅창에 유튜브 URL을 붙여넣기만 하면 유튜브를 요약한 링크를 제공해 줍니다.

만약 추가적인 기능이 필요하다면 요약 노트 페이지 오른쪽 상단에 있는 메뉴를 참고합니다. 유튜브 내용을 블로그 글로 변환하거나, 채팅 Q&A 기능을 통해 궁금한 것을 질문할 수 있습니다.

이처럼 유튜브 요약 기능은 다방면으로 활용할 수 있습니다. 예를 들어 유튜브에 있는 한국사에 대한 학습 콘텐츠를 불러와 요약 정리시키면, 자기가 학습을 통해 기억하고 있는 내용과 인공지능으로 정리한 내용을 비교해 보며 부족한 내용을 확인하며 복습할 수 있습니다. 이런 유용한 기능을 잘 활용한다면 생활과 학습 등 다방면에 많은 도움이 될 것입니다.

# 내 얼굴을 이용해서
# 새로운 이미지를 만들 수 있나요?

자기 얼굴로 이미지를 만들 수 있는 앱은 여러 가지인데, 그중 '라스코 lasco.ai'를 추천합니다. 라스코는 네이버의 자회사 '스노우 Snow'에서 만든 이미지 생성 서비스입니다. 프롬프트에 한글이 지원되며, 다양한 형태의 모델과 스타일을 제공합니다.

먼저 본인의 사진을 업로드하고 원본 유지 비율을 조절합니다. 예제에서는 0.8로 지정했습니다. 이미지 설명은 별도로 추가하지 않도록 하겠습니다. 만약 이미지를 생성했는데, 성별을 구분하지 못한다면 이미지 설명에 내용을 적어 주면 됩니다.

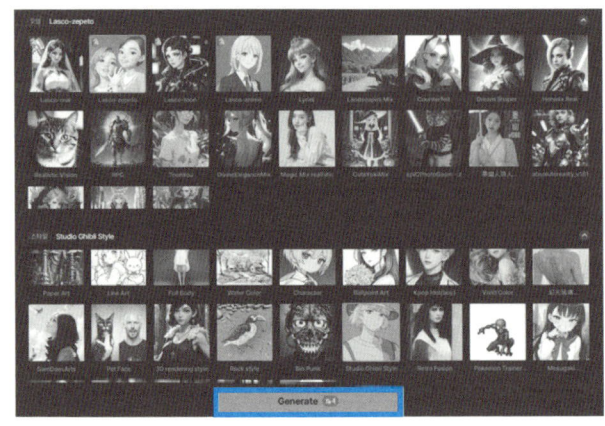

　다음으로 모델은 'Lasco-zepeto'로 선택하고, 스타일은 'Studio Ghibi Style'을 지정하겠습니다. 이런 식으로 모델과 스타일 조합에 따라 수십 수백 가지의 화풍과 그림체를 만들어 낼 수 있습니다. [Generate]를 누르면 4 크레딧을 소모하면서 이미지가 생성됩니다. 생성된 이미지 화질을 높이고 싶다면, 업스케일 기능을 사용할 수 있습니다 5크레딧 소모. 크레딧을 모두 사용해도 다음 날이 되면 매일 크레딧을 무료로 채워 줍니다 하루 100 크레딧. 이렇게 만든 이미지의 결과를 확인해 보겠습니다.

이처럼 AI로 나만의 개성 있는 캐릭터를 만들 수 있습니다. 이런 방식으로 가족사진이 아닌, 가족 캐릭터를 만들어 벽에 걸어두거나 SNS에 공유하는 것도 재미있습니다. 온 가족의 프로필 캐릭터를 만들어 보는 등 다양하게 활용해 보기 바랍니다.

# 챗GPT가 코딩을 도와
# 게임을 만들 수 있나요?

챗GPT는 코딩을 아주 잘합니다. 챗GPT를 활용한다면 복잡한 코딩도 훨씬 쉽게 접근할 수 있습니다.

지금부터 '스네이크 게임'이라는 간단한 캐주얼 게임을 만들어 보겠습니다. 먼저 스네이크 게임에 대해서 알아보겠습니다. 이 게임은 이름에서 유추할 수 있듯이 뱀처럼 움직이는 말을 이용하는 게임입니다. 말을 움직이면서 먹이를 먹어 몸통을 늘려가는 것이 목적입니다.

빨간색 먹이를 먹을 때마다 몸통이 늘어납니다. 만약 게임 중에 벽에 머리가 먼저 닿거나 자기 머리가 닿아 몸이 꼬이면 게임이 종료됩니다. 플레이어는 키보드를 이용해서 스네이크의 방향을 제어하고 최대한 오래 살아남아야 합니다.

다음과 같이 프롬프트를 작성했습니다. 다른 게임을 개발하고 싶다면 스네이크 게임 대신 다른 이름으로 바꾸기만 하면 됩니다.

> **[사용자 질문 1]**
> 너는 탑 티어 웹 개발자야. 스네이크 게임을 만들고 싶어. html, css, js를 이용해서 웹에서 돌아가는 코드를 만들어 줘. 작성하기 전에 네가 이해하고 있는 게임 방법에 대해서 설명해 줘. 그리고 나에게 확인을 받고 나서 코드 작성을 시작해. 내가 손이 없으니 코드를 전부 작성해 줘.

여기서 중요한 포인트는 내가 알고 있는 스네이크 게임과 챗GPT가 알고 있는 스네이크 게임이 같은지 확인하는 것입니다. 만약 이 둘이 서로 다르다면, 그 정보의 차이를 줄여주고 세부적으로 명령해야 원하는 결과를 얻을 수 있습니다. 첫 번째 질문을 통해 다음과 같은 결과를 얻었습니다.

> **[챗GPT 답변 1]**
> 물론, 스네이크 게임을 만들어 드릴 수 있습니다. 스네이크 게임은 간단한 룰을 가지고 있습니다. 여기에 대한 간단한 설명을 드리겠습니다.
>
> 게임 규칙:
>
> 게임은 화면에 그려진 격자에서 진행됩니다.
> 스네이크는 머리와 몸통으로 이루어져 있습니다.
> 스네이크의 목표는 먹이를 먹어서 몸통을 늘리는 것입니다.

스네이크는 화면을 이동하며, 먹이를 먹으면 몸통이 늘어납니다.
스네이크가 벽에 부딪히거나 자기 자신의 몸통에 닿으면 게임이 종료됩니다.
게임을 시작하면 스네이크는 초기 위치에서 시작합니다.
사용자는 키보드 화살표 키를 사용하여 스네이크의 방향을 제어할 수 있습니다.
게임은 스네이크가 종료될 때까지 진행되며, 점수가 기록됩니다.
이제 코드 작성을 시작하기 전에 몇 가지 질문이 있습니다.

게임 화면의 크기나 격자의 크기를 어떻게 설정하고 싶으신가요?
스네이크와 먹이의 디자인이나 색상에 특별한 요구사항이 있나요?
게임에서 사용할 키보드 입력 이벤트나 게임 오버 조건 등을 어떻게 처리하고 싶으신가요?
게임을 HTML, CSS, JavaScript로 구현하려면 어떤 라이브러리나 프레임워크를 사용하고 싶으신가요?
이러한 질문에 대한 답변을 제공해주시면, 원하시는 스네이크 게임을 만들어 드릴 수 있을 것입니다.

이에 부족한 부분을 다음과 같이 보충 설명했습니다.

**[사용자 질문 2]**
게임 화면은 32 x 32로 하고 게임이 종료되면 시간을 표시하고 다시 시작하는 버튼을 만들어줘. 화살표 키로 이동할 수 있도록 하고 라이브러리나 프레임 워크는 별도로 없어 html, css, js로 돌아가게 만들면 돼.

**[챗GPT 답변 2]**
알겠습니다! 32x32 크기의 스네이크 게임을 만들고, 게임 종료 후 시간을 표시하고 다시 시작하는 버튼을 만들겠습니다. 또한 화살표 키로 이동할 수 있도록 구현할 것입니다.

아래는 HTML, CSS, JavaScript로 작성된 스네이크 게임의 기본 코드입니다:
〈코드 생략〉

이 코드를 HTML 파일에 복사하여 저장한 뒤, 웹 브라우저에서 열면 32×32 크기의 스네이크 게임을 플레이할 수 있습니다. 게임이 종료되면 시간이 표시되고 다시 시작하는 버튼이 나타납니다.

이렇게 얻은 코드를 'repl.it'이라는 서비스를 통해 바로 실행해볼 수 있습니다.

[start creating]을 눌러 구글 계정으로 로그인합니다.

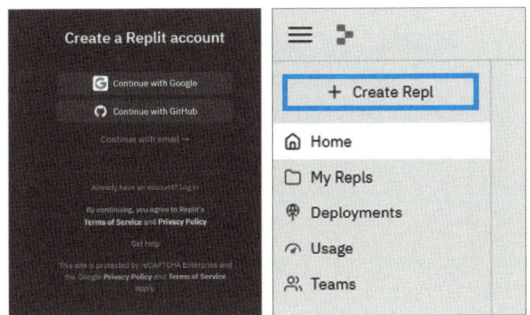

그런 후 [Create Repl]을 누릅니다.

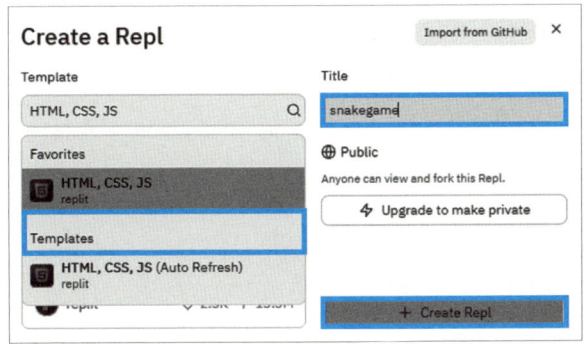

HTML, CSS, JS 템플릿을 선택하고 제목을 'snakegame'이라고 입력한 후, [Create Repl]을 눌러 프로젝트를 만들어줍니다.

이렇게 만든 프로젝트에 들어가 보면 왼쪽에 html, css, js 3개의 파일이 있습니다. 각각 'index.html, style.css, script.js'라는 이름을 가지고 있습니다. 챗GPT를 통해 얻은 코드가 각각 분리된 경우에는 3개의 파일 모두에 각각 '붙여넣기' 해야 할 때도 있습니다. 이번 코드는 html 파일에 모두 통합되어 있으니 'index.html' 파일을 선택해서 기존의 코드를 지우고 얻은 코드를 그대로 붙여 넣어 주었습니다.

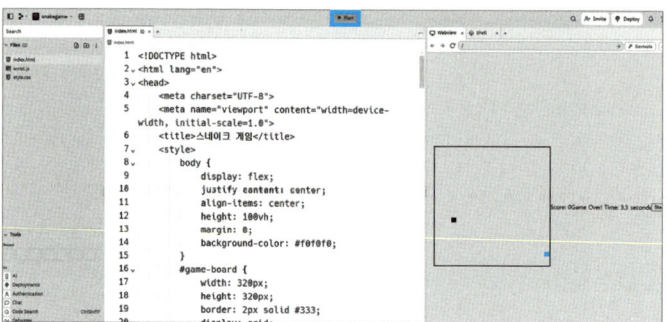

[Run]을 눌러 프로그램을 실행했을 때 다음과 같이 화면이 나온다면 절반의 성공입니다. 작동이 제대로 되는지 확인해봅니다. 제가 얻은 코드에서는 세로의 간격이 이상하게 설정되어서 오작동하는 버그가 있었습니다.

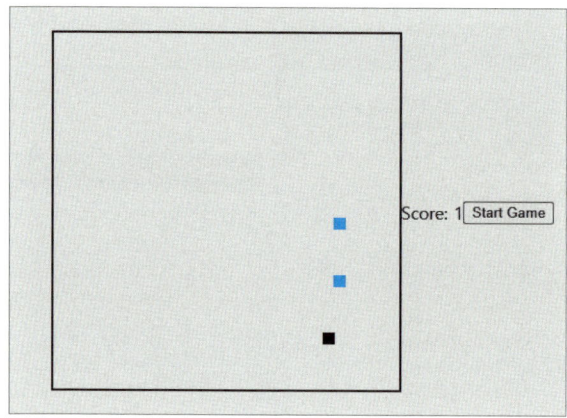

세로로 움직일 때 오작동 하는 모습

이제 오작동하는 부분에 대해서 지적하기 위해 다시 챗GPT에 입력하겠습니다.

> **[사용자 질문 3]**
> 좋아, 근데 세로로 움직일 때 움직임이 조금 이상해, 블록 사이에 간격이 있네.
>
> **[챗GPT 답변 3]**
> 세로로 움직일 때 블록 사이에 간격이 발생하는 문제를 수정하겠습니다. 이 문제는 CSS 스타일링에서 격자의 크기와 셀의 크기를 조정하여 해결할 수 있습니다.
>
> 다음과 같이 CSS 스타일을 수정해보세요:
> 〈코드 생략〉
>
> 위의 변경 사항에서 #game-board의 grid-template-rows 속성을 추가하여 세로로도 32개의 로우를 생성하도록 설정했습니다. 이렇게 수정하면 세로로 움직일 때도 블록 간 간격이 없어질 것입니다. 원활한 게임 플레이를 즐기세요!

이런 답변을 얻었고 코드를 복사해서 수정해 보았습니다.

이렇게 코드를 직접 수정하여 넣기 위해서는 기본적인 문법을 알아야 합니다. html의 구조를 이해해야, 수정을 원활하게 할 수 있습니다. html 코드 〈head〉〈/head〉 안에 〈style〉〈/style〉 부분을 서로 비교해보면 다른 점을 찾을 수 있습니다. 이렇게 새롭게 한 줄을 추가해서 문제를 해결할 수 있었습니다.

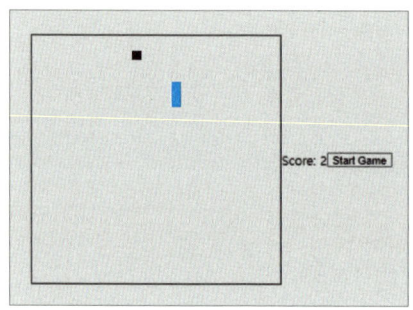 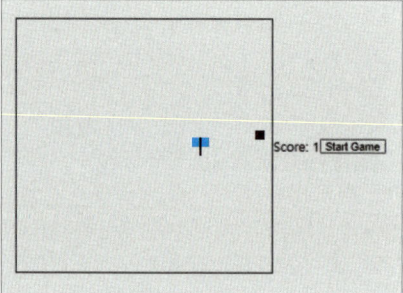

하나는 해결했지만, 또 다른 문제점이 보이기 시작했습니다. 웹브라우저 내에 키보드 커서가 깜빡거려 게임 진행에 방해도 되고 보기에도 좋지 않았습니다. 웹브라우저 내에 커서 브라우징 기능이 켜져 있는 경우에 생기는 문제였습니다. F7 키를 눌러서 브라우저 내에서 끌 수도 있지만, 다른 방법이 있는지 챗GPT에 물어보았습니다.

**[사용자 질문 4]**
좋아, 잘 동작하네. 근데 키보드 커서가 깜빡거리는게 신경쓰이는데,
없앨 수 없을까?

[챗GPT 답변4]
키보드 커서가 깜빡거리는 것을 제거하려면 다음과 같이 CSS 스타일을 추가하면 됩니다:

⟨style⟩
　　/* 기존 스타일 유지 */

　　/* 키보드 커서 깜빡임 제거 스타일 추가 */
　　body {
　　　　cursor: none; /* 키보드 커서를 숨깁니다. */
　　}
⟨/style⟩
이렇게 cursor: none; 스타일을 추가하면 키보드 커서가 화면에서 숨겨집니다. 이렇게 하면 깜빡거리는 커서가 더 이상 표시되지 않을 것입니다.

이렇게 했더니 마우스가 보이지 않아서 다시 요청했습니다.

[사용자 질문 5]
이건 마우스 커서고 키보드 커서는 없나?

[챗GPT 답변5]
죄송합니다. 키보드 커서를 숨기는 CSS 속성은 별도로 제공되지 않습니다. 키보드 커서의 깜빡임을 CSS로 직접 제거하는 것은 어려우며, 일반적으로 웹 브라우저 설정이나 운영체제 설정에서 제어됩니다. 사용자의 운영체제 또는 브라우저 설정에서 키보드 커서 깜빡임을 조절하는 방법을 찾아보시는 것이 좋습니다.

문득, 배경을 검은색으로 하면 커서가 깜빡거리는 부분이 덜 신경 쓰일 것 같다는 생각이 들었고, 시도해보기로 했습니다.

[사용자 질문 6]
그럼 게임 배경을 검은색으로 만들어 줘.

[챗GPT 답변 6]
게임 배경을 검은색으로 만들려면 CSS 스타일에서 background-color 속성을 조정하면 됩니다. 아래는 배경색을 검은색으로 설정한 코드입니다:

```
<style>
   body {
      display: flex;
      justify-content: center;
      align-items: center;
      height: 100vh;
      margin: 0;
      background-color: black; /* 배경색을 검은색(#000)으로 설정합니다. */
   }

   /* 나머지 스타일 유지 */
</style>
```
이렇게 설정하면 게임 배경이 검은색으로 나타납니다. 원활한 게임 플레이를 즐기세요!

이제 배경이 검은색이 되어 커서의 깜빡임이 보이지 않게 되었습니다. 여기서 모든 문제가 해결이 되었으면 참 좋았을 텐데 한 가지 문제가 더 생겨 버렸습니다.

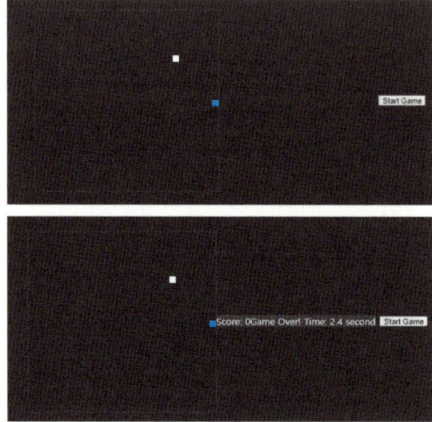

검은색으로 지정되어 있던 글자를 배경색을 바꾸면서 별도로 수정하지 않았기 때문에 글자가 보이지 않았습니다. 다시 글자색을 수정하였습니다.

> **[사용자 질문 7]**
> 근데 배경이 검은색이라 글자가 보이지 않아. 글자 색을 흰색으로 바꿔줘.
>
> **[챗GPT 답변 7]**
> 배경색이 검은색으로 설정되었으므로 텍스트를 흰색으로 변경하여 보이도록 할 수 있습니다. 아래는 텍스트 색상을 흰색으로 설정하는 방법입니다:
>
> ```
> <style>
>     body {
>         display: flex;
>         justify-content: center;
>         align-items: center;
>         height: 100vh;
>         margin: 0;
> background-color: black; /* 배경색을 검은색(#000)으로 설정합니다. */
>         color: white; /* 텍스트 색상을 흰색(#fff)으로 설정합니다. */
>     }
>
>     /* 나머지 스타일 유지 */
> </style>
> ```
> 이렇게 설정하면 텍스트의 색상이 흰색으로 변경되어 배경색과 대비되어 텍스트가 잘 보일 것입니다.

이렇게 해서 색을 지정하는 코드를 추가하고 다음과 같이 원하는 대로 작동하는 게임 코드를 얻을 수 있었습니다.

 전체 묻고 답하는 과정과 소스 코드를 다음 링크에 담았습니다.
https://chat.openai.com/share/e/c78b319b-afe9-4eb8-84ef-67ad8103c5c7

# 아이가 주인공이 되는 동화책을 만들어 줄 수 있나요?

'Ai 스토리 교실'은 스위트북에서 제공하는 서비스로 나만의 동화책을 만들고 직접 출력까지 해주는 서비스를 제공합니다. 아이와 함께 세상에 하나밖에 없는 나만의 동화책을 만들 수 있습니다.

## AI 스토리 교실로 동화책 만들기

오른쪽 상단에 로그인 버튼을 누르고 회원 가입을 합니다.

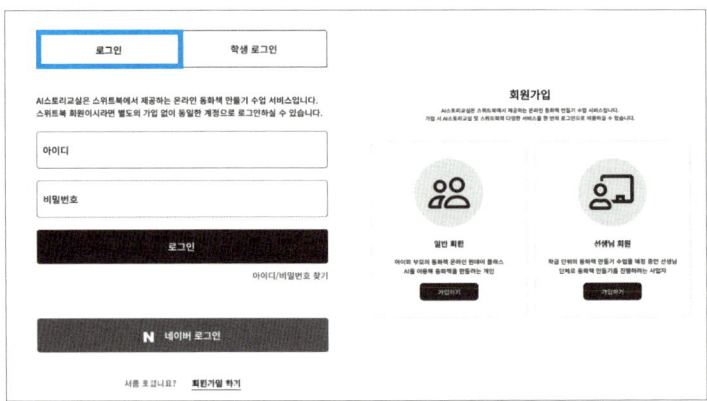

네이버 계정을 통해 간편 가입할 수 있습니다. 일반 회원 가입 시에는 일반, 선생님 회원 중에 일반 회원을 선택합니다.

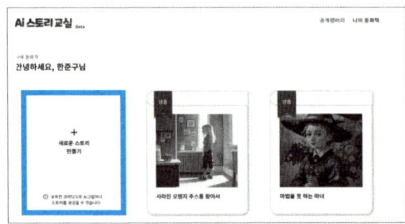
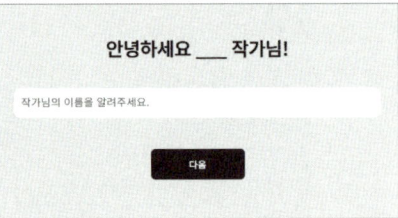

이제 동화책을 만들어 보겠습니다. + 버튼을 눌러 새로운 스토리를 만들어줍니다. 작가님의 이름을 지정합니다.

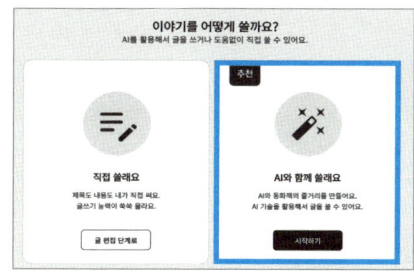 

[AI와 함께 쓸래요]를 선택하고 만들고 싶은 동화책의 내용을 적어줍니다.

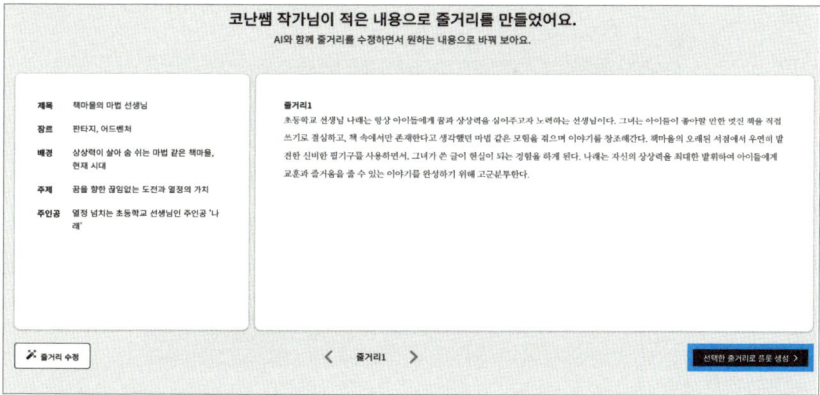

입력된 내용을 기반으로 AI가 생성한 줄거리를 확인하고 수정이 필요하면, 왼쪽 줄거리 수정 버튼을 눌러 수정합니다. 수정이 완료되면 선택한 줄거리로 [플롯 생성 버튼]을 눌러줍니다.

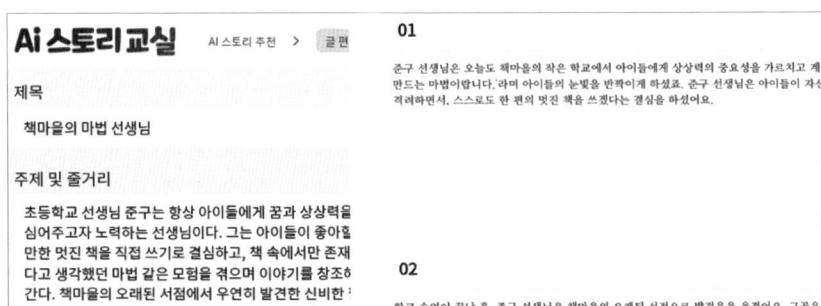

주인공을 수정하고 일부 스토리에 수정할 부분을 반영합니다.

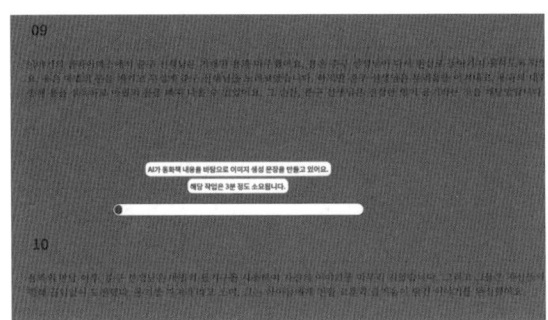

다음 단계를 누르면 동화책에 들어갈 이미지를 생성하기 위한 작업을 시작합니다.

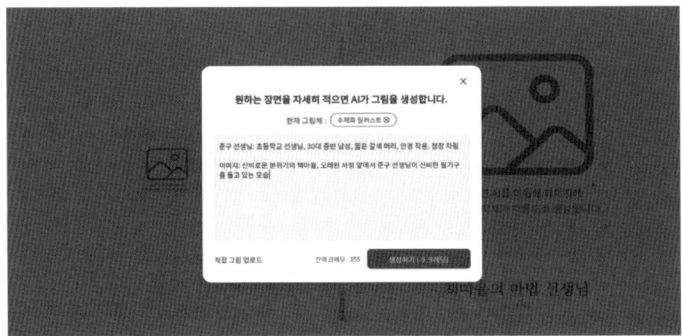

이미지가 들어가는 영역을 클릭하면 스토리를 기반으로 이미지 생성 프롬프트를 만들어 줍니다. 이때 필요한 경우 프롬프트를 변경할 수 있습니다. 이미지를 생성하면 1회 생성당 9크레딧이 소모됩니다.

필요한 이미지를 생성하고 저장을 눌러 반영합니다. 이런 식으로 만든 동화책을 장바구니에 넣어 결제하면, 직접 만든 동화책을 실제 책으로 제작할 수도 있습니다.

이 서비스는 아이의 꿈을 담은 내용이나 여행하고 싶은 모험의 세계 혹은 좋아하는 동화나 소설 속 세계에 아이를 주인공으로 해서 이야기를 만들어 보는 등 다양하게 활용할 수 있습니다. 아이들은 책에 자신이 나오거나 직접 만든 글이 들어간 책을 받아볼 수 있다는 사실에 무척 설레하며 이야기 만드는 일에 몰두하게 됩니다. 앞에서 챗GPT를 통해 이야기를 써 봤다면, 그 이야기를 기반으로 아이가 주인공이 되는 동화책을 함께 만들어보며 멋진 결과물을 창조하기 바랍니다.

## AI를 이용해 소리 내어 읽는 연습을 할 수 있나요?

'몰입형 리더' 서비스는 50개국 이상의 언어로 텍스트를 읽어주며, 단어 정의와 그림 사전을 제공하는 혁신적인 도구입니다. 이 서비스를 활용하면 사용자가 텍스트를 따라 읽으며 발음을 교정할 수 있고, 학생들은 새로운 단어를 쉽게 배우고 이해할 수 있습니다. 특히 설치나 회원가입 없이 누구나 간편하게 무료로 이용할 수 있다는 게 큰 장점입니다.

이전에는 몰입형 리더가 마이크로소프트의 원노트와 같은 서비스에서만 사용 가능했지만, 최근에는 웹사이트 접속만으로도 대부분 기능을 이용할 수 있게 되었습니다. 사용자는 간단히 웹사이트에 접속해 교과서 내용이나 다른 학습 자료를 입력창에 붙여넣으면 됩니다. 그 후 [사용해보기] 버튼을 클릭하면, 몰입형 리더의 다양한 기능을 바로 사용할 수 있습니다. 다음은 '몰입형 리더 체험 사이트 www.onenote.com/learningtools'에 접속한 후 제가 작성한 글을 넣어 본 예시입니다.

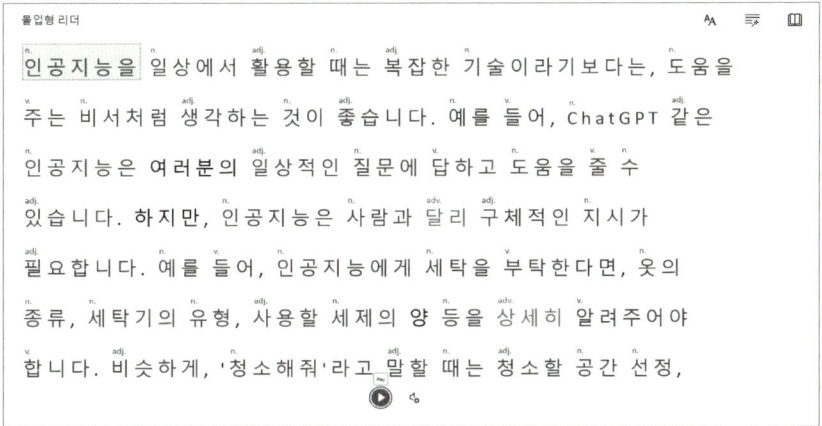

읽기 자료를 넣고 [사용해보기]를 누르면 몰입형 리더를 바로 사용할 수 있습니다.

이처럼 몰입형 리더에 문장을 넣으면 음절별로 구분이 됩니다. 또한 이해하기 어려운 단어가 있을 때, 해당 단어를 선택하여 그림 사전 기능을 이용할 수 있습니다. 이 기능은 품사 정보도 제공하지만, 한국어와 영어 품사의 차이점을 고려하여 주로 명사와 동사 구분에 초점을 맞추는 것이 좋습니다.

원노트를 사용하는 학습자들에게는 더욱 특별한 기능이 제공됩니다. 원노트에 있는 자료에 몰입형 리더를 적용하고, 추가로 '읽기 코치' 기능을 활용하면 발음 연습과 비교 분석이 가능합니다. 이는 학습자가 직접 녹음을 하며 발음을 연습하고, 자신의 읽기 능력을 향상시키는 데 도움을 줍니다.

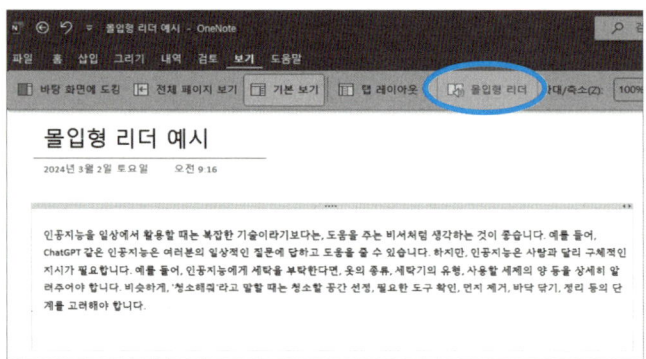

원노트의 몰입형 리더에 있는 읽기 코치 기능을 실행하면 글을 읽어주기 시작합니다. 이곳에서 소리 내어 또박또박 글을 읽어주며 소리와 단어를 연결시켜 주면 언어 학습에 많은 도움이 됩니다.

 원노트 몰입형 리더에는 읽기 코치 기능을 설정할 수 있고 읽기 보고서도 참고할 수 있습니다. 또한 사이트에서는 속도 조절과 목소리 성별 선택이 가능하며 50개국 이상의 언어로 단어와 문서 단위로 본문을 번역해 줍니다.

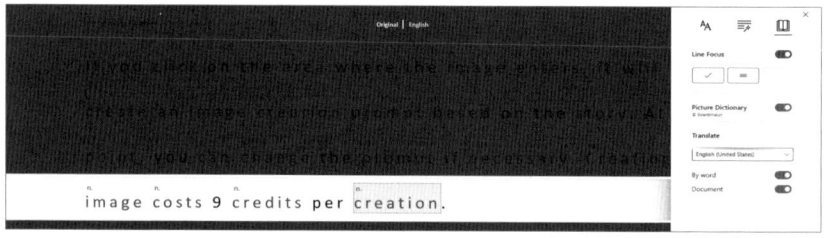

이처럼 사이트의 라인 포커스 기능은 지금 읽고 있는 문장에 좀 더 집중하게 만들어 주어 이해 속도와 이해력을 높일 수 있습니다.

5장에서 설명한 '리드'라는 앱에서는 눈동자의 움직임을 추적하여 글을 읽는 속도와 이해도를 측정했다면, 몰입형 리더는 단순히 눈으로 읽는 것을 넘어서, 소리 내어 읽는 연습을 통해 학습자의 이해력과 발음을 개선할 수 있는 강력한 인공지능 도구입니다. 이를 통해 아이들이 적극적으로 언어 학습에 참여할 수 있고, 모든 학습에 기초가 되는 문해력을 효과적으로 키울 수 있습니다.

## 초등 기적의 AI 공부법

1판 1쇄 인쇄 2024년 4월 29일
1판 1쇄 발행 2024년 5월 7일

지은이 조이스 박, 김용욱, 한준구
발행인 김형준, 김아름

마케팅 기소연
디자인 design ko

발행처 체인지업북스
출판등록 2021년 1월 5일 제2021-000003호
주소 경기도 고양시 덕양구 삼송로 12, 805호
전화 02-6956-8977
팩스 02-6499-8977
이메일 change-up20@naver.com
홈페이지 www.changeuplibro.com

ⓒ 조이스 박, 김용욱, 한준구 2024

ISBN 979-11-91378-16-0 (13590)

- 이 책의 내용은 저작권법에 따라 보호받는 저작물이므로, 전부 또는 일부 내용을 재사용하려면 저작권자와 더샘의 서면동의를 받아야 합니다.
- 잘못된 책은 구입처에서 바꿔드립니다.
- 책값은 뒤표지에 있습니다.

더샘은 체인지업북스의 임프린트입니다.

*일러스트 및 아이콘은 Freepik.com, Flaticon.com, Noun Project의 이미지를 활용했습니다.